BADHYTTEN

MORD I FALSTERBO

Det som göms i sand kommer fram ibland

Christina Olséni
Micke Hansen

Pocketförlaget

Serien **Mord i Falsterbo** har en egen facebooksida
och en hemsida som sköts av bokens Mårten:
facebook.com/mordifalsterbo
www.mordifalsterbo.se

För persongalleri i *Badhytten* – se extramaterial!

MIX
Papper från
ansvarsfulla källor
FSC® C104608
FSC
www.fsc.org

www.pocketforlaget.se
redaktion@pocketforlaget.se

Omslag: Maria Jörgel Andersson/Åsa Björck,
pocket: Sven Ljung
Omslagsfoton: Karolina Rosenqvist
Illustrationer: Illustraform/Frida Nilsson
Karta: Lönegård & Co
Författarfoto: Erik Grönlund

Tryck: Nørhaven, Danmark 2016

ISBN: 978-91-7579-156-2

Till

Jonna och Melvin

&

Julia, Hugo och Ludvig

1

Morgonrundan

Lördag morgon den 15 juni, Falsterbo Golfklubb

Egon visslade högt medan han gjorde några försiktiga provsvingar och vände sig glatt mot Ragnar. ”Tänk om det funnits svenska mästerskapen i vissling, då ...”

”Jag vet.” Ragnar kvävde en morgontrött gäspning. ”Då kunde man rista in ditt namn i förstaprispokalen redan vid tillverkningen.”

Egon log och satte ovant på sig sina nyinförskaffade glasögon. I alla år hade han rabblat syntavlans bokstäver som ett rinnande vatten, men senast han var på synundersökning hos doktor Waldemarsson var förnedringen total. Det visade sig nämligen att Waldemarsson investerat i en ny syntavla och bokstäverna kom i en helt annan ordning än den Egon i alla år memorerat. Han hade till sin förtvivlan inte ens lyckats läsa översta raden. Med sin numera knivskarpa syn spanade han nöjt ut över Falsterbo golfbana som fortfarande slumrade sin skönhetssömn. På avstånd tornade Falsterbo fyr upp sig i all sin prakt. Han sträckte på sig och kunde skymta havet bortom fyren och sanddynerna. Morgonen var bedövande vacker och Egon önskade att han haft med sin gamla Instamatic-kamera.

Till hans stora förtret stördes naturupplevelsen av en stickande lukt från en av Ragnars cigariller.

”Inte ens på golfbanan kan du låta bli att tända de där nedrans rökpinnarna”, muttrade Egon irriterat. ”Du är banne mej det närmaste en skorsten en människa kan komma.”

”Och du är det närmaste en fågel en människa kan komma med ditt evinnerliga visslande”, sa Ragnar förnärmat och skruvade demonstrativt ner ljudet på sina båda hörapparater.

Egon och Ragnar hade lärt känna varandra i småskolan och trots att deras åsikter oftast gick isär träffades de så gott som dagligen. De hade med åren lärt sig att acceptera varandras egenheter och olater och trivdes bra ihop. Så bra som man gör när man känt varandra i sjuttiofem år och inte har några andra vänner att välja på.

Som alltid inför utslag på hål ett vände sig Egon mot den stora klockan som satt på klubbhusets gavel. Han tittade sedan ner på guldklockan han ärvt efter sin far och kunde nöjt konstatera att båda klockorna visade på prick sex. Med andra ord var det hög tid för dagens första utslag.

”Kom igen nu Egon och få iväg den där förbaskade bollen”, sa Ragnar otåligt. Till skillnad från Egon som var morgonpigg, avskydde han att gå upp tidigt. Med klockradion och kaffebryggaren på nattduksbordet hade Ragnar det alldeles förträffligt i sänghalmen. Hade han möjlighet kunde klockan bli både elva och tolv innan han steg upp.

Egon peggade raskt upp bollen och mitt i svingen hörde han någon ropa med hög och gäll stämma: ”Eeeegon! Raaaagnar!” Han fick snedträff och bollen rullade av peggen och la sig snöpligt precis framför fötterna på honom. Egon kramade sin klubba så hårt att knogarna vitnade och bet ihop käkarna i en irriterad grimas.

Han kände bara en person som hade en så hög och genomträngande röst och det var hans granne Elisabeth. Och mycket riktigt. Elisabeth i egen hög person, klädd i ilsket cerise från topp till tå med en nästan identiskt klädd kvinna vid sin sida, trippade fram mot utslagsplatsen.

En skarp och sötsliskig parfymdoft slog emot honom och Egon visste inte vad som var värst, parfymen eller Elisabeths hastiga uppdykande.

”Guess who's here?” Elisabeth stegade hurtfriskt fram mot Egon och Ragnar och fyrade av ett bländande leende. Egon konstaterade att hon återigen blekt tänderna i en om möjligt ännu ljusare nyans än sist han såg henne. Inte konstigt att hennes tandläkare körde Bentley. Ställ kärringen med öppen mun i fyren så lär inga båtar gå på grund i Falsterbo, tänkte han.

”Ni känner väl igen Märta”, sa Elisabeth.

”Märta”, utbrast Egon förvånat. ”Det var inte i går. Det måste vara …”

”Trettio år sedan”, fyllde Märta i med ett försiktigt leende.

”Kan det verkligen vara så länge sedan”, sa Egon förvånat.

”Ja, tiden rann iväg och det blev inte av att jag kom hit”, sa hon sorgset.

”Nu när Märta blivit änka ska hon bo hos mig här i Falsterbo”, konstaterade Elisabeth glatt.

”Änka”, mumlade Ragnar och kastade hastigt iväg cigarillen bakom ryggen. Han sträckte på sig och rättade fumligt till den nötta kepsen. Tankarna snurrade runt i huvudet. Han hade alltid varit svag för Märta och de två hade haft en kort och intensiv romans. Det hade varit den lyckligaste tiden i Ragnars liv. Men en dag hade hon plötsligt varit borta och Elisabeth avslöjade att Märta återvänt till sin make som fått en ambassadörspost i Sydamerika. Märta hade krossat Ragnars hjärta och han hade tänkt på henne varje dag sedan dess. Nu stod plötsligt Märta här igen efter alla dessa år och Ragnar kände både glädje över att hon var tillbaka och sorg över alla år som gått. Men mest av allt kände han en värme sprida sig i bröstet när han tittade på henne.

Egon betraktade förfärat Ragnar som såg så där fånigt förälskad ut. Tiden som Ragnar och Märta varit ett par hade varit bedrövlig. Egon hade knappt sett till sin bästa vän och det hade tagit många år att få Ragnar att inse att han skulle hålla sig undan kvinnor.

Elisabeth tittade med en blandning av förvåning och förtjusning på Ragnar och Egon.

”Men vad gör ni här? Ni spelar väl bara på Flommens golfbana numera. Om jag inte missminner mig helt skulle du aldrig sätta din fot på den här golfbanan igen, Egon.”

”Jo”, fnös Egon, ”sedan den där Silfverstolpe tillträdde som ordförande för Falsterbo Golfklubb har medlemsavgifterna skenat iväg och det är väl snart bara utlandssvenskar, giriga affärsmän och adeln som har råd att spela här. Men eftersom de ändå inte orkar pallra sig upp så här tidigt så kan vi lika gärna utnyttja banan när den är tom. Det är väl inte mer än rätt”, la han trotsigt till. ”Men vad sjutton gör du här, Elisabeth? Trodde du höll dig till minigolf nu för tiden. Du spelar väl ändå bara med puttern.”

”Oh, tänk att du kommer ihåg att jag är så bra på att putta”, sa Elisabeth och gav Egon ett strålande leende.

”Det var inte så jag menade”, utbrast Egon förargat.

”Då är det väl lika gott att vi går en fyrboll nu”, avbröt Ragnar och peggade hastigt upp sin boll.

Egon var om möjligt ännu mer irriterad när de kom fram till utslagsplatsen på hål två. Som om det inte räckte med Elisabeths evinnerliga bjäbbande hade Ragnar i sitt kärleksrus storspelat och gjort en birdie. Det hade så vitt Egon visste aldrig tidigare inträffat. Som bästa spelare på föregående hål fick Ragnar återigen börja med att slå ut och han fick iväg ett skapligt slag som landade mitt på fairway.

Egons boll däremot hamnade naturligtvis rakt i en av bunkrarna närmast green. Han blev irriterad bara av tanken på att behöva gå ner i bunkern och sanda ner sina nya och svindyra handsydda golfskor och var nära att avbryta golfrundan.

Elisabeth daskade till sin boll för kung och fosterland och fick förmodligen till sitt bästa slag någonsin, men bollen landade i samma bunker som Egons.

Märtas boll avslutade sin luftfärd med ett förargligt plums rakt ner i vattenhindret på vänster sida.

Egon satte iväg mot bunkern med raska kliv och Elisabeth trippade efter tätt bakom. Ragnar och Märta gjorde småpratande sällskap till vattenhindret.

”Typiskt, den var helt ny”, suckade Märta.

”Jag fiskar upp den till dig”, sa Ragnar och halade upp den väl använda håven ur bagen. Tillsammans blickade de ut över vattnet som låg spegelblankt. Ett svanpar fullbordade idyllen. Ragnar kände sig riktigt romantisk och skulle just recitera sin favoritpoet när Märta utbrast: ”Där, ser du Ragnar, där ligger den ju!” Hon pekade belåtet med drivern en dryg klubblängd ut i vattnet.

Där låg den på botten och lyste retsamt mot dem. Ragnar lutade sig ut en bit med håven och försökte fösa in bollen. Med resultatet att den gled ännu längre ut. Han tog ett resolut grepp om håven och gjorde några svepande rörelser i vattnet.

Just när han kände att han hade tag i bollen, avbröts fiskandet abrupt av ett högt och gällt skrik. Märta ryckte förskräckt till och råkade smälla till Ragnars högra öra med golfklubban. Med resultatet att hörapparaten lossnade och efter en kort luftfärd landade med ett litet plums i vattnet. Nu låg den prydligt på botten bredvid Märtas nya golfboll. Svanparet valde att lämna sin plats.

Märta skyndade på stela ben iväg mot Elisabeth och Egon, tätt följd av Ragnar som stolpade efter med håven i högsta hugg. När de kom fram drog Elisabeths skrik igång igen med förnyad kraft. I bunkern låg en man i något som kunde liknas vid framstupa sidoläge och vid hans fötter låg en golfbag i ljusbrunt läder. En sådan där mindre, bärbar variant.

”Herregud!” Märta satte chockat händerna för munnen. ”Vem är det där?”

Ragnar klev ner i bunkern och kände hur det knäppte till i båda knäna när han mödosamt böjde sig ner för att granska mannens ansikte som var till hälften dolt i sanden.

”Det är … det är Silfverstolpe … Sven Silfverstolpe”, sa han med darrande röst.

Elisabeth tittade förfärat på sin och Egons golfbollar som låg intill den livlösa kroppen.

2

Bunkern

Lördag morgon den 15 juni, Falsterbo Golfklubb

Egon stod rådvill och betraktade scenen nedanför sig. Ragnar, allvarlig och med tom blick, höll krampaktigt i håven som om han skulle samla in kollekt under en gudstjänst. Han stod lätt framåtböjd över kroppen som låg vid hans fötter och skakade sorgset på huvudet. Den rutiga kepsen hade han tagit av sig och höll den hårt tryckt mot bröstet. Elisabeth och Märta hade slutat snyfta och stod tysta med rödgråtna ögon och tittade försiktigt ner på Silfverstolpe. Elisabeths dyra vattenfasta mascara höll inte vad den lovat utan rann nedför kinderna och bildade svarta ränder i det tidigare välsminkade ansiktet. Egon konstaterade att damernas mundering i cerise skar sig förfärligt mot Silfverstolpes röda chinos. Han slöt ögonen och försökte ta in konsekvenserna av det de gjort. Kan man få livstids fängelse när man är åttiotvå år? Det visste inte Egon och han var inte säker på att han ville veta det heller.

”Jaha du. Hur hade du tänkt lösa det här?” Ragnar tittade uppfordrande på Egon.

”Hur tusan ska jag veta det”, fräste Egon. ”Jag brukar inte ha ihjäl folk när jag är ute och spelar golf. Och vad gjorde Silfverstolpe i bunkern så här tidigt? Ingen vettig människa är väl ute vid den här tiden."

"Vi är ju här", sa Ragnar surt. "Och förresten behöver du inte bli arg på mig." Han pekade upprört på Egon med håven. "Det var inte jag som hade ihjäl honom och det var din korkade idé att vi skulle ut och spela så här tidigt."

Egon avbröt honom tvärt.

"Jaha, så det är mitt fel nu då? Det kan ju lika väl vara Elisabeths boll som hade ihjäl honom."

Elisabeth satte händerna för ansiktet och grät högljutt. Både Märta och Ragnar tittade förebrående på Egon som i sin tur blängde irriterat på Elisabeth.

"Där är ju två bollar i bunkern och vi vet ju inte vems boll som träffade honom."

På avstånd hördes ett dovt motorbuller. Elisabeth och Märta stelnade till och såg sig oroligt omkring.

"Det är bara banarbetarna", sa Egon och kisade bort mot fyren. "De brukar börja vid den här tiden, men mig veterligen börjar de alltid vid hål arton, så de är inte här på ett bra tag."

"Hur kan du veta det?" sa Elisabeth och tittade skeptiskt på Egon.

"Lita på mig. Jag och Ragnar har spelat här många gånger och vi kan deras rutiner utan och innan."

"Ja, tyvärr", muttrade Ragnar. "Men vad gör vi nu då?"

"Jag skulle kunna ringa Fredrik", sa Egon fundersamt.

"Ja just det, han är väl polis?", sa Elisabeth med ostadig röst.

"Polis? Han är åklagare", sa Egon förnärmat.

Fredrik var Egons brorson och den klokaste person han kände. I hans jobb var dödsfall säkert vardagsmat.

"Typiskt." Egon trevade i fickan efter sin mobil. "Är det någon av er som har en telefon?"

”Här, ta min”, sa Märta och räckte fram sin mobil till Egon. ”Det är väl lika bra att vi ringer polisen på en gång.”

”Men vänta nu lite. Om vi ringer polisen kan de tro att vi haft ihjäl honom.”

”Men det har vi ju”, började Märta, men blev avbruten av Egon.

”Jag ringer Fredrik, han vet säkert hur vi ska göra.” Han började knappa in det välbekanta numret. ”Så här ska en riktig mobiltelefon se ut. Tydlig, enkel och för vanliga människor. Jag fick en sådan där tutchtelefon av syskonbarnen. Den enda gången jag provade den var för att ringa Ragnar men då kom det plötsligt fram en bild på mina skor. Tydligen fanns det en kamera i den. Något samtal blev det i vart fall inte. Det var mycket bättre förr när en telefon var en telefon och en kamera var en kamera”, sa Egon uppgivet.

”Det heter touch, Egon, inte tutch”, sa Märta tillrättavisande. ”Men jag håller med dig, det är mycket enklare med knappar. Jag fick en sådan där modern mobil av mina döttrar, men bytte den mot en bakmaskin.”

”Nja, jag får nog behålla den där mobiltelefonen ändå. Jag tror inte Fredrik och Ingela skulle uppskatta om de fick reda på att jag bytt deras present mot en bakmaskin. Tänk dig själv, om du köper ett fint halsband till Elisabeth. Sedan får du reda på att hon bytt ut det mot en undulat, då skulle du väl tycka att …”

”Ring nu för helvete, Egon!” avbröt Ragnar irriterat.

Egon började misströsta, men till slut hördes ett hest och sömndrucket kraxande i andra änden.

”Hallå?”

”Hej Fredrik, det är Egon. Sov du?”

Det blev tyst ett ögonblick och sedan hördes ett rejält brak.

”Trillade du ur sängen?” sa Egon bekymrat.

”Nej, men sänglampan välte”, sa Fredrik trött. ”Varför ringer du så här tidigt? Klockan är bara fem i halv sju …”

”Förlåt att jag väckte dig, men det har hänt något fruktansvärt”, sa Egon och började stressat förklara situationen på golfbanan.

Tio minuter senare kom Fredrik stormande över golfbanan. Den svarta t-shirten som han krängt på sig i all hast klibbade fast i ryggen och andhämtningen var ansträngd.

Egon granskade kritiskt Fredriks t-shirt som hade en djävulsliknande figur och texten ”Iron Maiden” i rött skrivet tvärs över bröstet.

Det senaste året hade Fredrik envisats med att klä sig som en tonåring och Egon förstod inte vad det skulle vara bra för. För att inte tala om jeansen som hade stora revor på låren. Hur en fyrtiosjuårig man kunde klä sig så anskrämligt, det övergick Egons förstånd.

”Som du ser ut. Vad har du gjort?” Egon tittade bestört på Fredrik.

”Har bara sovit tre timmar”, svarade Fredrik kort. ”Är ni säkra på att han är död? Har ni kollat om han har puls?”

”Nej, vi ville inte röra honom”, stammade Egon, ”men vi tror att han är död.”

Fredrik satte sig på huk och la varsamt två fingrar på Silfverstolpes hals.

”Ingen puls”, sa han sammanbitet. ”Han är definitivt död.”

Elisabeth tittade uppbragt på Fredrik.

”Vi har haft ihjäl honom”, sa hon förfärat. ”Jag eller Egon har haft ihjäl honom.”

Egon, som hittills hållit sig lugn, var nu nära ett sammanbrott. Ragnar klappade tafatt Egon på axeln och försökte lugna honom. Men Egon skakade av sig Ragnars arm och sa upprört: ”Elisabeth har rätt, vi har haft ihjäl honom, men det var en olycka. Vi såg honom inte och förresten, vad fasiken gjorde han i bunkern? Alltså, är det någonstans man inte ska stå på en golfbana så är det ju i bunkern, där hamnar ju säkert fler bollar än någon annanstans, det måste du medge, Ragnar.”

”Jo, det har du rätt i, men ska vi ändå inte ringa polisen?” sa Ragnar och tände med skakande händer ännu en cigarill.

”Jag har ju ringt efter hjälp”, sa Egon och nickade mot Fredrik. ”Vi behöver väl inte krångla till det mer än nödvändigt.”

Fredrik hade kommit i säng först vid halv fyra efter en rejäl utekväll på Strandbaden och ville absolut inte vara på golfbanan med ett gäng halvstirriga pensionärer och i synnerhet inte med en död golfklubbsordförande i en bunker. Men han hade aldrig sett Egon så bedrövad som nu och kanske var det därför han fattade sitt livs mest idiotiska beslut.

”Jag tycker att vi ska hålla det här för oss själva och lämna Silfverstolpe i bunkern.”

”Lämna honom i bunkern? Men det kan vi väl inte göra”, utbrast Elisabeth.

Egon tittade allvarligt på Elisabeth.

”Jag tror det är bäst att vi gör som Fredrik säger.”

Ragnar och Märta nickade instämmande.

”Snart kommer hela golfbanan att vara fylld av golfare, banarbetare och Gud vet vad”, sa Fredrik stressat och torkade bort några svettdroppar från pannan med baksidan av handen. ”Vi måste komma härifrån på en gång. Jag ser till att damerna kommer hem och tar hand om era golfbagar.”

”Vi kan ta bagarna själva”, sa Egon hjälpsamt.

Fredrik suckade irriterat.

”Jag tar dem. Om ni springer på någon så ska de inte se att ni har spelat golf. Och ge mig för Guds skull håven, Ragnar.”

Fredrik tittade upp mot de närliggande husen vid bunkern och kunde lättad konstatera att husens invånare inte verkade ha flyttat in för sommaren. Husen såg igenbommade ut och inga utemöbler syntes i trädgårdarna.

”Kratta bort alla fotspår från bunkern och gå sedan hem via Danska Kyrkosträtet så ni kommer bort från golfbanan.”

3

Ett större problem

Lördag morgon den 15 juni, Falsterbo Golfklubb

”Vi kan inte bara låta Silfverstolpe ligga så här. Vi måste flytta honom.”

Egon stod med krattan i handen och tittade olyckligt på Ragnar.

”Flytta honom?” sa Ragnar förvånat. ”Vad i helskotta menar du med att flytta honom?”

”Ja, skulle du vilja ligga i en bunker till allmän beskådan?” sa Egon upprört.

”I och för sig inte, men karln är ju för sjutton död. Han vet väl inte om han ligger i en bunker eller hemma i hängmattan.”

”Vad är det med dig, Ragnar, har du blivit helt känslokall?”

Ragnar suckade djupt och tog upp tändaren ur jackfickan. ”Det här känns inte alls bra, det får bli på ditt ansvar, Egon.”

Av någon anledning hamnade Ragnar alltid i trubbel när han umgicks med Egon. Så hade det alltid varit.

”Dig kan man lita på, Ragnar”, sa Egon och gav honom en vänskaplig klapp på axeln. ”Ta nu fram nycklarna.”

”Nycklarna?” Ragnar skakade på huvudet och slog ut med händerna. ”Vad ska du ha mina nycklar till?”

”Inte dina nycklar”, sa Egon otåligt. ”Silfverstolpes så klart. Vi behöver hans nycklar.”

Ragnar var på väg att säga ”över min döda kropp”, men hejdade sig i samma ögonblick som han insåg det opassande i den formuleringen.

”Är du inte klok! Räcker det inte att vi haft ihjäl honom? Vi kan för helskotta inte börja rota runt i hans fickor också. Om du nödvändigtvis ska ha hans nycklar så får du leta själv.”

Egon knöt sin högerhand och höll den framför sig.

”Bäst av tre, förloraren får kolla Silfverstolpes fickor.”

Ragnar visste att det inte var lönt att argumentera, han skakade uppgivet på huvudet och sträckte fram sin högra hand.

Hade någon råkat passera bunkern vid hål två denna tidiga morgon hade de inte trott sina ögon. Här stod två äldre gentlemän i full golfmundering med ett lik vid sina fötter och spelade sten, sax, påse.

En kort stund senare stod en mycket motvillig Ragnar nere i bunkern och sökte igenom Silfverstolpes marinblå klubbblazer i jakten på hans nycklar.

”Här är två olika.” Ragnar höll upp armarna i luften med en välfylld nyckelknippa i ena handen och en enkel nyckel med tillhörande silverfärgad golfboll dinglande i en kedja i den andra.

”Kasta hit båda.”

”Här, ta dem. Jag är trött på dina infall.” Ragnar kastade upp nycklarna ur bunkern och Egon fångade dem i luften.

”Håll ett öga på Silfverstolpe, jag ska iväg och fixa en sak.”

”Ska jag hålla ett öga på honom? Tror du han rymmer eller vadå?” fräste Ragnar irriterat.

Egon var redan på väg med raska kliv mot klubbhuset och hörde inte Ragnars kommentar.

Ragnar tittade olyckligt på Silfverstolpe, men vände snabbt

bort blicken igen. Han kände sig obehaglig till mods och tände med fumliga fingrar dagens fjärde cigarill. Precis när han hade lyckats få fyr på den hörde han ljud nedifrån bunkern. Han ryggade förfärat tillbaka.

”Men vad i hela friden”, mumlade han skräckslaget. ”Han har väl inte återuppstått?” Ragnar kikade motvilligt ner i bunkern, men Silfverstolpe låg lika orörlig som tidigare. Så hörde han det där ljudet igen och insåg lättat att det kom från Silfverstolpes mobiltelefon. Och den tänkte han i alla fall inte rota fram, där gick gränsen. Sedan fick Egon säga vad han ville.

Ragnar tittade förvånat på golfbilen som Egon lite ovant parkerade på grässlänten intill bunkern. Roterande guldfälgar som fortsatte snurra fast hjulen stod stilla. Hela bilen skimrade i silver med fyra vadderade skinnstolar, två fram och två där bak.

”Det där var den största och anskrämligaste golfbil jag någonsin sett. Typisk amerikansk skit”, fnös Ragnar föraktfullt och läste samtidigt vad det stod ingraverat i lacken med snirklig skrift: ”Silfverstolpe”.

”Nu slipper han ligga i bunkern”, sa Egon nöjt.

”Hur tänker du nu?” Ragnar tittade skeptiskt på Egon. ”Varför har du hämtat Silfverstolpes golfbil?”

”Vi kör honom till klubbhuset, så klart. Hjälp till nu, Ragnar.”

Efter mycken möda och många svordomar och ett evigt gnällande från Ragnar lyckades de baxa upp Silfverstolpe i golfbilens baksäte.

”Det var ju rent makalöst så tung han är”, stönade Ragnar och gjorde några försiktiga stretchövningar. Sådana där som han sett juniorerna göra när de värmde upp.

”Ja, det var fasligt vad stor och otymplig han är. Han måste vara minst två meter lång", sa Egon och placerade både sin och Ragnars vindjacka över Silfverstolpe för att så gott det nu gick dölja kroppen om de skulle stöta ihop med någon. Sedan gled golfbilen i sakta mak iväg mot klubbhuset.

Plötsligt tvärnitade Egon, varpå Ragnar lyfte från stolen och slog huvudet i bilens stålkonstruktion.

"Aj, vad sjutton gör du?"

"Såg du inte älgen, där borta vid buskaget?"

"Älgen", fnös Ragnar, "det var ju ett rådjur."

"Rådjur, det var det värsta jag hört, ser du inte skillnad på en älg och ett rådjur?"

"Jo, ett rådjur är graciöst och mindre och …"

Ragnar avbröts av en kraftig duns bakom bilen. De vände sig båda hastigt om och såg att Silfverstolpe glidit ur bilen och nu låg på ettans fairway.

En stund senare stod de utmattade framför det massiva skrivbordet i rödek och betraktade bedrövat Silfverstolpe som halvlåg i sin kontorsstol av buffelläder. Vid vänster tinning syntes en kraftig svullnad och kinden var täckt av levrat blod och sand.

"Fy fan vad han ser ut", sa Ragnar och vände i avsmak bort blicken.

"Ja, det ser inte bra ut. Men han har i alla fall det mycket bättre här än i bunkern, det måste du medge."

Ragnar nickade stumt och tittade sig storögt omkring.

Väggarna pryddes av tavlor där Silfverstolpe poserade med djur som han uppenbarligen funnit nöje i att döda. På en av bilderna stoltserade han med en gigantisk hajliknande fisk. "Gibraltar-98" stod det under tavlan. På en annan satt han på någon slags oxe med geväret i högsta hugg. "Texas-99".

”Han var tydligen en berest man, den där Silfverstolpe. Själv har jag knappt varit utanför Skåne”, konstaterade Ragnar torrt.

”Där har du en älg”, sa Egon och pekade på ett stort älghuvud som blängde ner på dem från väggen ovanför skrivbordet.

”Falsterbo 2003”, läste Ragnar. ”Konstigt, finns det älgar i Falsterbo? Då var det kanske trots allt en älg vi såg.”

”Klart det var en älg, jag sa ju det. Den vi såg på golfbanan är säkert samma som varit i min trädgård och gnagt på äppelträden och trampat runt i buxbomshäcken.”

”Vad konstigt. Elisabeth berättade häromdagen att ett djur ätit upp hennes perenner och ryckt ner hennes tvätt från klädstrecket. Jag som var helt säker på att det var du”, sa Ragnar med ett brett flin.

”Jag?” sa Egon förnärmat. ”Varför i herrans namn skulle jag göra något sådant? Då är det väl älgskrället som har varit hos oss båda.”

”Jo, så är det kanske. Men kan vi inte se till att komma härifrån nu. Det känns olustigt”, sa Ragnar.

”Vi har lite saker att ordna innan vi går.” Egon tänkte febrilt.

”Hur menar du nu?” suckade Ragnar uppgivet. Han ville bara hem och var evinnerligt trött på Egons infall.

”Det smartaste vore nog att få det att se ut som självmord.” Egon tog resolut tag i en tung papperspress och slog den hårt i överkanten på det gigantiska akvariet som exploderade av kraften och tryckförändringen i glaset. Närmare en kubikmeter vatten och ett dussin designfiskar från Jamaica och Indonesien flöt ut över golvet.

”Vad i helskotta gör du?” sa Ragnar uppbragt. ”Har du blivit skvatt galen?”

Egon, som ärligt talat själv blev förvånad över effekten av

sitt slag på akvariet, stod nu på en sjöblöt persisk handknuten matta med sprattlande fiskar omkring sig.

”Vi ska få det att se ut som självmord. Jag tänkte att Silfverstolpe ramlat och slagit huvudet i akvariet, det förklarar märket efter golfbollen i huvudet på honom. Låter inte det logiskt?” sa Egon nöjt.

”Var tusan hittar du logiken i det?” Ragnar var van vid att Egon kunde vara lite impulsiv, men det här tog banne mej priset.

”Vad tycker du att vi skulle ha gjort?” sa Egon och såg stött ut.

”Vi skulle ha lämnat honom i bunkern”, sa Ragnar surt medan han hastigt och fumligt samlade ihop de sprattlande fiskarna och la tillbaka dem i det sönderslagna akvariet. Det fanns ju trots allt någon decimeter vatten kvar, så fiskarna kanske skulle överleva, tänkte Ragnar bekymrat.

”Ser det bra ut så här?” frågade Egon som släpat ner Silfverstolpe på golvet.

Ragnar tittade på Silfverstolpe som låg på rygg med armarna rakt utåt.

”Nja”, sa han fundersamt, ”undrar om man ramlar sådär av att slå i huvudet? Menar du att han kastade sig in i akvariet för att ta livet av sig? Det verkar bra långsökt.”

Egon skruvade på sig.

”Hur ska jag kunna veta det? Har du själv något bättre förslag?”

”Nej, absolut inte”, sa Ragnar snabbt.

Egon satte sig på Silfverstolpes skrivbordsstol och slöt ögonen.

”Låt mig tänka.”

”Visst”, sa Ragnar tyst för sig själv. ”Tänk du. Du vet ju alltid bäst.”

”Nu vet jag!” ropade Egon och dunkade knytnäven i skrivbordet så att blommorna hoppade och vattnet i vasen skvalpade ut och bildade en liten pöl på rödeken. ”Han har begått självmord med tabletter så klart! Han har tryckt i sig tabletter, rest sig ur stolen och yrat bort mot akvariet där han trillade och slog i huvudet. Eller vad tror du, Ragnar?”

”Jo, så kan det ju vara”, svarade Ragnar som i detta läge gått med på vad som helst för att slippa vara kvar.

”Har du några tabletter?”

”Tabletter?” Ragnar fiskade upp en ask Läkerol Salvi ur fickan. ”Jag har de här.”

Egon tittade på asken.

”Tror du verkligen att någon tar livet av sig med Läkerol?”

”Nej, det så klart, men när jag äter många har de laxerande effekt på mig och det …”

”Ja, jag förstår”, avbröt Egon irriterat. ”Har du några andra tabletter?”

Ragnar halade upp en liten vit burk ur innerfickan.

”Jag har de här också.”

Han kastade burken till Egon som fångade den med en hand. Trots sina nya glasögon fick Egon anstränga ögonen för att kunna läsa den finstilta texten på burken. ”Det blir perfekt”, sa han energiskt och böjde sig ner över Silfverstolpe.

4

Det är mycket nu

Lördag morgon den 15 juni,
hemma hos Fredrik och på Falsterbo Golfklubb

Fredrik släppte ner en Treo i glaset och fyllde på med kallt vatten. Med glaset i ena handen och morgontidningen i den andra gick han ut på terrassen och sjönk utmattad ner i den svarta loungesoffan. När han och Annika separerat hade han köpt den stora vräkiga möbeln i protest mot allt det nötta och genuina som Annika älskade. De hade haft ett hopkok av utemöbler i företrädesvis femtiotalsdesign som hon köpt på loppis och sedan varsamt renoverat.

Han tog en klunk och grimaserade illa. ”Ont ska med ont fördrivas” hade hans gamla farmor alltid sagt, så han bet ihop och tömde glaset medan han studerade Sydsvenskans förstasida. ”Så här blir vädret i sommar där du bor.”

Han bläddrade snabbt fram till mittuppslaget som bjöd på en översikt över de närmaste veckornas väder. En van väderspåman från Lappland förkunnade tvärsäkert att solen skulle skina över Svea rike hela sommaren. Skulle man tro DMI:s meteorolog så var det i södra Sverige man skulle befinna sig om man ville vara säker på att få en solig sommar.

Fredrik spanade otåligt bort mot Egons hus för att inte missa honom när han kom hem. Grannen på andra sidan var hans syster Ingela och att bo granne med släkten hade sina fördelar. Det fanns alltid någon att prata med och ofta kunde han slinka in på middag hos endera av dem. Ett arrangemang som för det mesta utföll till Fredriks fördel, det kunde han inte förneka. Som kompensation brukade han köpa med sig en alldeles för dyr flaska vin.

Han vek ihop tidningen och reste sig trött upp. Kanske hade han missat att Egon kommit hem. Ja, så måste det så klart vara. Fredrik ville gärna växla ett par ord med farbrodern och beslöt sig för att gå över till honom. Han klev över den lilla buxbomshäcken som skilde tomterna åt och gick fram och kände på dörren. Låst. Han bankade på, men insåg snabbt att huset var tomt. Egon brukade öppna dörren innan Fredrik ens hunnit knacka på, alltid lika ivrig när han fick besök. Det var väl så det var att vara pensionär, tänkte Fredrik avundsjukt. Då var man minsann pigg och hade all tid i världen. I alla fall var det så hans farbror hade det.

Eftersom Egon inte var hemma och Fredrik var oändligt trött efter nattens och morgonens händelser bestämde han sig för att gå och lägga sig och sova en stund. Han kunde prata med Egon senare. Bara en liten lur först, så skulle säkert allt kännas bättre. Han satte sig tungt ner på sängen. Kläder och skor låg kastade på golvet och bildade en snitslad bana från hallen och in mot sovrummet. Något som hade varit fullständigt otänkbart tidigare. Fredrik hade alltid varit pedant och hade i hela sitt liv blivit retad för sitt överdrivna ordningssinne. Förr strök han till och med sina underkläder. Numera ägde han inte ens ett strykjärn. Det tog Annika med sig när hon flyttade ut och det hade inte blivit av att han införskaffat ett nytt.

Telefonen ringde och för andra gången denna lördagsmorgon famlade han efter luren och svarade med nyvaken stämma.

”Hallå …”

”Tjena Fredrik, Billund här. Jag väckte dig väl inte?”

”Eh, nej”, fick Fredrik fram på ren reflex. Men innan han hunnit säga något mer fortsatte Billund, som lät oförskämt pigg.

”De har hittat en död man på Falsterbo Golfklubb och omständigheterna kring dödsfallet är oklara”, sa han och lät dramatiskt orden bli hängande i luften.

Fredrik blev med ens klarvaken. Så klart att kroppen i bunkern skulle hittas. Hur sjutton hade han tänkt? Han bannade sig själv och sände en orolig tanke till Egon. Hoppas att farbrodern och Ragnar gjort som de blivit tillsagda och krattat igen bunkern försiktigt och lämnat banan snabbt utan att lämna alltför många spår efter sig. Han borde ha lyssnat på Elisabeth och ringt polisen, men det var hur som helst för sent nu.

Istället var det polisen som ringde till honom. Länspolismästaren till råga på allt.

Han avbröts i sina funderingar av Billund som energiskt pratade vidare. ”Du kan aldrig gissa vem det är.” Det kunde Fredrik tyvärr, men så pass vaken var han att han inte sa något.

”Nej”, sa han och försökte låta intresserad. ”Vem är det?”

”Sven Silfverstolpe, ordförande på Falsterbo Golfklubb och VD och storägare i Bygga hus AB.” Den informationen var överflödig eftersom Silfverstolpe var en välkänd profil i trakten. Om än inte särskilt omtyckt.

”Kan du ta dig ner till golfklubben nu på en gång?”

Det hade Fredrik absolut inte lust med. Han ville bara dra täcket över huvudet och somna om, men Billund var ingen man sa nej till.

Fredrik drog en djup suck och kvävde samtidigt en gäspning, vilket resulterade i att han för ett ögonblick helt tappade andan.

"Men, varför ska jag åka ut? Jag är sjukskriven och …"

Billund avbröt honom bryskt.

"Du har gått hemma ett år nu, är det inte dags att komma tillbaka igen?"

"Åtta månader. Jag har faktiskt bara varit hemma i åtta månader."

"Du har ett ansvarsfullt jobb att sköta och är i dina bästa år", sa Billund irriterat. "Jag förstår inte vad det är du håller på med, bara sjavar runt där hemma och gör ingenting."

"Jag sjavar inte runt", suckade Fredrik tålmodigt. "Jag är sjukskriven och har tagit en time-out."

"Time-out", fnös Billund föraktfullt. "Var det inte det den där Mona Sahlin gjorde? Efter Tobleroneaffären. Hon åkte visst till Mauritius. Vad tusan hon nu skulle där och göra."

"Mauritius låter inte så dumt." Hade jag varit på Mauritius så hade jag sluppit att bli indragen i det här, tänkte Fredrik.

"Mauritius? Du har väl sandstränder så det räcker och blir över där nere i Falsterbo", hojtade Billund hurtfriskt. "Jag hade aldrig ringt dig om det inte hade varit viktigt", fortsatte han oförtrutet. "Det vet du. Saken är den att jag befinner mig i Båstad och har ingen möjlighet att komma ner nu. Vi har en patrull på två man på plats och Lisa är visserligen duktig men hon är ny på fältet och har inte rutin för en sådan här sak. Och Mårten …" Billund hade svårt att dölja sitt förakt. "Ja han är ju inte direkt den vassaste kniven i lådan. Det är helt otroligt. Här ser jag till att placera Mårten i Skanör Falsterbo. I det området händer absolut ingenting. Men vad sker? Jo, en av skånskt näringslivs största profiler går och dör under mystiska omständigheter. I Falsterbo av alla ställen. Det är helt jäkla otroligt."

Länspolismästaren gav ifrån sig en djup suck. "Teknikerna är på väg från Malmö nu. Jag väntar mig en utförlig rapport av dig. Det är väl inte för mycket begärt efter all din ledighet? Och se till att ha mobilen påslagen så jag kan nå dig."

"Men", protesterade Fredrik lamt, fast han insåg att slaget var förlorat och sömnen med för den delen.

"Bra, då säger vi så." Billund väntade inte på svar utan la helt sonika på luren.

Fredrik satt med telefonen i handen och kände hur en våg av obehag vällde över honom. Vad hade han nu blivit insyltad i? Denna gång tog han god tid på sig.

Han tog en lång varm dusch och lät strålarna bränna in i huden. Han torkade sig med den grova vita frottén som rev behagligt i huden och mötte förfärat sin spegelbild i badrumsspegeln. Ögonen var rödsprängda och huden under ögonen påsig efter gårdagens oplanerade festande och för lite sömn. Det mörka håret var lite för långt, så det hängde ner över öronen och var i desperat behov av en klippning. Han lutade sig närmare spegeln och studerade de grå stråna som den senaste tiden börjat sprida sig från polisongerna och upp mot sidorna. Han var orakad men orkade inte uppbåda tillräckligt med energi för att raka sig, utan fuskade genom att dutta på lite rakvatten. Han tog hårvax på fingertopparna och försökte rädda upp frisyren, men det blev bara värre. Frustrerad lämnade han badrummet, och samlade upp kläderna från golvet och tog på dem igen.

Vid golfklubben möttes han av polisens blåvita plastband som fladdrade i vinden och framkallade ett lätt smattrande läte.

Flera av tidningarna var redan representerade. De sov väl med polisradion på högsta volym hela bunten. Om nu journalister sov över huvud taget. Flera av dem var helt okej och kunde till och med vara till hjälp, men en del var bara ute efter sensationer. Fredrik kunde redan se rubrikerna framför sig: ”Falsterbo Golfklubbs ordförande hittad död i sommaridyllen”. Eller ännu värre: ”Smyggolfande pensionärer har ihjäl golfklubbens ordförande”.

Han rös vid tanken och hoppades innerligt att dödsfallet inte kunde kopplas till Egon.

En klunga nyfikna golfare motades bestämt bort av ett par uniformerade poliser. Förstärkningen hade tydligen redan anlänt. Måste vara varmt med de där uniformerna, hann Fredrik tänka innan han avbröts av en vänlig och effektiv röst som han kände igen.

”Hallå Fredrik”, sa Lisa som kom gående mot honom med raska steg.

”Hallå där på dig själv”, sa Fredrik och log. Alltid tempo. Han kunde inte minnas om han någonsin hade sett henne gå i normal promenadtakt. Förmodligen inte.

”Men vad gör du här? Jag antar att du inte ska spela golf”, sa hon tvivlande och studerade Fredriks bedrövliga uppenbarelse.

”Nej, det ska jag inte. Jag förstår vad du tänker, jag ser sunkig och bakfull ut”, sa han ursäktande.

”Ja, nu när du säger det”, sa Lisa med ett skratt. ”Det blev sent i går, förstår jag.”

”Ja”, grimaserade Fredrik. ”Det blev väldigt sent eller tidigt beroende på hur man ser det. Billund ringde och väckte mig för en stund sedan och kommenderade ut mig hit.”

”Då vet du att Silfverstolpe hittats död.”

”Ja, Billund informerade mig”, sa Fredrik uppgivet.

”Men du är ju sjukskriven, Fredrik, och borde ta det lugnt”, sa Lisa medkännande.

”Ja, det trodde jag med.” Han gav henne ett blekt leende. ”Men Billund tycker tydligen att jag haft ledigt så det räcker.”

”Det kan ju inte han avgöra.”

”Du känner Billund.” Fredrik himlade med ögonen. ”Han ville absolut att jag skulle ta en titt på Silfverstolpe.”

”Han ligger inne på sitt kontor och kriminalteknikerna och rättsläkaren är på plats”, sa Lisa och pekade upp mot klubbhuset. ”Jag tror att Mårten är där också.”

”Tjena Fredrik. Vad gör du här?” sa Mårten förvånat. ”Tyvärr blir det inget golfspel i dag, banan ska stängas”, upplyste han vidare.

”Jag ska inte spela golf”, sa Fredrik med en suck. ”Billund ringde mig.”

”Helt i onödan”, sa Mårten en smula indignerat. ”Det här fixar jag enkelt, men nu när du är här så kan du lika väl ta dig en snabb titt”, tillade han generöst.

”Jag vill absolut inte trampa dig på tårna Mårten, det vet du. Men har ni redan flyttat kroppen?” undslapp det honom. Han kunde ha bitit sig i tungan, men Mårten märkte inte fadäsen.

”Nejdå, vi har inte rört någonting. Han låg så där när vi kom, det ser för jävligt ut inne på kontoret. Det var Frida i shopen som larmade. Hon sitter ute i restaurangen och är helt förstörd och Lisa skulle visst se om det går att höra henne nu.”

Fredrik stod som fastfrusen i dörröppningen till Silfverstolpes kontor och stirrade med öppen mun.

5

Gästis

Fredag lunch den 14 juni, Skanörs Gästgifvaregård

Sven Silfverstolpe var sin vana trogen i god tid och kryssade mellan de grå borden som stod uppställda på Gästis innergård. Han satte kurs mot det enda lediga bord som restaurangen kunde uppbringa denna fredag. Sommartid var det ofta fullbokat och med tanke på att det var lunchrusning var det ren tur att ett bord råkade stå ledigt. Silfverstolpe sjönk pustande ner på den flätade plaststolen och ställde varsamt sin portfölj från Böle på bordet. Han strök nöjt med handen över det bruna lädret och kände inskriptionen under fingertopparna: ”Sven Silfverstolpe”. Portföljen var numrerad och genom att äga den ingick han i en exklusiv skara. Väntetiden för att få den personligt utformade portföljen hade varit närmare ett år, men det hade det varit värt. Att tidningarna skrivit om Göran Perssons Böle-portfölj bättrade på statusen ytterligare, även om Silfverstolpe inte delade Perssons politiska åskådning.

Kvinnan slog sig helt fräckt ner på stolen mitt emot Silfverstolpe. Med tanke på den djupa urringningen var det ingen tvekan om att detta var en kvinna som var nöjd med sina behag. Han lät ogenerat blicken dröja kvar i klyftan och sedan långsamt vandra upp mot ansiktet som till stor del doldes av ett par enorma solglasögon. Det midjelånga håret gick i mahogny och med tanke på kvinnans ålder hade naturen helt klart fått lite hjälp på traven både när det gällde hårfärg och byst. Hon sköt upp solglasögonen i pannan och mötte hans blick.

”Sven Andersson.” Hon artikulerade varje stavelse i namnet och borrade in sina ögon i hans tills han var tvungen att vika undan med blicken.

”Madde?” sa han häpet.

”Madeleine Kleebe för dig, tack.”

”Ska vi vara så petiga så heter jag Sven Silfverstolpe numera”, sa han högdraget.

”Vad hände med Andersson? Var det inte fint nog?” sa Madeleine Kleebe föraktfullt. ”Så du har äntligen lyckats gifta dig till ett fint efternamn nu. Är det någon rik änka den här gången också?”

”Det ska inte du lägga dig i. Bor inte du kvar i Frankrike?”

”Jo, det gör jag, och Carl-Magnus också. Vår gemensamma son som du inte har brytt dig om sedan du lämnade oss den där hemska sommaren för tjugofem år sedan.”

”Du visste att jag inte ville ha barn. Jag varnade dig.”

”Du är en sjuk människa, Sven Andersson.”

”Silfverstolpe”, sa han förargat. ”Och vem är du att ställa diagnos på mig?”

”Jag är visserligen ingen läkare, men efter att ha levt med dig några år har jag lärt mig att känna igen en psykopat.”

”Var inte så jävla långsint. Jag är den jag är och det har tagit mig långt”, sa Silfverstolpe och tittade överlägset på henne. ”Vad gör du här förresten?”

”Oj, är du intresserad av någon annan än dig själv? Är det

en ny sida du lagt dig till med? Om du nu verkligen vill veta är jag och besöker en riktigt nära vän som har tävlingshästar. Faktum är att vi nyligen investerat i en avelshingst som är dragplåster på Falsterbo Horse Show."

"Avelshingst?" sa Silfverstolpe ointresserat. "Det är väl ingen business i det."

"Har du hört talas om Black Arne?"

"Black Arne? Vad är det för ett jävla namn?"

"Glöm det. Namn och pengar kan du gifta dig till, men smak och stil kommer du aldrig att få. Black Arne råkar vara en av de mest åtråvärda avelshingstarna i Europa, men det är så klart inget du förstår dig på."

En åtråvärd avelshingst var säkert värd en förmögenhet, tänkte Silfverstolpe och blev genast intresserad.

"Kan vi inte gräva ner stridsyxan nu? Jag bjuder på middag en kväll. Som kompensation."

"Som kompensation? För att du lämnade mig ensam med en ettåring och länsade mitt bankkonto?"

"Vårt."

"Så vitt jag kommer ihåg så var det mitt arv efter min tidigare make."

Silfverstolpe ändrade taktik och la in hela sin charm. "Du ser verkligen förtjusande ut. Åren har behandlat dig väl."

"Jag föddes med bra gener och så har jag en duktig plastikkirurg."

"Tänk om alla kvinnor tog hand om sig som du. Men vad säger du, får jag bjuda på middag eller en drink en kväll?"

"Middag? För att diskutera vår son? Har du över huvud taget tänkt på honom under alla dessa år?"

"Hur är det med honom?" Silfverstolpe var helt ointresserad, men insåg att han måste fråga. Han lät samtidigt blicken svepa över hennes slanka figur. Trots att hon måste ha passerat sextio, om han mindes rätt var hon några år äldre än han, hade hon en kropp som en ung kvinna. Kanske skulle han kunna få henne i säng. Återuppliva gamla minnen. Silfverstolpe kände sig upprymd bara av tanken på ett litet äventyr.

Innan Madeleine hann svara dök det upp en man med håret på ända, klädd i ljusa ridbyxor och knallorange pikétröja från Ralph Lauren. Han la armen om Madeleine Kleebes axlar och drog henne intill sig med en min av ägande. Av någon outgrundlig anledning kände sig Silfverstolpe svartsjuk.

”Det här är Berndt Hummel”, sa Madeleine Kleebe och tittade ömt på den nyanlände mannen. ”Och det här är Sven Andersson.” Hon nickade mot Silfverstolpe. ”Det största svinet på jorden.” Hon reste sig upp och sköt bestämt in stolen.

”Silfverstolpe”, fräste han förnärmat. ”Men inte större svin än att jag kan bättra mig. Mycket vatten har runnit under broarna, är det inte dags att du lägger vår historia bakom dig nu.”

”Tur att Carl-Magnus brås på sin mor”, avbröt Berndt Hummel och tittade föraktfullt på Silfverstolpe.

”Det där är ingenting som du ska lägga dig i”, sa Silfverstolpe och reste sig upp och ställde sig bredvid den lille ridbyxmannen. Han hade alltid haft svårt för korta män och kunde inte för sitt liv förstå vad Madeleine såg hos honom.

”Jag tror att vi är färdiga med varandra nu.” Madeleine Kleebe var på väg att gå och Silfverstolpe tog hennes hand för ett ögonblick och lämnade diskret över sitt visitkort.

”Ring mig”, sa han lågt. ”Vi behöver prata.”

Hon gav honom en outgrundlig blick och svepte iväg med Berndt Hummels arm om midjan. Silfverstolpe tittade långt efter dem.

Han kände irritationen växa när han såg vad klockan var. Det var så typiskt Sophia. Hon hade aldrig kunnat passa tider och nu var det till på köpet hon som insisterat på att de skulle ses över lunchen. Serveringspersonalen lyste med sin frånvaro och det var inget annat att göra än att gå in och beställa själv. Han fastnade för en ”Odlad regnbåge från Simrishamn med mandelpesto, gurka och knipplök” och beställde detsamma till Sophia.

”Ett bra val, det är en av mina favoriter”, sa den unga servitrisen och log vänligt mot honom. ”Vill du ha bröd till? Det ingår.”

”Ja tack. Och två glas av husets vita och en stor karaff vatten.”

”Jag ställer glasen och karaffen här på brickan så kan du ta det med dig på en gång. Vi kommer ut med maten så fort den är klar. Det kan tyvärr ta lite tid för vi har haft så många gäster i dag.”

Silfverstolpe mulnade till. ”Är det ingen betjäning på det här stället längre?” sa han och höjde rösten. ”Ska jag fånga fisken själv också kanske?”

Svetten pärlade i ansiktet på honom. Han ignorerade de förebrående blickar han fick från några av de andra lunchgästerna.

Servitrisen tittade förvånat på honom och log ansträngt.

”Egentligen ska maten beställas vid bordet, men jag ska skicka ut någon med drickan på en gång.”

Silfverstolpe grymtade ett tack och förbannade att de skulle luncha här. De kunde lika väl ha tagit en snabb räkmacka i hamnen så kunde Sophia ha slängt ur sig det hon hade på hjärtat. Om det nu var så viktigt att det inte kunde anstå till dagen därpå. Han hade faktiskt betydligt viktigare saker för sig än att sitta och luncha och småprata med en sällskapssjuk hustru. Fruntimmer, tänkte han förargat.

När han återvände till bordet satt Sophia där iklädd en tunn benvit sommarklänning som framhävde hennes solbränna och ilskan rann med ens av honom. Hon var vackrare än någonsin och det riktigt strålade om henne. Han böjde sig ömt ner över henne och gav henne en puss.

”Förlåt Sven att jag är sen, men jag …”

Han viftade avvärjande med handen. ”Nu är du i alla fall här.” Han hatade ursäkter, det var nästan värre än att inte passa tider.

En ung kille med tuppkamsfrisyr och jeans med häng kom ut med en bricka med dryckerna, en korg med nybakat bröd och en liten skål med isat smör. Silfverstolpe hällde upp vatten till dem båda och tömde raskt sitt glas. Med vätskebalansen någorlunda återställd kände han sig lite piggare. Tuppkammen återvände nästan omgående med två portioner regnbåge och ställde med en överdrivet elegant rörelse ner tallrikarna på bordet.

”Varsågoda, mitt herrskap. Hoppas det ska smaka.”

”Tack, det ser underbart ut”, sa Sophia, bröt en bit bröd och högg sedan in på fisken med god aptit.

Silfverstolpe rycktes med av hustruns matlust och de åt en stund under tystnad. Han betraktade sin Sophia, men tankarna sökte sig ändå tillbaka till Madeleine Kleebe. Henne måste han träffa igen. Han skakade av sig den inre bilden av en avklädd Madeleine och ansträngde sig för att vända uppmärksamheten mot Sophia. ”Vad var det du ville säga som var så viktigt?” sa han och skyfflade in en bit regnbåge i munnen.

”Det är något som kommer att förgylla våra liv framöver”, sa hon hemlighetsfullt.

”Vadå förgylla våra liv?” sa Silfverstolpe irriterat. ”Vad menar du?”

”Tänk efter, vad tror du?” Sophia strålade mot honom.

”Aha, vad fan, har din gamla faster äntligen trillat av pinn?”

Sophia tittade chockat på honom, men Silfverstolpe fortsatte oförtrutet. ”Det var inte en dag för tidigt. Jag befarade att den gamla haggan skulle leva för evigt.”

”Gamla haggan?” sa Sophia förfärat. ”Säg inte så om min faster!”

”Du förstår vad jag menar. Då får vi äntligen tillgång till dina farföräldrars pengar och lagfarten på herrgården”, sa Silfverstolpe exalterat.

”Faster är inte död och jag tycker inte om när du pratar om henne på det viset.”

”Men om det inte är arvet, vad är det då?” sa Silfverstolpe besviket. ”Förgylla våra liv? Har du fler rika släktingar som du inte berättat om?”

Det var inte så här Sophia hade tänkt att det skulle bli. Varför skulle pengar alltid vara så viktigt för Sven? Men det var kanske lätt för henne att säga som alltid hade haft det gott ställt. Hon kände inte till mycket om Svens bakgrund, men hade förstått att han vuxit upp under enkla förhållanden och då blev det kanske så. Nu kunde hon inte hålla sig längre.

”Du ska bli pappa, Sven. Visst är det fantastiskt?”

”Vad i helvete är det du säger?” Silfverstolpe la ifrån sig besticken så häftigt att det smällde i porslinet.

Sophia ryckte förfärat till.

”Men Sven, jag trodde du skulle bli glad.” Hon kände tårarna bränna bakom ögonlocken.

”Du vet vad jag har sagt om barn. Du får helt enkelt ta bort det.”

”Men Sven, vi har försökt hur länge som helst och nu har det äntligen lyckats”, sa hon vädjande.

”Du har försökt, inte jag”, sa han hårt.

”Nu förstår jag ingenting. Du har ju också varit med på det. Jag trodde du skulle bli glad.”

Silfverstolpes blick hårdnade och det goda humöret var som bortblåst.

6

Tjejmiddag

Fredag kväll den 14 juni, hemma hos Ingela

”Linnea har precis ätit, men om ni blir hungriga finns det bröd och pålägg och frysen är full av glass och …”

”Ja, ja, det blir nog bra”, avbröt Egon otåligt. Han hade inte för avsikt att äta något fabriksbakat bröd och än mindre någon klistrig glasspinne full av färgämnen och konserveringsmedel. Han hade helt andra planer. ”Men se till att komma iväg någon gång så Linnea och jag kan komma igång med våra göromål.”

”Egon har lovat att vi ska baka”, strålade Linnea.

”Det ska vi absolut”, sa Egon nöjt. ”Vi ska baka min mors himmelska sockerkaka med rivet citronskal och äkta vaniljstång.”

”Vad gott det låter, spara en bit till mig”, sa Lisa avundsjukt. ”Jag blir inte sen.”

”Ta den tid du behöver. Blir jag trött så lägger jag mig på soffan och vilar.”

Lisa kastade en sista blick i hallspegeln och för en gångs skull var hon nöjd med det hon såg. Det blonda håret som hon låtit växa ut sedan förra sommaren var numera så långt att hon kunde samla det i en hästsvans. Ikväll hade hon lagt ner lite extra omsorg och plattat håret med plattången som Linnea hade fått av farmor på sjuårsdagen några månader tidigare. Det djupröda läppstiftet, som egentligen inte alls var hennes stil, stod sig fint mot solbrännan. Till och med ärret ovanför munnen, ett minne från när hon som femtonåring vurpade med mopeden, hade hon sminkat över.

”Mamma, du ser ut som en prinsessa”, utbrast Linnea och gav henne en blöt puss på kinden. ”Men nu får du faktiskt gå. Jag och Egon ska baka.”

”Men hej, är du redan här?” sa Ingela förvånat och rättade till handduken som hon virat runt håret som en turban.

”Hej, förlåt, jag blev visst lite tidig”, sa Lisa skamset, väl medveten om att hon kom nästan en timme före utsatt tid. Privat var hon blyg och blev ofta osäker när hon skulle träffa nya människor. Hon kände sig säkrare när hon var först på plats och slapp att gå runt och hälsa. ”Jag var klar och tänkte att jag likaväl kunde komma över till dig och se om jag kunde hjälpa till med något”, sa hon ursäktande.

”Allt är redan klart”, sa Ingela glatt, ”men du kan ta ett glas vin och hålla mig sällskap medan jag gör mig i ordning.”

”Gärna. Jag tog med en flaska bubbel”, sa Lisa och räckte över en flaska som var konstfullt inslagen i cellofan och rosa tyll. ”Det är Linnea som fixat presentförpackningen.”

”Så fantastiskt fint, du får hälsa Linnea att jag gärna hyr in henne till att slå in julklappar.”

”Vad kul! Det ska jag hälsa henne.”

”Ja, gör det. Du, det står en flaska vitt i kylen som jag tänkte vi kunde ta. Kan du hjälpa mig att dra upp blixtlåset i ryggen bara innan du hämtar vinet? Det verkar som om jag lagt på mig sedan jag hade klänningen sist", sa Ingela med en grimas.

"Det måste vara klänningen som krympt", sa Lisa skrattande. "Kläder har en benägenhet att göra det när man inte använt dem på ett tag. Dra in magen ordentligt nu."

"Välkomna. Superkul att vi kunde samlas alla fem", sa Ingela och höjde glaset till en välkomstskål. "Ni andra tre känner ju varandra väl, men Lisa är nyinflyttad", fortsatte hon. "Lisa var tidigare kollega med brorsan, men sadlade om till polis och ska numera hålla buset på Falsterbonäset i schack."

"Buset, det låter något det", sa Lisa leende. "Än så länge har det varit väldigt lugnt och idylliskt."

"Ja, här brukar det inte hända mycket. Men vad kul att träffa dig igen", sa Annika varmt. "Det var verkligen länge sedan."

"Det måste ha varit innan du och Fredrik separerade", sa Lisa.

"Ja, det var vid förra Valborg", sa Annika. "Efter det har det inte blivit av att jag träffat Fredriks vänner, men det är ju lätt att det blir så vid en skilsmässa. Ingela berättade att du flyttat till Skanör, har du köpt hus?" fortsatte Annika nyfiket.

"Nej Gud, det skulle jag aldrig ha råd med", utbrast Lisa. "Vi hyr på Mellangatan."

"Var då?"

"Det blå huset i korsningen Mellangatan och Skepparegatan."

"Det var inte dåligt", sa Annika och kände ett sting av avundsjuka. Själv hade hon efter skilsmässan fått vända på varje korvöre och bodde för tillfället i ett konstnärskollektiv i Köpenhamn. "Hur fick du tag i det huset?"

"Det var genom Billund."

"Fredriks plågoande och en av anledningarna till att vi gled ifrån varandra", sa Annika med en grimas. "Fredrik fick jämt jobba övertid och ofta blev semestern inställd i sista stund."

"Ja, jag håller med, han är jobbig som chef, men privat är han faktiskt väldigt trevlig", sa Lisa till hans försvar.

"Jag trodde Billund höll till i Båstad och visste inte att han hade hus här", sa Annika förvånat.

"Det gör han också", sa Lisa. "Han ärvde huset i Skanör efter en gammal släkting och hade först tänkt sälja det, men han bestämde sig för att behålla det och hyra ut det istället."

"Det här är Louise och Sophia", sa Ingela och presenterade de andra kvinnorna. "Sophia har jag känt sedan vi var små. Våra farföräldrar umgicks, våra föräldrar också och så slutligen vi då. En ärvd vän med andra ord."

"Både Ingela och Fredrik har berättat mycket om dig, Sophia, så det är kul att äntligen få träffas", sa Lisa.

"Detsamma, jag har hört så mycket gott om dig", sa Sophia. "Jag visste inte ens att det fanns en polisstation här nere förrän Ingela berättade det."

"Den är rätt ny, öppnades efter nyår och fram till i påskas var det bara Mårten som jobbade där, men nu har vi fördubblat styrkan", sa Lisa med ett skratt.

"Men i Skanör Falsterbo? Kunde de inte ha hittat något mer spännande ställe? Här händer väl absolut ingenting", sa Sophia skeptiskt.

"Fast nu i sommar passar det mig alldeles utmärkt", sa Lisa leende. "Jag och Linnea behövde komma bort från Malmö och det här verkar vara paradiset på jorden."

Louise sträckte fram handen och hälsade. Hennes handled var fylld av armband i allsköns färger och på flera av fingrarna satt överdimensionerade ringar.

"Ingela berättade att du fått henne att börja springa igen och jag hänger gärna med på era rundor om jag får."

”Jättegärna”, sa Lisa uppriktigt. Hon som varit så orolig för den här kvällen och att hon skulle känna sig utanför, var nu bara tacksam över att Ingela lockat med henne. ”Vilken underbar tunika du har”, sa hon beundrande.

”Tack! Jag och Gunnar, min man alltså, var i Paris i våras och då var jag inne på Versace och kunde inte annat än att köpa den. Den var svindyr, men värd varenda krona.”

”Louise är tjejgängets fashionista”, sa Annika. ”Hon gör av med mer pengar på kläder per år än vad jag totalt gjort under min livstid.”

”Nu överdriver du allt”, sa Louise. ”Men visst, mode är ju bara så vansinnigt kul.”

”Är du designer?” sa Lisa nyfiket.

”Nej, nej, inte alls. Jag är it-konsult. Eller var, rättare sagt. Blev uppsagd i januari. De la ner Malmökontoret och all verksamhet flyttades till Stockholm. Jag blev visserligen erbjuden att flytta med, men Gunnar har ju sin firma här och Axel går på gymnasiet, så det var tyvärr inget alternativ.”

”Åh, vad tråkigt för dig”, sa Lisa. ”Men vad jobbar du med nu?”

”Jag är mellan två jobb, kan man väl säga”, sa Louise lite svävande. ”Hjälper Gunnar med hans firma och har lite annat på gång, så jag är inte orolig. Faktum är att det ska bli riktigt skönt att kunna vara ledig hela sommaren.”

Det kylda vinet smakade underbart. Lisa tittade ut över stigen och skymtade de pastellfärgade badhytterna. Tänk att folk kunde bo så här, tänkte hon förundrat.

”Kärleksstigen”, upplyste Sophia henne om. ”Visst är det mysigt här?”

”Verkligen. Varför heter det Kärleksstigen?” sa Lisa.

”Enligt min farmor så var det många unga kärlekspar som kysstes första gången här och gick och höll varandra i handen efter en kväll på dansbanan." Sophia log vid tanken på sina farföräldrar som unga. "Farmor berättade att hon och farfar ofta höll till här innan de var förlovade och det var därför de sedan köpte sin tomt ut mot Kärleksstigen när de fick möjlighet att bygga sitt eget hus. Det är förresten den tomten jag bor på nu, fast vi har byggt nytt."

"Huset har blivit helt fantastiskt. Jag blir också sugen på något nytt", sa Ingela drömmande. "Hur går det med poolen förresten, är den klar nu?"

"Tack, vad gullig du är, fast ditt hus är mycket mysigare. Det är mer själ i ett gammalt hus. Jag kan faktiskt ångra att vi rev det gamla, men det var Sven som propsade på det." Sophia såg lite sorgsen ut. "Men poolen blir bra, det blir härligt att kunna starta morgnarna med en simtur. Elektrikern kommer förresten i morgon och monterar spots och sedan kan vattnet fyllas på."

"Då kommer jag över och tar ett dopp", sa Ingela och granskade Sophia. "Har det hänt något? Du ser så trött ut."

"Det är bara mycket nu inför Svens sextioårsdag", sa Sophia undvikande.

Ingela som kände sin väninna bättre än så förstod att det var något annat som tryckte henne, men bestämde sig för att vänta med frågor tills de var ensamma. "Berättade jag att jag lyckades övertala brorsan att hänga med till Strandbaden?" fortsatte hon.

"Skämtar du?" sa Annika förvånat. "Fredrik och Strandbaden? Kommer du ihåg invigningen och hur han klagade på allt från ljudnivå till musikval och att det var alldeles för mycket folk?"

"Jag vet, men han behöver komma ut. Han sitter bara ensam hemma varje kväll sedan ni separerade. Han gör absolut ingenting. Masar sig över till mig eller Egon ett par dagar i veckan och äter middag. Tror inte att han lämnat Falsterbo sedan han blev sjukskriven faktiskt."

"Vet han om att jag kommer?" sa Annika.

Ingela dröjde med svaret lite för länge.

"Så du har alltså inte sagt något. Han kommer att få spel", konstaterade Annika torrt.

"Det är lugnt. Lisa är också med, så han kan säkert sitta och dissa jobbet med henne", sa Ingela. "Det är väl typ det enda han gör för tillfället."

"Och dissa mig", sa Annika.

"Nej då, absolut inte", ljög Ingela.

"De här skålarna du har tapas i, var har du fått tag på dem?" avbröt Louise.

"De har Annika faktiskt gjort", sa Ingela. "Innan hon började måla jobbade hon som keramiker."

"Tar du upp beställningar?" Louise tittade intresserat på Annika. "De är ju helt underbara. Jag får medelhavskänsla direkt".

"Tack, vad kul att du gillar dem. Det var några år sedan sist, men jag har drejskivan kvar i Fredriks garage så varför inte", sa hon leende. "Jag behöver hitta nya inkomster om jag ska ha råd att flytta tillbaka hit igen."

7

Kvällen på klubben

Fredag kväll den 14 juni, Falsterbo Golfklubb

En stor svart Mercedes Benz svängde in på Falsterbo Golfklubbs parkering. Borgmästaren ställde bilen i en av parkeringsrutorna närmast klubbhuset där skyltar märkta ”Styrelse” visade att detta var reserverade platser. Tillsammans med Sven Silfverstolpe klev han ur bilen och styrde stegen mot klubbhuset.

”Gentlemen, would anyone fancy a pint?” sa Archie och balanserade vant brickan med öl.

Sven Silfverstolpe stegade raskt fram mot honom och tog ett glas. ”Vad är det du bjuder på i dag, Archie?”

”Det är en irländsk öl. Beställde hem ett par lådor sist jag var i England. Den här ölen kommer från ett litet bryggeri som en god vän till mig driver. En ljus lättdrucken öl som passar perfekt en varm sommarkväll som denna.”

Silfverstolpe tömde glaset i ett svep. ”Precis vad jag behövde”, sa han och ställde tillbaka det tomma glaset på brickan. ”De där irländarna vet hur en öl ska smaka”, sa han och torkade av den tunna mustaschen av skum som bildats på överläppen. Han sträckte sig girigt efter en andra öl och räckte samtidigt över en till borgmästaren.

”Tack, men jag kör”, sa borgmästaren och höjde avvärjande högerhanden. ”Jag tar hellre en Ramlösa.”

”Kom igen nu, bilen kan du låta stå till i morgon”, sa Silfverstolpe och dunkade honom hårt i ryggen.

”Jag är bara inte så glad för att låta bilen stå här över natten”, sa borgmästaren, men tog lydigt emot glaset.

”Det är inte direkt Chicago det här”, brummade Silfverstolpe. ”Det är ju din egen kommun för helvete.”

”Håller nog inte med dig helt där. Se bara på alla vandaliserade busskurer den senaste veckan. Det är bara en tidsfråga innan de där ligisterna ger sig på bilar också.”

Borgmästaren avbröts av Archie som påkallade allas uppmärksamhet genom att stoppa två fingrar i munnen och busvissla så där irriterande högt och genomträngande som bara vissa kan.

”Gentlemen”, förkunnade han högt och tydligt, ”nu är maten serverad.”

Archie tittade på den lilla skaran män som var församlade runt honom, alla vitt skilda typer. Sven Silfverstolpe var en omstridd affärsman, och kunde man lita på ryktena även en fruntimmerskarl av rang. Han hade utseendet med sig, den gode Silfverstolpe, och var onekligen en man som drog blickarna till sig. Bredvid Silfverstolpe stod Vellinge kommuns borgmästare Lars Andersson och samtalade lågmält med Carl Delon, vinkännare med rötterna i Frankrike. Delon var yngst i gänget och lika välklädd som han var vältränad, tänkte Archie avundsjukt. Delon kunde stoppa i sig hur mycket som helst och inget tycktes sätta sig på honom. Själv hade Archie samlat på sig några kilo för mycket efter att ha passerat fyrtio för ett par år sedan. Han hade slutat att stoppa ner skjortan i byxorna och lät den hänga lite löst. Nu fasade han för badsäsongen.

Vid ett bord satt Gunnar Sandén, som var verksam som konsult i byggbranschen, fullt inbegripen i ett samtal med Sten Crona, en förmögen arkitekt och välkänd konstsamlare och mecenat. Crona var den förste Archie lärde känna när han flyttade till Falsterbo för ett par år sedan och de hade blivit nära vänner.

”Well, är ni redo att sätta er till bords? Det är uppdukat i direktionssalen på andra våningen. Jag drar mig tillbaka och är på mitt kontor, bokslut i morgon så jag har att göra”, sa Archie med en grimas. ”Behöver ni något så vet ni var jag finns.”

Silfverstolpe tog med stora kliv täten uppför trapporna.

Väggarna pryddes av tavlor med grånade män i ramar av brunbetsat trä som likt gamla kungar blickade ut över rummet. Här höll man på traditionerna, hade man en gång styrt Falsterbo Golfklubb hamnade man garanterat som tavla på väggen efter det att man slagit sin sista putt i livet.

”Borde man inte fräscha upp lite här?” sa Crona och såg sig skeptiskt om i rummet. ”Det är hög tid att byta ut möblerna eller åtminstone måla dem i lite ljusare färger.”

”Måla om dem?” utbrast Silfverstolpe förfärat. ”Det här är för tusan matsalsmöbler från tidigt 1800-tal och det säger jag dig bara, de ska inte målas om!”

”Men Sven, du behöver väl inte hetsa upp dig så över några gamla möbler. Crona har rätt, det skulle absolut behövas lite modernisering här”, sa Sandén obekymrat. ”Det ser faktiskt ut som ett museum.”

”Museum”, fräste Silfverstolpe sammanbitet. ”Det här är väl för farao inget museum.”

Han betraktade överlägset Sandén och högg in på sin dubbla Toast Skagen. Med munnen full av räkor höjde han det lilla snapsglaset. ”Skål mina vänner, ta för er.”

”Toast Skagen.” Delon petade missmodigt runt med gaffeln bland räkorna och kunde inte förstå hur man kunde förstöra skaldjur med en massa fet majonnäs. Detta var fjärde middagsmötet de hade tillsammans och de hade ätit Toast Skagen till förrätt varje gång. Silfverstolpe var som männen på väggarna, en man av tradition, och hans ord var lag på golfklubben.

”Detta var fantastiskt gott”, sa borgmästaren och klappade sig på magen. ”Vilken middag! Potatisgratängen var superb och vildsvin tror jag aldrig att jag smakat tidigare. Om Archie någonsin har planer på att sluta här på golfklubben ska jag personligen se till att han får ta över köket på Vellinge kommunhus.”

”Vilket erbjudande, på Vellinge kommunhus. Rena rama drömjobbet”, hånskrattade Silfverstolpe och spillde ut några ilskna droppar rödvin på duken.

Borgmästaren blängde förargat på honom och kände sig tillplattad som så många gånger förr. Det fick vara nog med det nu. Om de skulle fortsätta jobba ihop höll det inte att Silfverstolpe hade den attityden mot honom. Så fort han fick sprit i kroppen eller saker och ting inte blev som han tänkt sig blev han alltid otrevlig. Men han hade en annan sida också. Borgmästaren kände ingen som var så belevad och hade ett så outtröttligt driv och stor aptit på livet som Silfverstolpe. Han hade en fantastisk karisma som gjorde att många älskade att vara i hans närhet, men när det handlade om affärer var han stenhård och hade en unik förmåga att dupera folk för att få sin vilja igenom.

”Nåja”, sa borgmästaren, ”man vet aldrig var man hamnar, det är ju en del av tjusningen med livet.”

”Nej, vissa hamnar på Vellinge kommunhus”, skrattade Silfverstolpe rått.

”Bättre att hamna där än i en betsad träram på en golfklubb”, muttrade borgmästaren stött.

”Apropå kommunhus”, sa Sandén, la ifrån sig besticken och tittade uppfordrande på Silfverstolpe. ”Vad är det som pågår? Hur går det med kasinot?”

”Kasinot? Måste vi prata om det nu när vi sitter och äter?” sa Silfverstolpe och tog en klunk vin. ”Efterrätten först. Affärer kan vi prata om senare över en konjak.”

”Tre miljoner. Alla vi här har investerat vars tre miljoner. Jag kommer inte att äta en bit mer förrän du har berättat hur det går”, sa Sandén och spände ögonen i Silfverstolpe.

”För helvete Sandén, vi tar det sedan”, sa Silfverstolpe och lutade sig mot ryggstödet som knakade betänkligt.

”Nej, det gör vi inte. Jag vill ha svar nu. Vad händer?”

Silfverstolpe gestikulerade nonchalant med handen som om han ville vifta bort en fluga från bordet. Sandén lät blicken vandra vidare mot borgmästaren som ivrigt torkade svetten ur pannan med den tidigare så fint brutna servetten.

”Ja, jag är ju inte så insatt …”, började borgmästaren och sökte förgäves stöd från Silfverstolpe.

”Berätta nu vad som händer”, sa Sandén uppfordrande.

”Jag håller med, vad händer egentligen med kasinoplanerna?” sa Delon. ”Vi har inte fått någon information alls om projektet den senaste månaden. Ni har avbokat två sammankomster och det gör mig väldigt orolig.”

Han vände irriterat blicken mot borgmästaren som i sin tur sträckte sig efter Sandéns servett eftersom hans egen var förbrukad.

”Nå”, fortsatte Delon bestämt. ”Hur går det med våra investerade pengar? När blir det byggstart? Varför informerar ni oss inte om hur det går?"

"Jamen, vad fan", sa Silfverstolpe irriterat och sträckte sig efter sitt vinglas. "Lita på oss. Det är ju jag och borgmästaren som får slita hund."

Borgmästaren nickade ivrigt sitt instämmande.

Sandén tog upp en mapp med Vellinge kommuns byggnadsnämnds logotype ur sin datorväska. "Jag har fått information om att bygglovet inte är godkänt." Han läste högt från ett dokument och de andra satt helt tysta.

"Var i helvete har du fått detta ifrån?" röt Silfverstolpe.

"Ja, var tror du?" Sandén blängde på honom. "Från byggnadsnämnden så klart. Eftersom jag aldrig fick några svar från er två lyfte jag luren och ringde ett par samtal och sedan körde jag till Vellinge och hämtade ut dokumenten. Svårare än så var det inte." Han smällde mappen med papperna i bordet.

Borgmästaren suckade tungt och sa försiktigt: "Det blev lite ändringar i byggplanerna. Kan man väl säga."

"Lite ändringar?" fräste Delon. "Vad är detta? Avslag från byggnadsnämnden att bygga kasino på Falsterbo Golfklubb." Delon tittade upprört på dokumentet på bordet. "När vi gick in i det här projektet berättade du att som borgmästare i Vellinge kommun hade du alla de kontakter som krävdes för att få bygglovet beviljat."

Crona pekade med sin gaffel på dokumenten på bordet.

"När vi diskuterade bygglovet för någon månad sedan berättade du att det var i hamn efter en lyckad bjudresa. Byggnadsnämndens ordförande med familj hade med skattemedel fått en tre veckors resa till Thailand. All inclusive. Hur förklarar du det här?"

Borgmästaren hade nu allas blickar på sig.

”Det har inträffat vissa oförutsedda händelser.” Han harklade sig. ”Området är skyddat enligt Natura 2000 och marken vid golfklubben får inte bebyggas. Jag och Silfverstolpe var övertygade om att vi kunde kringgå det, men …”

”Men …” Crona fyllde sitt glas med öl. ”Vad betyder det här? Att det inte blir något kasino? Ni sa ju att allt var klart.”

”Det var ju fan vad ni är på”, sa Silfverstolpe och reste sig så häftigt att stolen välte. ”Ja, det har blivit vissa komplikationer med bygglovet. Vi fick avslag och det går inte att överklaga.”

”Vadå inte överklaga?” sa Delon. ”Om det inte blir något kasino vill jag ha tillbaka mina tre miljoner.”

”Tyvärr är det inte så enkelt.” Silfverstolpes mobil vibrerade och han tog upp den ur byxfickan och tittade hastigt på displayen. Han tryckte bort samtalet och tog sats igen. ”Saken är den att vi redan har använt pengarna. Men ni kan vara lugna, era pengar är väl förvaltade och det kommer att bli en enorm värdeökning. Ni får se det här som en långsiktig investering. Berätta du för dem. Det är ju du som har ställt till det med bygglovet.”

Plötsligt flyttades allas fokus mot borgmästaren igen och han tittade oroligt upp mot taket på den dammiga takfläkten. Han sträckte sig efter Sandéns dokument och fingrade nervöst på det. ”Ska jag …?”

”Ja, det tycker jag”, sa Silfverstolpe och nickade myndigt åt honom. ”Som sagt, det är ju du som inte skött dina åtaganden.”

”Ja, jo”, stakade sig borgmästaren, ”som ni hörde precis har vi fått avslag på bygglovet.” Han lossade på slipsknuten och kliade sig nervöst på halsen. ”Eftersom vi inte fick igenom bygglovet bestämde vi oss för att köra vidare med kasinoplanerna någon annanstans.”

”Vad i helvete säger du?” sa Sandén som frenetiskt torkade sina glasögon. Han kisade mot borgmästaren. ”Vadå någon annanstans och vilka är vi? Detta är inget jag känner till och …”

Silfverstolpe avbröt bryskt Sandén.

”Nej, detta är inget du eller någon annan känner till. Vi som samlats här i kväll”, han lät blicken vandra lite ostadigt i rummet, ”hade en gemensam vision om att bygga ett storslaget ”Falsterbo Casino & Golf Club” helt i klass med kasinot i Monte Carlo. Dessa planer har tyvärr gått i stöpet, men ni kan vara lugna. Vi kommer att fortsätta driva projektet och jag kan återigen försäkra er att vi investerat era pengar väl.”

”Investerat? Vad säger du?” Delon tittade på Silfverstolpe.

”Ja”, sa Silfverstolpe tålmodigt. ”Vi har investerat sex miljoner i en tomt för att kunna bygga kasinot.”

”Sex miljoner för en tomt?” Crona tittade intresserat på Silfverstolpe. Han hade redan från starten tyckt att platsen vid hamnen i Skanör, där tidigare nedbrunna restaurang Badhytten legat, vore bästa platsen för ett kasino. ”Fick ni köpa loss badhyttstomten så billigt?”

”Badhyttstomten?” sa Silfverstolpe och tittade oförstående på Crona.

”Ja, det var ju mitt förslag. Tycker faktiskt att det var en bättre idé än vid golfklubben”, sa Crona.

”Vi kan väl för sjutton inte ha kasinot på en sandstrand, det förstår du väl. Vi hittade ett bättre alternativ, som ligger mer centralt placerat med bra infrastruktur och obegränsat med parkeringsmöjligheter.”

”Men fram med det nu då”, sa Delon ivrigt.

”Håslöv”, sa Silfverstolpe. ”Vi har köpt en tomt i Håslöv.”

”Håslöv”, röt Sandén. ”Vem i helvete går på kasino i Håslöv?”

Borgmästaren stramade upp sig och anlade en viktig min.

”Nu ska ni inte underskatta Håslöv. Detta jag säger nu får stanna mellan dessa fyra väggar. Jag har fått se ritningar av detaljplanen för Håslöv och jag kan garantera er att inom den närmaste tioårsperioden kommer det att hända mycket där. Ålderdomshem, daghem och radhusområde är redan inplanerade och det ryktas även att Granngården och Willys kommer att etablera sig där. Och det är inte helt otänkbart att SJ väljer att lägga en pågatågsstation där också.”

Delon tittade chockat på borgmästaren.

”Är det här ett skämt? Har ni tagit våra pengar och investerat dem i en tomt i Håslöv? Sex miljoner. Där ute slumpas ju tomterna bort. Ni är inte riktigt kloka.”

”Nu lugnar du ner dig, din lilla låtsashomo”, sa Silfverstolpe och tittade föraktfullt på Delon.

”Vad menar du med låtsashomo?” Delon reste sig hastigt upp och gick fram till Silfverstolpe.

”Jag vet nog vad du går för”, sa Silfverstolpe och knuffade till Delon som förvånat vacklade bakåt. ”Bara för att du är fransman ska du inte tro att du kan komma hit och förföra svenska gifta kvinnor. Som en jävla casanova. Och så utger du dig för att vara bög. Som någon slags täckmantel.”

”Utger mig för att vara bög? Jag är homosexuell. Vad nu min sexuella läggning har med saken att göra. Jag är inte det minsta intresserad av kvinnor.”

”Homosexuell?” vrålade Silfverstolpe. ”Jag vet att du har varit hemma hos mig en massa gånger och legat med Sophia.”

Crona viftade med armarna likt en domare som vill bryta mellan två boxare. ”Lugna nu ner er för Guds skull.”

”Vadå lugna ner er?” Delon pekade upprört på Silfverstolpe. ”Det är han som ska lugna ner sig, han är inte klok som påstår att jag legat med hans fru.”

”Jag är väl för helvete inte dum, jag har faktiskt grannar som sett dig smyga in i huset när jag åkt hemifrån”, skrek Silfverstolpe.

”Men varför skulle Delon ligga med Sophia?” sa Sandén förvånat. ”Nu har du gått för långt. Be nu om ursäkt och så tycker jag att vi diskuterar hur vi ska få tillbaka våra pengar istället. Jag vägrar att betala för en tomt i Håslöv.”

”Jaså, du håller med honom, din skit.” Silfverstolpe röt så saliven stänkte ur munnen på honom.

”Jag har fått nog av dina påhopp, nu räcker det”, sa Delon och dundrade ner för trapporna tätt följd av Sandén som även han fått nog av Silfverstolpe.

”Det där var väl ändå bra onödigt”, sa Crona stilla och tittade förebrående på Silfverstolpe. ”Nu gick du för långt. Vad handlar allt det här om?”

Silfverstolpe blev askgrå i ansiktet och satte sig tungt i stolen. ”Sophia är gravid.”

Stämningen var laddad kring bordet och det enda som hördes var takfläktens monotona surrande. Borgmästaren försökte lätta upp stämningen. ”Men vad trevligt, då ska du bli pappa.”

Crona höjde sitt glas för att utbringa en skål, men avbröts av Silfverstolpe som slog undan flaskorna och glasen på bordet framför sig och röt:

”Jag är för helvete steriliserad sedan två år tillbaka!”

8

Strandbaden

Fredag kväll den 14 juni, Strandbaden i Falsterbo

Fredrik hade bara varit på Strandbaden vid två tidigare tillfällen. Första gången var på den stora invigningen och den andra var när han vaccinerade sig mot svininfluensa för några år sedan. Vaccinationen hade han varit starkt kritisk mot, men då det rådde masshysteri vid tillfället och alla tycktes vaccinera sig hade han fallit till föga. Trots motviljan mot sprutor tyckte han att vaccineringen var det trevligaste tillfället av de två eftersom det var fler han kände och pratade med då än under själva invigningen som bara fick honom att känna sig fånig. Mingel hade han alltid haft svårt för. Att stå och balansera en tallrik och ett glas och konversera ledigt var inte alls hans grej.

Eftersom stödet på cykeln var trasigt lutade han den mot en välvuxen tall och följde sedan motvilligt efter de andra. Ingela hade envisats med att han skulle hänga med hennes tjejgäng ut och hade inte velat lyssna på hans invändningar. Hon tyckte att han satt för mycket ensam hemma och ville pigga upp honom. I all välmening. Vad Ingela inte förstod var att Fredrik trivdes alldeles utmärkt i sitt eget sällskap och hade inte behov av att träffa en massa andra. Allra minst på en nattklubb.

Och framför allt inte när hans exhustru var med. Att det var säsongspremiär för 30+ var i sig inget märkvärdigt, men inför denna kväll hade nattklubben slagit på stort och bokat Magnus Uggla som dragplåster. En journalist och en fotograf från en skvallertidning samt ett par lokala tidningar fanns på plats för att bevaka spektaklet.

Trädäcket som ledde fram till entrén var fullknökat med förväntansfulla människor, många av dem i hans egen ålder. Fredrik stannade upp, slöt ögonen och drog in den friska doften av tallskog. Han övervägde om han snabbt skulle kunna smita iväg innan Ingela hann upptäcka det.

”Kom igen nu Fredrik, det här kommer att bli kul!” Ingela tog honom resolut under armen innan han hade hunnit sätta sin plan i verket.

”Jag kommer bara att stanna en liten stund”, sa han motvilligt.

”Vad tramsig du är, du kommer att ha hur kul som helst. Vi står uppsatta på VIP-listan så vi slipper köa.” Ingela log uppmuntrande mot honom och det var inget annat att göra än att hålla god min och hänga på.

Stämningen liksom ljudnivån var hög. För hög, tyckte Fredrik. Discotoner från sjuttiotalet strömmade ner från ovanvåningen och på bottenplanet var det riggat för konsert. De beställde något att dricka i baren, för Fredriks del en stor stark, och satte kurs mot den stora uteplatsen. Här var det lite lugnare och de slog sig ner kring ett bord som var reserverat i Ingelas namn. Hon var alltid företagsam och om sig och det var Fredrik tacksam för. Han betraktade fascinerat folket som till synes vant minglade runt. Kindpussar, rosa skjortor, höga klackar, champagne och påfallande många som inte pratade skånska.

”Vad kul att du hängde med, Fredrik. Hur är det med dig?” sa Annika och tittade nyfiket på honom. ”Det var evigheter sedan vi sågs.”

”Jo tack, det är väl hyfsat”, sa Fredrik stelt. Han hatade just den frågan mer än något annat. Hur är det med dig? Ja, vad säger man när man mot sin vilja blivit skild och långtidssjukskriven och man är så där in i märgen trött på allting och inte vill annat än att vara för sig själv. Sedan den dagen Annika flyttade ut hade han undvikit henne och med tiden hade han byggt upp ett försvar och en känsla av att hon inte var värd honom. Hon hade lovat honom livslång kärlek inför Gud och hela släkten, men plötsligt brutit löftet och lämnat honom. Han skulle aldrig förlåta henne.

”Det gör dig gott att vara ledig lite. Har du tänkt på när du ska tillbaka i tjänst igen? Jag menar, du ser pigg ut nu och med tanke på …”

Längre kom inte Annika innan Fredrik bryskt avbröt henne.

”Jag tar saker i min takt nu och det är ingenting som jag vill sitta här och diskutera med dig.” Han kände sig bitter och orden bara flög ur honom. Annika tittade förvånat på honom. Han var nog trots allt inte i balans ändå.

”Förlåt mig”, sa hon sårat och vände sig till Louise istället och började diskutera keramik.

Lisa la en hand på hans arm.

”Jag vet precis hur du känner. Det där när man tappar livsglädjen och börjar ifrågasätta vad som egentligen är meningen med livet. Jag kom ner i en rejäl svacka efter Mattias död och har väl på sätt och vis inte hämtat mig än.”

”Ja, nu är det ju inte någon som är död”, sa Fredrik och försökte låta hurtfrisk, ”men visst, ibland undrar jag också vad som är meningen med allt.”

Lisa och Fredrik fördjupade sig för en stund i ett samtal om livets vedermödor och märkte inte att de övriga i sällskapet hade lämnat dem för att ta sig an discot på ovanvåningen.

”Förlåt, nu tråkar jag ut dig helt”, sa Fredrik och tittade skamset på Lisa. ”Det var inte alls meningen att förstöra feststämningen för er. De andra har jag visst redan lyckats tråka ut”, sa han med en menande blick på de tomma stolarna.

”Det gör inget”, sa Lisa glatt. ”Låt dem hållas, jag sitter hellre och pratar med dig än dansar. Om jag ska vara helt ärlig så avskyr jag sådana här ställen.”

”Jag som trodde alla tjejer älskade att dansa.”

”Jag kan inte koordinera armar och ben och är helt orytmisk”, sa Lisa med ett skratt. ”Jag är en ren katastrof på dansgolvet.”

Fredrik beställde in ännu en stor stark och var mycket nöjd med hur kvällen artade sig. Han och Lisa hade ett givande och roligt samtal och han kände sig för första gången på mycket länge helt avslappnad.

När Magnus Uggla drog igång extranumret ”Dansar aldrig nykter” stod Fredrik på ett bord med Louise och dansade och sjöng med som en galning. Lisa och Sophia hade sedan länge lämnat sällskapet och Ingela och Annika stod förvånade och betraktade Fredrik.

”Det var han som absolut inte skulle med i kväll”, sa Ingela med ett snett leende. ”Han som avskyr att dansa och att utmärka sig.”

”Det var ju en passande låt”, fnissade Annika.

Louise hade kastat sina höga klackar och dansade barfota. De vita jeansen och den matchande blusen var nerspillda av Taittinger, men det var inget hon bekymrade sig om. Fredrik hade knäppt upp samtliga knappar i den måttsydda skjortan och svetten lackade. En stund tidigare, inspirerad av Ugglas ”Kung för en dag”, hade han beställt in en Taittinger Brut Reserve Nebuchadnezzar och med tanke på den glansiga blicken och hur han höll igång hade han hällt i sig en ansenlig mängd av den. Krögarna på Strandbaden kunde nöjda konstatera att en ny säsong var invigd och fortsatte den så här skulle den förmodligen bli den bästa någonsin.

Fredrik kunde för sitt liv inte få in nyckeln i låset på cykeln.

”Det måste vara fel cykel”, sluddrade han. ”Men jag är helt säker på att jag ställde den här.”

Louise som lyckats lokalisera sin egen cykel hjälpte honom fnissande.

”Här, låt mig försöka. Så där ja”, sa hon belåtet. ”Nu är den upplåst.”

Fredrik satte sig på cykeln med resultatet att den välte. De två hade varit sist ut. De hade suttit kvar och hängt med Uggla och hans band tillsammans med några i personalen. Med förenade krafter hade de lyckats tömma resten av skumpan. Fredrik hade velat beställa in en till, men krögarparet hade vänligt men bestämt konstaterat att det räckte för i kväll. Och för övrigt hade de inte fler femton liters flaskor på lager.

9

Kontoret

Lördag förmiddag den 15 juni, Falsterbo Golfklubb

”Vad har hänt här?” Fredrik tittade sig bestört omkring på Silfverstolpes kontor och kände ett illamående skölja över sig. Han visste inte vad som fick honom att må mest illa, synen av Silfverstolpe eller baksmällan som var den värsta han någonsin upplevt.

”Ja du”, fyllde Mårten i. ”Jag får inte heller en klar bild av vad som hänt, men en sak är säker, han är i alla fall död.” Han kliade sig bekymrat i håret. Med det röda hårburret, kaskaden av fräknar, de blå ögonen och leendet var Mårten en kopia av Tage Danielsson.

Fredrik försökte överblicka situationen och det faktum att Silfverstolpe hamnat på sitt kontor och inte var kvar i bunkern där han rimligtvis borde vara. Han förstod ingenting.

Rättsläkaren Johanna Pettersson studerade Silfverstolpes ansikte och utbrast förvånat. ”Konstigt, han verkar ha tryckt i sig en massa tabletter innan han dog.”

Hon lutade sig över Silfverstolpe för att se bättre. ”Det är Voltaren. Hela hans mun är fylld av Voltaren”, sa hon förvånat.

”Voltaren, det är ju smärtstillande. Det käkade jag sist jag hade ryggskott”, sa Mårten.

”Ja”, sa kriminaltekniker Holmgren. ”Vad nu en död ska med smärtstillande till. Hoppas de börjat verka innan han slog i huvudet.” Han skrockade nöjt åt sitt eget skämt.

Fredrik ryckte till när AC/DC:s ”Highway to hell” drog igång i jeansens högra framficka. Han var så tagen av stunden och synen framför sig att han fumlade med telefonen så den halkade ur handen på honom.

Han såg med fasa hur mobilen studsade mot Silfverstolpes mage och sedan vidare ner på den våta mattan. Johanna plockade snabbt upp mobilen och räckte leende över den till Fredrik. Varken Holmgren eller hans parhäst Persson verkade ha lagt märke till det och det var Fredrik tacksam för.

”Jag måste ta det här samtalet”, sa han stressat och lämnade hastigt kontoret.

”Hej det är Egon, det har dykt upp ett litet problem.”

”Litet?” skrek Fredrik upprört, men sänkte sedan rösten. ”Vad i helvete menar du med ett litet problem?”

”Svär inte åt mig, Fredrik”, sa Egon sårat. ”Jag ville inte ringa och störa dig igen men Ragnar påminde mig om att han tappat …”

”Störa mig, käre Egon, jag befinner mig på golfbanan och är mitt i en polisutredning. Vad i helv…” Han hejdade sig ett ögonblick. ”Är det du och Ragnar som flyttat Silfverstolpe?” Han andades tungt och kände att tålamodet hade runnit ut helt.

”Ja men …” Egon dröjde lite på svaret. ”Det kändes inte riktigt bra att lämna honom så där i bunkern.”

”Lämna honom så där”, avbröt Fredrik frustrerat. ”Nu ligger han på sitt kontor, mitt på golvet med munnen full av Voltaren. Hur tänkte ni? Vad i helvete har ni gjort?”

Egon var på vippen att förmana Fredrik igen angående språkbruket, men insåg att det nog inte var läge för det. ”Jo, vi ... jag ... tänkte att vi gör så det ser ut som självmord och mig veterligen tar ingen livet av sig i en bunker, så vi körde honom till kontoret.”

”Ni gjorde vad? Körde honom ... herregud ... i vad ...?”

”Ja... i hans golfbil.”

För ett ögonblick blev det helt tyst.

”Hallå, Fredrik, är du kvar?”

”Ja jag är kvar, jag måste tänka. Ni körde honom alltså till kontoret i hans golfbil och arrangerade så att det skulle se ut som självmord. Har jag förstått saken rätt?”

”Ja.” Egon lät stolt och tveksam på samma gång. ”Var det bra?”

”Bra? Nej, det är definitivt inte bra. Inser du vilken sits jag hamnar i nu? Ni har ju bara förvärrat det hela. Hade ni förresten handskar på er när ni rumsterade runt med Silfverstolpe?”

”Handskar?” Egon tänkte febrilt. ”Jodå, jag hade golfhandskar. Men Ragnar hade nog inga.”

”Golfhandskar?” stönade Fredrik. ”Du hade väl bara en på dig då, gissar jag.”

”Jo, man brukar ju som bekant bara ha en på sig, men vad har det med saken att göra?” sa Egon tålmodigt.

Fredrik suckade uppgivet men valde att inte ens börja diskutera att kontoret och golfbilen säkert var nedkladdade med både Egons och Ragnars fingeravtryck. Han insåg att han hade fullt upp om han på något sätt skulle kunna rädda dem undan misstankar och ville bara avsluta samtalet fortast möjligt.

”Du, jag måste gå nu, var det något speciellt du ville?”

”Jo ser du, Ragnar tappade sin hörapparat i vattenhindret vid hål två. Tror du möjligtvis att du skulle kunna fiska upp den?”

”Men herregud … jag ska se vad jag kan göra. Jag måste sluta nu, men jag hör av mig senare.” Fredrik tryckte snabbt bort samtalet och stängde av mobilen.

Han hittade golfbilen slarvigt parkerad med ena framhjulet i en rosenrabatt och med nyckeln kvar i tändningslåset. Bredvid bilen låg en cigarillfimp som han hastigt plockade upp och stoppade ner i jeansfickan. Fredrik såg sig om efter något att torka av bilen med och hittade en kvarglömd handduk på en bänk utanför klubbhuset. Frenetiskt torkade han av ratten och allt som Egon och Ragnar kunde tänkas ha rört vid, när någon plötsligt knackade honom på axeln. Han hoppade till och vände sig hastigt om. Där stod en liten rund gubbe med en lika liten och rund kvinna vid sin sida. De hade båda skotskrutig klädsel, enda skillnaden var att kvinnan hade kjol. Gubben såg inte alls glad ut.

”Vad är det som pågår här? Varför är polisen här?”

Fredrik tvekade ett ögonblick men fann sig snabbt och sa med myndig stämma: ”Här får ni inte vara, såg ni inte avspärrningarna?”

”Avspärrningarna? Jag har väl aldrig brytt mig om några avspärrningar”, sa gubben irriterat. ”Jag kör mot enkelriktat också. Kommer någon säger jag bara att jag inte såg skylten, så tänka sig, jag såg inte avspärrningen.”

”Men vad har hänt?” undrade kvinnan nyfiket.

”Det har skett ett dödsfall här på golfklubben och det pågår en polisutredning.”

”Jaha”, avbröt gubben irriterat. ”Det var ju tragiskt. Säkert någon av de där direktörstyperna från Stockholm som strukit med. De tål ingenting och solbrända i snudan blir de där nollåttorna.”

”Solbrända i snudan?”

”Ja, de går ju alltid med näsan upp i vädret så solen bränner långt upp i nosen på de högfärdiga jävlarna.” Han skrockade nöjt åt sitt skämt. ”Men vi kan väl spela ändå?” fortsatte han okänsligt.

”Men Rolf då, du hörde väl vad den unge mannen sa. De har spärrat av för att det har skett ett dödsfall och …”

”Ja, ja, ja, jag är inte döv, kvinna”, avbröt mannen bryskt. ”Vi ska alla den vägen vandra, men jag har spelat golf varje lördag morgon de senaste trettiosju åren och det tänker jag fortsätta med.”

”Vem är det som är död?” Kvinnan tittade nyfiket på Fredrik.

Han tänkte precis svara att det verkligen inte var något som hon hade med att göra och att de omedelbart skulle lämna området, men så fick han en idé som definitivt skulle förbättra oddsen för Egon och Ragnar.

”Vem som är död kan jag av utredningstekniska skäl inte berätta. Jag kan däremot göra ett undantag bara för er, men då får ni börja på hål två.”

”Hål två?” sa gubben och blängde förargat på Fredrik. ”Man börjar väl för tusan inte en golfrunda på hål två.”

”Tyvärr”, sa Fredrik och anlade en beklagande min. ”Det första hålet är dessvärre avstängt.”

”Men Rolf, då får vi väl gå till hål två som polismannen här säger.”

Fredrik rättade henne inte. För hans del fick de gärna tro att han var polis.

”Ni får låna golfbilen här”, sa Fredrik generöst och pekade på Silfverstolpes golfbil som stod och blänkte i solskenet.

”Vad i all sin dag säger du? Får vi låna den?” Kvinnan tittade förvånat på Fredrik.

”Se det som en kompensation för att ni inte får spela det första hålet.”

”Ja då så”, sa gubben som redan lyckats krångla sig upp på förarplatsen. Hans hustru satte sig tillrätta bredvid och hann knappt landa på sätet förrän golfbilen puttrade iväg mot hål två och lämnade ett litet dammoln och en lättad Fredrik bakom sig.

När Fredrik strax därpå stod vid vattenhindret på hål två tittade han bort mot bunkern och konstaterade lättad att allt verkade ha ordnat sig på bästa sätt. Mannen trampade runt, svor och slog frenetiskt med klubban så att sanden yrde.

Fredrik lyckades fiska upp Ragnars hörapparat ur vattnet och återvände efter väl förrättat värv till klubbhuset där Lisa stod och väntade.

”Jag undrade just om du och Mårten hade gått ut för att spela golf.”

Fredrik ryckte till och insåg att det var otroligt korkat av honom att gå ut på banan, men gjort var gjort.

”Här råder fullt kaos och ingen verkar respektera avspärrningarna och Mårten vet jag inte vart han tog vägen. Har du sett honom?”

”Sist jag såg honom var inne på Silfverstolpes kontor.”

”Där har jag redan varit och Holmgren sa att ni båda hastigt lämnat kontoret. Vi behöver mer folk så vi kan komma igång med förhören”, fortsatte Lisa otåligt.

”Jag går in och tar mig en titt på Silfverstolpes kontor igen och pratar med teknikerna. Tror inte att jag har mycket att bidra med men behöver bilda mig en egen uppfattning om läget. Om inte annat så för att Billund ska bli nöjd”, tillade han med en trött suck. Fredrik ville bara snabbast möjligt lämna golfbanan och hade inte för avsikt att stanna kvar och organisera utredningen.

”Då tar jag förhöret med Frida nu, det var hon som hittade Silfverstolpe. Ser du Mårten så säg att han ringer mig på en gång.”

”Bilderna är tagna, men rör inget ändå”, sa Holmgren vresigt. ”Och använd för Guds skull stegplattorna om du nödvändigtvis ska in och klampa runt här.” Han var märkbart störd över att Fredrik var där och gjorde inget för att dölja det. ”Jag förstår verkligen inte varför Billund absolut skulle skicka hit dig. Vi fixar det här och du kan läsa protokollet sedan. Det är så vi brukar jobba”, fnös han förnärmat.

”Jo, jag vet, men Billund sa att det var …”, började Fredrik, men Holmgren vände ryggen åt honom och visade med all tydlighet att samtalet var avslutat. Fredrik insåg att det inte var lönt att käbbla emot utan klev lydigt ut på stegplattorna. Rättsläkaren plockade försiktigt ut tabletter ur Silfverstolpes mun med en pincett och stoppade ner dem i en bevispåse. Fredrik gick fram till henne.

”Han verkar ha fått i sig en hel burk med Voltaren”, sa hon förbryllat. ”Det som är märkligt är att han inte kan ha fått i sig tabletterna på egen hand.”

”Hur menar du då?” sa Fredrik nervöst.

”Vad jag kan se har han varit död en bra stund innan tabletterna placerades i munnen. Ge mig en stund till, så ska jag förklara för dig.”

Fredrik svalde och kastade en orolig blick på Holmgren. Han var en lång och gänglig man i sextioårsåldern som var känd för sitt usla humör. Han hade kraftig överkamning och en välvuxen och rak mustasch som fick Fredrik att tänka på en sopborste. Holmgren stod lätt framåtböjd med en dammvippa i högsta hugg. Av erfarenhet visste Fredrik att den var laddad med finmalet kolpulver och med den penslade Holmgren omsorgsfullt Silfverstolpes skrivbord i jakten på fingeravtryck. Han arbetade långsamt och metodiskt och när han penslat klart den blanka skrivbordsytan strök han på en specialmassa av gummi som fick torka innan han försiktigt lyfte av den.

”Det var då ett rysligt fult skrivbord han har den där Silfverstolpe. Eller hade”, rättade Holmgren sig själv. ”Ingen smak alls. Men med den blanka ytan är det lätt att få några riktigt bra avtryck i alla fall”, fortsatte han. Det här var hans område och här kunde ingen slå honom på fingrarna.

”Hur går det?” sa Fredrik och hoppades innerligt att varken Egon eller Ragnar rört skrivbordet.

Holmgren avslutade sitt penslande och vände sig med en irriterad suck mot honom. ”Kan du låta oss sköta vårt jobb nu”, muttrade han surt. ”Än så länge har jag hittat fjorton olika fingeravtryck och det blir ett digert arbete att gå igenom dem alla. Vi får helt enkelt köra en scanning i Malmö och se om det ger några träffar. Det troligaste är väl att det är folk från klubben som varit inne på kontoret och då hittar vi dem inte i våra register.”

”Mycket har jag sett, men att begå självmord genom att kasta sig in i ett akvarium, det är långsökt”, konstaterade Persson torrt. Han var lika lång och gänglig som Holmgren, men hade inte fullt så uselt humör. Han hade grånat hår som var samlat i en hästsvans och en bred guldring i vänster örsnibb.

”Riggningen är visserligen uppfinningsrik”, fortsatte han. ”Men oerhört amatörmässigt utförd. Vi kan betrakta det här som en mordutredning från och med nu.”

10

Sophia Silfverstolpe

Lördag förmiddag den 15 juni, hemma hos Sophia

Mårten visste att Silfverstolpe var en kontroversiell man som var känd både från affärssidorna och skvallerpressen. Om han skulle tro hälften av det skvaller som cirkulerat kring Silfverstolpe var det många som skulle vilja se honom död.

Mårten hade trots alla sina år vid polisen aldrig tidigare lämnat över ett dödsbud. Han gick tveksamt och med överdrivet långsamma steg den sista biten uppför grusgången mot villan. Kraset i gruset blandade sig med fågelkvitter och en motorgräsklippare som brummade på avstånd. Han hade aldrig förstått det där med överdriven gräsklippning. Det verkade som om var och varannan husägare aspirerade på att ha en privat green på tomten. Själv föredrog han naturtomt. Det var i alla fall det han sa när Frugan klagade på avsaknaden av välklippt gräsmatta. Man måste väl inte vara som alla andra och ha en perfekt klippt gräsmatta, tyckte Mårten.

Villan var allt annat än anspråkslös. Här hade det inte sparats på slantarna, tänkte han avundsjukt. Själv bodde han i en sjuttiotalsvilla vid Hagarondellen, inte fullt så fashionabelt, men inte mycket att göra åt när de skulle klara ekonomin på en polislön och Frugans studiemedel. Det här huset såg ut att vara helt nybyggt och låg på första parkett på Kärleksstigen, ett par hus från Fredrik och Egon och bara ett par minuters promenad från Flommens Golfklubb. Gräsmattan var nyutrullad och ett antal sprinklers som stack upp här och var i gräsmattan såg till att den fick det vatten den behövde. På uppfarten stod två bilar, noterade Mårten. En stor vräkig silvrig Lexus och en klarblå Mini Cooper och båda såg ut att precis ha rullat ut från fabriken. Coopern misstänkte han tillhörde frun i huset eftersom Silfverstolpe med sina två meter skulle haft svårigheter att veckla ihop sig så mycket som det krävdes för att få plats i den. Det visste Mårten av egen erfarenhet. Han hade tidigare haft en Fiat och det var ett äventyr varje gång han skulle i och ur den. Då var han ändå inte mer än en och nittio.

Han stod och tvekade lite på grusgången och funderade på om det trots allt inte vore klokast att skjuta upp besöket en stund för att slippa lämna dödsbudet ensam. Innan han hunnit förvandla tanke till handling öppnades dörren och en lång slank kvinna i jeansshorts och en marinblå farfarströja steg ut med två labradorer i släptåg, en mörk och en ljus. Kvinnan studsade till när hon fick syn på Mårten, men hämtade sig snabbt.

”Sven är tyvärr inte hemma.”

Mårten noterade att hon hade mörka ringar under ögonen.

”Jag vet”, svarade han tanklöst. ”Jag skulle inte träffa Sven”, fortsatte han, men kunde bitit sig själv i tungan. Varför sa han nu så där? Klart han inte skulle träffa Sven, karln var ju för sjutton död.

”Nej men förlåt, nu är jag med. Du är killen från Elakuten som ska fixa poolbelysningen. Jag trodde du skulle komma först efter lunch", sa Sophia och gav honom ett urskuldande leende.

Vad sjutton skulle han säga till den nyblivna änkan? Din man är dessvärre död? Han dog omgiven av en massa akvariefiskar på golvet i sitt arbetsrum? Jag tror till och med att det kan vara så att din man blev mördad?

"Ja det blev lite tidigare än planerat", sa Mårten istället och blev själv överraskad över sin hastigt påkomna lögn. Nu skulle han slippa att lämna över dödsbudet, tänkte han nöjt. Det kunde Lisa få ta hand om.

"Sophia", sa Silfverstolpes änka och sträckte fram en hand med långa smala fingrar och välvårdade naglar med fransk manikyr. Hon hade en förvånansvärt mörk röst som påminde honom om Monica Zetterlund. Håret var klippt i en pojkaktig frisyr som fick henne att se lite busig ut. Hon var verkligen skitsnygg och Mårten hade svårt att ta ögonen från henne.

"Mårten", sa han och sträckte fram sin hand och gav henne ett ordentligt handslag. Sophia tryckte hans hand lika hårt tillbaka.

Hundarna kom fram och gav honom en rejäl utskällning och han försökte tafatt klappa dem, vilket fick dem att skälla ännu mer.

"Jack och Daniel, kom hit!" sa Sophia strängt och på nolltid var de båda hundarna framme hos henne och Mårten pustade ut. Han hade ingen vidare hand med djur och tyckte bäst om små vilda djur ute i naturen, som fåglar och kaniner till exempel.

"Jag är ledsen att de skällde på dig, det är unghundar och jag har inte fått pli på dem än. Eller, ja, det är egentligen inte mina hundar", sa hon urskuldande. "Jag passar dem bara över sommaren. Kom, följ med mig till baksidan så ska jag visa dig poolen och poolhuset", sa Sophia och drog iväg med hundarna och Mårten i släptåg.

Innan Mårten hunnit protestera befann han sig plötsligt stående vid en tom pool där han skulle installera spots. Nu kändes det lite sent att backa ur, men elektricitet var säkert ingen match, elkablar hade han dragit förr. Det var väl bara att improvisera.

"Är det något du behöver?"

"Va? Behöver?"

"Ja, verktyg eller så? Eller nej så klart, det har du naturligtvis med dig själv", sa Sophia och log vänligt mot honom. "Vill du ha en kopp kaffe innan du börjar jobba? Tänkte ta en kopp själv nu."

"Tack, det vore gott", sa Mårten som levde sig in i rollen som hantverkare med full entusiasm.

"Vill du ha mjölk eller socker?"

"Svart blir utmärkt."

Sophia gick in i huset igen, men hundarna hade bestämt sig för att stanna hos Mårten. För att slippa dem klättrade han ner i poolen och inspekterade några fogar, vilket han lyckades fördriva ett par minuter med. Men var tusan ville hon att lamporna skulle sitta? Mårten kunde inte för sitt liv hitta några uttag. Han var händig och enligt honom själv en riktig hemmafixare. Kanske inte i samma nivå som Martin Timell och Ernst Kirschsteiger, men vem var det? Hur som helst så tillbringade han gärna kvällarna framför deras TV-program och helgerna på byggvaruhus i jakten på den perfekta skruvdragaren, billig takpapp eller något annat lika livsnödvändigt.

Poolen var kaklad med azurblå keramikplattor och den såg ut att vara två meter djup och omkring femton meter lång, bedömde Mårten.

En trampolin var monterad på kortsidan närmast huset och han lyckades klumpigt ta sig uppför stegen bredvid trampolinen just som Sophia återvände med två kaffemuggar, en i vardera handen.

”Hur går det?” undrade hon nyfiket. ”Tror du att du hinner fixa allt i dag?” Hon sträckte fram en av kaffemuggarna till Mårten och slog sig sedan vigt ner på poolkanten med fötterna dinglande ut i luften. Mårten satte sig, inte fullt lika vigt, bredvid henne och lyckades med nöd och näppe undvika att spilla ut kaffet över sig.

”Jo, det ska nog kunna fixas”, sa han utan att veta varför.

”Åh vad bra, det är en överraskning till min man. Han fyller sextio nästa vecka och då ska jag ha en överraskningsfest för honom. Ett poolparty, tänkte jag”, sa hon och såg nöjd ut.

Mårten kände paniken komma krypande. Vad sjutton höll han på med egentligen? Han drack stressat allt kaffet i ett svep och kände att det brände rejält i halsen och hela vägen ner till magen.

Sophia iakttog honom förvånat.

”Hur är det med dig? Mår du inte bra?”

”Jag drack nog kaffet för fort och det känns som om jag skållat halsen”, sa han ynkligt. ”Skulle man kunna få ett glas vatten?”

Sophia stod och tittade ut genom köksfönstret medan hon lät vattnet i kranen rinna så att det blev riktigt kallt. Konstigt, tänkte hon för sig själv, elektrikern måste ha ställt sin bil på gatan. Hon spanade åt båda hållen, men den syntes inte till. Det slog henne att han hade på sig chinos och kortärmad skjorta istället för det obligatoriska blåstället. Nu var nyfikenheten väckt och med vattenglaset i handen gick hon ut genom huvudentrén för att ta sig en närmare titt på elektrikerns bil. Hon hittade ingen bil, men väl en svart Kronancykel i försvarets modell. Bakpå pakethållaren upptäckte hon att det satt en liten skylt fastmonterad. Hon böjde sig fram över cykeln för att kunna läsa texten. ”Polis” stod det med vita bokstäver mot svart bakgrund. Konfunderad gick hon tillbaka ut i trädgården och återvände till Mårten. Han hade hämtat sig och satt nu nedsjunken i en trädgårdsstol under en välvuxen björk som skuggade en stor del av tomten. Hon räckte fram glaset och han tog tacksamt emot det.

”Drick lite vatten så mår du snart bättre.”

”Tack så mycket. Jag vet inte vad som hände”, sa Mårten förläget. Han tog ett par klunkar av vattnet och reste sig.

”Du är inte elektriker, eller hur?” sa Sophia och tittade granskande på honom. ”Jag såg din cykel”, la hon till.

”Nej, jag är inte det”, sa Mårten olyckligt. ”Jag är hemskt ledsen, jag vet inte vad som for i mig.”

”Men vem är du och varför är du här?” ville Sophia veta och det var ju inte mer än rätt, bedömde Mårten och insåg att han nu måste berätta.

”Jag är polis och jag är hemskt ledsen.” Han stakade sig och tvekade. ”Jag har kommit hit för att berätta att din man tyvärr är död.”

Sophia tittade först klentroget på honom, men när hon mötte Mårtens allvarliga uppsyn var det som om något brast inom henne. Tårarna rann nerför kinderna och hon slog armarna om sig själv. Mårten klappade Sophia valhänt på ryggen och pratade lugnande med henne.

”Jag är ledsen, jag är så hemskt ledsen för din skull”, sa Mårten och la armen om henne. De stod så en stund helt stilla.

”Jag kände på mig i morse att något var fel. Han var borta i går kväll och när jag vaknade i morse så var hans sida av sängen tom. Jag tror aldrig han kom hem i natt."

Sophia grät så hon skakade och nu var det Mårtens tur att ta hand om henne. Han satte henne varligt i en av trädgårdsstolarna och lyfte dit en stol mitt emot där han själv slog sig ner. Han höll hennes skakande händer i sina.

"Men varför? Vad har hänt?"

"Vi vet inte det än, men jag lovar att vi ska ta reda på det så fort som det bara går."

Sophia tittade på honom med rödgråtna ögon och plötsligt såg hon väldigt sårbar ut.

"Orkar du svara på några frågor?"

Sophia nickade tyst.

"Du sa att han inte kom hem. Vet du var han tillbringade kvällen?" frågade Mårten mjukt.

"Han var först på kommunen på något möte och sedan åkte han direkt till golfklubben."

"Falsterbo?"

"Ja, förlåt. Han var på Falsterbo Golfklubb. Han är ordförande i klubben och de hade något viktigt möte."

"Vet du vad mötet handlade om?"

"Nej, ingen aning, han berättade sällan sådant för mig. Men jag tror det hade något med en investering att göra. Jag hörde delar av ett samtal han hade med Sten Crona." Hon torkade sig med tröjärmen som blev fuktig av både snor och tårar.

"Vet du vem han träffade?"

"Ja, av det lilla jag hörde fick jag intryck av att de var ett par stycken som skulle ses. Förutom Sven och Sten Crona tror jag att borgmästaren var med. Sven och han hade träffats en del på sista tiden, men du kan ju höra med Crona eller borgmästaren."

Mårten halade upp ett gammalt kvitto från Systembolaget och en penna från byxfickan och antecknade.

”När såg du din man senast?”

”Det var vid ett i går eftermiddag. Vi träffades som hastigast över en lunch på Gästis.” Hon såg olycklig ut och torkade tårarna med baksidan av handen.

Från samma ficka där Mårten fyndat kvitto och penna, plockade han upp ett paket med vita pappersnäsdukar och räckte fram dem till Sophia. Hon snöt sig, torkade ögonen och tittade med glasartad blick på Mårten som trots stundens allvar kände sig tvungen att fortsätta.

”Jag förstår att det här är jobbigt för dig, men kan du berätta om det hände något speciellt under lunchen. Verkade han vara upprörd över något?”

Sophia var på väg att säga något, men skakade sedan sakta på huvudet.

”Nej, vi åt lunch och småpratade en stund. Sven hade bråttom till ett möte i Vellinge. När jag kom hem satte jag mig vid datorn för att jobba. Jag har en del hyresfastigheter i Malmö och jag hade lite administration att göra. Vi pratade inte mer efter det.” Ögonen svämmade över igen.

Mårten kände på sig att hon dolde något, men lät det bero. Det kom väl fram tids nog. Det brukade göra det.

”Hur dog Sven?”

”Det är lite oklart än”, sa Mårten svävande. ”Rättsläkaren hade precis kommit när jag cyklade hit. Vi vet förhoppningsvis mer under dagen.” Han tittade diskret på sin mobil som han upptäckte var på ljudlös. Fem missade samtal. Fyra från Lisa och ett från Billund. Han bestämde sig för att inte ringa någon av dem, men han borde nog snart bege sig tillbaka till golfklubben.

”Var hittades han?” Sophia tittade på honom med tårar i ögonen.

”Det var på golfklubben. På hans kontor.” Mårten berättade det lilla han visste, inte alls så mycket tyvärr, och frågade sedan om han skulle ringa till någon så att hon slapp vara ensam.

”Jag kan gå över till min granne. Hon brukar alltid vara hemma.”

En parant kvinna i åttioårsåldern, iklädd ilsket cerise kläder, öppnade dörren.

”Hej Elisabeth”, sa Mårten förvånat. ”Bor du här?”

Elisabeth tittade förfärat på Mårten. Tankarna snurrade runt i huvudet på henne. Hade någon av de andra trots allt gått till polisen? Märta låg där uppe och vilade, Egon hade tvärvägrat och Ragnar var inte så företagsam. Det måste ha varit Fredrik, även om hon hade svårt att tro det.

”Kom in för all del”, sa hon motvilligt och tog ett steg tillbaka.

”Sven är död.” Sophia brast i gråt och kastade sig om halsen på Elisabeth.

”Men kära vän”, sa Elisabeth och kramade om henne. Hon pratade lugnande samtidigt som hon klappade Sophia över håret. De båda kvinnorna talade lågmält med varandra och Mårten kände sig utanför. Han stod lite besvärat vid sidan om och visste inte riktigt vad han skulle göra. Helst hade han velat lämna dem på en gång och cykla tillbaka till golfklubben, men innan Mårten hann föreslå det bjöd Elisabeth in honom.

”Men stå inte där i hallen, Mårten”, sa hon och visade in honom och Sophia i det rum som hon presenterade som salongen.

Det stora rummet pryddes av en kakelugn och var till Mårtens förvåning riktigt modernt. Han som alltid trott att äldre människor omgav sig med gamla möbler och murriga tapeter. Här var det ljusa färger och få men väl valda möbler som hämtade ur en av inredningstidningarna som Frugan brukade läsa.

Det enda som skvallrade om att det var en äldre kvinna som bodde här var soffan, som var så överbelamrad med handbroderade kuddar att Mårten inte för sitt liv kunde förstå hur man skulle få plats att sitta där.

”Vad fint och modernt du har det, Elisabeth.”

”Tack, vad kul att du gillar det. Jag blev så trött på det gamla och tog faktiskt hjälp av en inredningsarkitekt. Visst blev det fint”, sa hon stolt. ”Crona & Crona Arkitektur, de både ritar hus och inreder”, pratade hon på. ”De är väldigt duktiga och har kontor här i Falsterbo och jag kan verkligen rekommendera dem.”

”Det ska jag tipsa Frugan om, hon gillar kuddar och gardiner och sådant där”, sa Mårten och berättade sedan det lilla han visste om Silfverstolpes dödsfall.

Elisabeth såg märkbart tagen ut och svamlade något om att Silfverstolpe låg i en bunker.

”Bunker?” Mårten tittade skeptiskt på henne. ”Varför sjutton skulle han ligga i en bunker? Nej, som jag sa så hittades han på sitt kontor på golfklubben.” Elisabeth såg inte helt nykter ut, gick ut i köket och återkom snart med en flaska flaggpunsch och tre blommiga snapsglas. Hon fyllde glasen till brädden och de hann med två glas var innan Mårten tackade för sig. Elisabeth lovade att ta hand om Sophia på bästa sätt och Mårten lovade att återkomma senare under dagen.

Han klev upp på cykeln och trampade iväg mot golfklubben. Telefonen lät han ligga orörd i fickan. Det här klarade jag ju riktigt bra, tänkte han.

11

Frida i shopen

Lördag förmiddag den 15 juni, Falsterbo Golfklubb

Det lilla rummet som låg i direkt anslutning till golfrestaurangen såg ut att fungera som bibliotek. I bokhyllorna samsades inbundna volymer tillsammans med tidskrifter, gamla golfböcker och ett och annat anskrämligt prydnadsföremål. En soffa och två fåtöljer i storblommigt tyg hade sällskap av ett nött bord i odefinierbar stil. På väggen ovanför soffan trängdes tavlor, vilket gjorde att det knappt gick att urskilja om det över huvud taget fanns en tapet där bakom. Vid dörren stod en antik golfbag som var fylld med diverse golfklubbor och Lisa funderade på om det var någon av de äldre medlemmarna som glömt den där eller om den möjligen skulle utgöra någon form av utsmyckning. Rummet var definitivt för övermöblerat för hennes smak, men som tillfälligt förhörsrum fick det duga.

”Hur känner du dig? Mår du bättre nu?” Lisa tittade medkännande på Frida Wallin vars ögon var rödkantade och skvallrade om att hon gråtit. Frida var nätt och finlemmad och bar välsittande jeans som såg dyra ut och ett vitt linne med tunna axelband.

”Jag har aldrig sett en död människa tidigare”, snyftade hon. ”Det känns så overkligt att det var Sven som låg där.”

”Jag förstår att det här är väldigt jobbigt för dig, men jag skulle behöva ställa några frågor, går det bra?”

”Ja visst, det går bra”, sa Frida tyst och mötte allvarligt Lisas blick.

Lisa böjde sig diskret fram och satte på inspelningsfunktionen på mobilen som låg framför dem på bordet.

”Jag spelar in samtalet, känns det okej?”

”Jadå”, sa Frida och harklade sig.

När Lisa talat in de sedvanliga inledande fraserna, lutade hon sig tillbaka i fåtöljen och log uppmuntrande mot Frida.

”Okej, då tar vi det från början. Vet du hur mycket klockan var när du upptäckte Silfverstolpe?”

”På helgerna brukar jag öppna shopen klockan nio, men i dag kom jag redan vid åtta eftersom vi fått in en hel del nya varor som behövde packas upp och prismärkas. Det hinner jag inte med när shopen är öppen. Nu på sommaren är det högtryck både på banan och inne i klubbhuset och många handlar i shopen innan de ger sig ut och spelar.” Frida bet sig i läppen och tårarna var nära.

”Jag började med att gå in i restaurangen för att heja på tjejerna där. De brukar komma före mig, men i dag var jag först. Sedan gick jag och tömde brevlådan. Det var inte mycket eftersom det är lördag, bara reklam och tidningar. Sydsvenskan och Skånskan”, förtydligade hon. ”Jag brukar lägga in tidningarna på Svens skrivbord. Jag har nycklar till kontoret, men när jag skulle låsa upp dörren upptäckte jag att den var olåst.”

”Brukar det hända att han lämnar den olåst?” inflikade Lisa försiktigt.

”Nej, aldrig. Sven är alltid väldigt noga med att låsa dörren. Han förvarar väl en del värdesaker och viktiga papper där, antar jag. I vilket fall så är han väldigt ordentlig av sig.”

Lisa noterade att Frida pratade om Silfverstolpe som om han levde.

”Jag förstår att detta känns jobbigt för dig, men försök att komma ihåg hur det såg ut när du kom in i rummet.”

”Jag öppnade dörren och ja, då såg jag direkt att det var något som inte stämde. Mattan var liksom helt våt och jag la märke till att akvariet var sönder och att det låg glas överallt. Sedan såg jag Sven där mitt på golvet.”

Frida satte upp händerna för ansiktet. ”Förlåt. Men jag vill helst inte tänka på det.” Hon satt tyst och petade lite på ett nagelband och tittade ner i bordsskivan. Lisa lät henne ta tid på sig, men kände sig rastlös. Hon ville ut i det fina vädret och inte sitta i ett unket rum på golfklubben. Plötsligt såg hon en svettig Mårten dyka upp utanför fönstret. Han tog av sig cykelhjälmen, lutade sin cykel mot väggen och ställde sig framför fönstret. Ur bakfickan tog han fram sin kam, speglade sig i fönsterglaset och försökte kamma till sin bångstyriga frisyr. Mårten var den ende man Lisa kände som använde kam. Hon vinkade, men han såg henne inte. Lisa undrade vad sjutton han sysslat med. Hon hade försökt ringa flera gånger, men han hade inte svarat.

”Jag vågade först inte gå fram till honom utan ropade lite försiktigt hans namn”, fortsatte Frida. ”När han inte svarade, så gick jag fram och då upptäckte jag att han hade en stor bula och blod i sidan av pannan. Det såg otäckt ut. Ja, och då förstod jag ju att han var död. Det var väldigt obehagligt och det kändes som om benen var förlamade. Sedan minns jag inget förrän Ulrika hittade mig utanför klubbhuset.”

Frida tystnade och såg förlägen ut.

"Det är inte så konstigt, du har fått en rejäl chock", sa Lisa tröstande och böjde sig fram över bordet och tog hennes skakande händer i sina. "Vem är Ulrika?"

"Det är hon som har golfrestaurangen och det var hon som ringde polisen. Towe, hennes dotter alltså, hjälpte mig och var jättegullig."

Lisa noterade för sig själv att hon måste prata med restaurangpersonalen.

"Hur var Silfverstolpe?"

"Hur menar du nu? Han var ju död har jag sagt."

"Jag menar, hur var han som person? Var han omtyckt?"

"Jag kände honom ju inte så väl. Jag jobbade bara här på helgerna ibland när jag gick i skolan. Jag tog studenten nu i juni och ska jobba här under sommaren. Fast nu har jag inte alls lust till det längre", sa hon sorgset.

"Men något intryck hade du väl av honom?" försökte Lisa vidare.

"Jo, han var alltid vänlig mot mig, bjöd på lunch i restaurangen någon gång och så", började Frida trevande. "Han verkade vara en som alla lyssnade på. Bestämd och så liksom. Men det är bättre att du frågar någon av de andra som jobbat här längre än jag."

"Var han omtyckt på klubben?"

"Det tror jag väl. Det är inget jag har funderat över. Jag har inget mer att säga om det nu", sa hon svagt.

Lisa stängde av inspelningen och nickade mot henne.

"Du ska få gå hem nu, men hör gärna av dig om du kommer på något mer." Hon räckte över sitt kort. "Du kan ringa mig när som helst. Har du någon som hämtar dig eller vill du ha skjuts hem?"

”Jag har pratat med mamma och hon är på väg hit, och just det ...”

Frida tittade eftertänksamt på Lisa. ”Archie och Sven kände varandra ganska bra. De sågs ju nästan varje dag här på klubben och har lunchat ihop en del den sista tiden.”

”Archie?” sa Lisa och blev med ens intresserad.

”Ja, han som har golfrestaurangen ihop med Ulrika.”

12

Stranden

Lördag förmiddag den 15 juni, Falsterbo Golfklubb

Mårten, som precis kommit tillbaka från sitt impulsiva besök hos Sophia Silfverstolpe, drog med sig en motvillig Fredrik in på kontoret igen.

Kriminalteknikerna jobbade tyst och effektivt vidare och nonchalerade Mårten och Fredrik helt.

Fredrik gick fram till rättsläkaren och satte sig på huk bredvid henne. Han hade arbetat tillsammans med Johanna under flera utredningar och hade alltid tyckt om den glada norrländskan. Hon var påfallande kort och hade alltid det rågblonda håret samlat i en fläta, av praktiska skäl förmodade han. Hade Fredrik inte vetat att hon var rättsläkare, dessutom en erfaren och väldigt duktig sådan, hade han tagit henne för en läkarstudent. Hon såg väldigt ung ut.

”Hur går det?” sa han lågt. ”Har du kommit fram till något?”

”Ja, jag har hittat sand på Silfverstolpes kläder och i hans hår och kan med största sannolikhet säga att han inte dog här på kontoret. Som jag sa innan har han bragts om livet, förmodligen på stranden med tanke på all sanden. Det jag sa tidigare om att tabletterna placerats i hans mun efter det att han dog är jag nu helt säker på."

"Hur vet du det?" sa Fredrik och bleknade. Något mer kom han inte på att säga. Egon hade överträffat sig själv den här gången.

"Om du tittar här på hans högra kind och hand så ser du röda, nästan ljuslila, fläckar", sa hon och pekade. "Det är likfläckar och det tyder på att han legat med höger sida ner mot marken. Förmodligen i sand. Nu ligger han på rygg och därför borde han inte ha fläckar på höger sida."

"Kan du se vilken tid han dog?" sa Fredrik och kände paniken komma galopperande.

"Jag behöver ta in kroppen för en rättsmedicinsk obduktion och först därefter fastställer jag tidpunkten för dödsögonblicket. Kroppen har flyttats och med tanke på storleken och att han troligen släpats upp från stranden, så rör det sig förmodligen om mer än en gärningsman. Det är något för dig att ta reda på, Mårten."

"Spännande, äntligen händer det lite på näset", sa Mårten och gnuggade händerna.

"Äntligen händer det lite", fnös Holmgren. "Det var osmakligt till och med för att komma från dig, Mårten."

"Äh, det var inte så jag menade", sa Mårten utan att egentligen förstå vad han menade. "Jag letar reda på Lisa och så sticker vi ner till stranden och ser om vi hittar något."

Holmgren tittade på Mårten och suckade irriterat.

"Gå nu inte och trampa runt överallt. Låt oss för Guds skull sköta vårt jobb så kan du sköta ditt. Kan du fixa en kopp kaffe och fikabröd istället så du är till någon nytta?"

"Ser jag ut som din springpojke, tycker du?" sa Mårten och anlade en förnärmad min. Han stegade med bestämda kliv ut från kontoret utan att ta notis om de utlagda stegplattorna.

”Hallå där, var har du varit Mårten?” sa Lisa som kom gående mot Mårten och Fredrik. ”Jag har ringt flera gånger, varför svarar du inte? Och jag såg dig innan ute vid din cykel, vad håller du på med egentligen?”

Mårten sprack upp i ett stort leende.

”Där är du ju. Jag skulle precis leta reda på dig.”

”Jag har varit på golfklubben hela morgonen, men var har du varit?”

”Jag har haft fullt upp. Jag var hos Sophia Silfverstolpe.”

”Va, vad har du gjort där?”

”Lämnat dödsbudet, så klart”, sa Mårten belåtet.

”Borde vi inte gjort det tillsammans?”

”Nu slipper du det. Det gick jättebra.”

”Slipper? Det handlar inte om att slippa. Och vad menar du med att dödsbudet gick jättebra?” Lisa blängde på Mårten som inte lät sig bekomma.

”Ja, hon tog det bra. Så klart var hon lite chockad först, men det är väl bara naturligt.” Han gick inte in på elektrikerfadäsen, det hörde liksom inte dit och han hoppades att Sophia inte skulle skvallra.

”Men var är hon nu? Du lämnade väl inte henne ensam?” sa Fredrik bekymrat.

”Nej, det löste sig bra. Hon är inne hos Elisabeth och dricker punsch så det går ingen nöd på henne. Ska jag vara helt ärlig så tog jag också ett par glas med dem för att lätta upp stämningen.”

”Lätta upp stämningen?” sa Fredrik och såg häpet på Mårten.

”Ja, Sophia var ledsen och hon behövde muntras upp lite.”

”Men vänta nu lite. Elisabeth passar ju Linnea, såg du henne där?” sa Lisa oroligt.

”Jadå”, lugnade Mårten henne. ”Hon satt i köket och ritade. Nu kanske vi kan jobba vidare”, fortsatte han energiskt. ”Tänkte se om Silfverstolpe möjligtvis dragit sin sista suck på stranden.”

”På stranden? Varför i herrans namn skulle han ha dött på stranden?” sa Lisa och tittade frågande på Mårten.

”Rättsläkaren sa att det nu är fastlagt att Silfverstolpe bragts om livet och att det inte var på kontoret. Hon har hittat sand både på hans kläder och i hans hår.”

Fredrik kände att det var läge för honom att gå nu och sa med tillkämpad hurtighet: ”Nu lämnar jag utredningen i era kompetenta händer och går hem och knyter mig.”

”Du ser blek ut. Hur mår du?” sa Lisa och tittade bekymrat på honom.

”Jag har sovit alldeles för lite och är helt slut.”

”Gå hem och lägg dig, vi fixar det här själva.”

Fredrik lämnade golfklubben för andra gången denna morgon.

”Jag förhörde precis Frida, tjejen som hittade Silfverstolpe. Och jag tänkte prata med restaurangpersonalen nu.”

”Det kan vänta lite, vi börjar med stranden”, sa Mårten ivrigt.

”Är det inte bättre att vi kör förhören först?”

”Det där med sanden verkade vara hett. Bara en snabb titt på stranden innan alla solbadare dyker upp och sopar igen eventuella spår?”

”Okej, vi tar en snabb runda, men sedan måste vi ta tag i förhören.”

De korsade golfbanan och gick ner över sanddynerna mot stranden.

”Tänk så lyxigt vi har det”, sa Lisa och kisade mot solen. ”Att ha all denna härliga vita sand och havet inpå husknuten.”

”Sand kan man ju vara utan och här händer ju nästan aldrig någonting”, sa Mårten och knäppte upp skjortan i halsen. ”På näset bor en blandning av halvdesperata kindpussande hemmafruar, stela direktörstyper med bakåtslick och deras ohängda slynglar till barn. Och som grädde på moset alla dessa pensionärer. Hade det inte varit för att ungarna trivs så bra med skolan och sina kompisar hade jag och Frugan dragit direkt.”

”Jag tror inte det går någon nöd på dig, och vilken tur du har som fick stationeringen här på näset och slipper pendla till Malmö.”

”Tur?” fnös Mårten. ”Det var väl höjden av otur.”

”Vadå otur?” sa Lisa och tittade förvånat på honom.

”Skämtar du? Eller är du den enda i kåren som inte vet om det?”

”Vet vad?”

”Ingenting. Påminn mig, så berättar jag storyn för dig en annan dag.”

Lisa tittade nyfiket på honom.

”Har man sagt A så får man …”

”Säga B”, fyllde Mårten i. ”Jag vet, men inte just nu. Låt oss göra det vi har kommit ner hit för. Se om vi kan hitta mordplatsen.”

Innan Lisa hann komma med några invändningar krängde Mårten snabbt av sig skorna, drog av strumporna och kavlade upp byxbenen.

”Så där ja”, sa han nöjt. ”Är det något jag avskyr så är det sand i skorna. Kom igen nu Lisa, nu ska det jobbas!”

Lisa följde leende Mårtens exempel och lät tårna glida ner i sanden som redan värmts upp av solen. Hon slöt ögonen och njöt av att det var sommar. Efter en regnig och kall vår var sommaren mer välkommen än någonsin.

De letade under tystnad efter spår av Silfverstolpe och hans baneman i sanden, men hittade inget av värde.

”Det här är ju helt omöjligt”, stönade Mårten irriterat. ”Som att leta efter en nål i en höstack. Han kan ju ha blivit mördad precis var som helst här på stranden.”

Mårten insåg nu att de hade behövt sådär femtio personer till för att kunna genomsöka stranden ordentligt.

”Men med tanke på Silfverstolpes inte helt oansenliga kroppshydda, så tror jag att vi ska leta här i närheten”, sa Lisa. ”Jag menar, mördaren har förmodligen inte velat släpa honom över hela stranden så vi kan börja leta här närmast klubbhuset.”

”Eller så var det inte på stranden i alla fall”, sa Mårten fundersamt.

”Hur menar du nu? Du sa att rättsläkaren hittade sand på hans kläder.”

”Sanden skulle ju kunna komma från annat håll.”

”Är det inte lite väl långsökt? Vi har en strand fylld av sand. Varför i hela världen krångla till det?” sa Lisa otåligt.

”När jag tänker efter nämnde Elisabeth något om att Silfverstolpe låg i en bunker”, sa Mårten eftertänksamt.

”Elisabeth? Vad vet hon om det?”

”Det vet jag inte, men det är faktiskt en möjlighet som jag tycker att vi borde undersöka.”

”Är det samma sorts sand i bunkern som på stranden?” undrade Lisa.

”Det har jag ingen aning om, men vi kan ta med sand både från stranden och en bunker”, föreslog Mårten nöjt. ”Jag plockade med mig några bevispåsar från Holmgrens väska som vi kan ha sanden i. Han och Persson kan hjälpa oss med att analysera den."

"Var i helvete har ni varit?" Holmgren blängde surt på Mårten och Lisa. "Ni kan för tusan inte bara dra. Jag upptäckte två golfspelande knäppgökar som slunkit igenom avspärrningarna och var ute och spelade trots uttryckligt förbud. Till råga på allt körde de runt i Silfverstolpes golfbil. Den envise mannen hävdade att han hade tillstånd av polisen att spela", sa Holmgren upprört. "Tänka sig vilken idiot. Bara för att få spela golf. Han hade spelat här varje lördag morgon i flera decennier. Inget kunde tydligen stoppa honom. Inte ens ett mord. Osmakligt."

"Jag tog med lite prover på sand", avbröt Mårten och räckte stolt över två påsar till Holmgren. "Den ena innehåller sand från stranden och den andra från en av bunkrarna."

Holmgren grymtade ett "tack", och var uppriktigt förvånad över att Mårten faktiskt bidrog till utredningen. "Knäppgökarna sitter i receptionen och väntar på er", sa Holmgren och vände på klacken.

"Surpuppa", muttrade Mårten en aning för högt, för Holmgren stannade och vände sig om.

"Jag sköter mitt jobb och det borde ni också göra. Vi behöver arbetsro inne på kontoret, så se till att hålla alla nyfikna borta. Och en kopp kaffe skulle som sagt inte sitta fel."

Innan Mårten hann komma med något mothugg stängdes dörren till Silfverstolpes kontor med en bestämd smäll.

13

Bakverk och huvudvärk

Lördag förmiddag den 15 juni, hemma hos Egon

Egon iakttog stolt de nypenslade kanelbullarna som låg och svällde i ugnen. Istället för det sedvanliga pärlsockret hade han den här gången valt att strö över hackade valnötter. Bara för att man var bakexpert innebar det inte att man skulle köra på i gamla hjulspår. Nej, förnyelse, det var hans melodi. Det här var annat än bullarna från Torgbodens frysdisk som Ragnar envisades med att bjuda på det fåtal gånger han höll kaffekalas. Frysta färdigbullar och fryst kladdkaka. Egon fnös när han tänkte på det. Att Ragnar aldrig skulle drömma om att baka, det kunde han godta, men att han var för snål för att inhandla fikabrödet på bageriet, det retade honom.

”Hallå, är du där?” hördes det från hallen.

Egon som varit djupt försjunken i sitt bakande lämnade motvilligt bullarna åt sitt öde.

”Men som du skrämde mig, Fredrik. Jag hörde inte att du kom”, sa Egon och torkade snabbt av sig på förklädet innan han gav Fredrik en välkomnande kram.

”Hej Egon”, sa Fredrik och betraktade honom förvånat. Han

visste inte vad han väntat sig att Egon skulle göra, men att baka var det inte. Snarare att modstulet vanka av och an eller möjligtvis ta en tablett och gå och lägga sig med tanke på morgonens händelser. ”Vi behöver prata.”

”Kom in, kom in. Vad kul att du kommer på besök”, sa Egon och slog ut med armen i en inbjudande gest.

”Det här är inget besök, Egon”, sa Fredrik trött. ”Vi behöver reda ut vad som hände på golfbanan efter det att jag gått hem med Elisabeth och Märta. Tydligen hände det en hel del.” Han satte sig tungt i chesterfieldsoffan som tillsammans med flygeln dominerade vardagsrummet. Egon satte sig motvilligt ytterst på kanten i fåtöljen Liljevalch designad av Josef Frank.

”Ni körde alltså Silfverstolpe från bunkern i hans egen golfbil och släpade in honom på hans kontor. Stämmer det?”

”Ja, så var det”, sa Egon avvaktande.

”Egon, förstår du vidden av vad ni har ställt till med?” sa Fredrik och slog ut med armarna i en uppgiven gest. ”Teknikerna är inte korkade. De har redan förstått att Silfverstolpe inte dog på kontoret. Och tänk om någon såg er”, sa Fredrik och rös vid tanken.

”Jo men”, sa Egon och skruvade besvärat på sig. ”Jag tyckte det var bättre att arrangera så att det såg ut som om Silfverstolpe tagit livet av sig. En man av hans dignitet har säkert många problem som hopar sig.”

”Alltså”, avbröt Fredrik uppgivet. ”Är det för någon som problemen hopar sig är det för dig och Ragnar och ni har ju bäddat för det. Men jag, Elisabeth och Märta då, tänkte ni inte på oss?”

”Jo, det var ju därför vi flyttade Silfverstolpe”, sa Egon tålmodigt som om det var den naturligaste sak i världen att flytta runt döda kroppar och placera dem lite hur man ville. ”Så att ingen skulle förstå att vi haft ihjäl honom.”

”Egon, Egon, Egon. Tror du att du kan dribbla bort södra Sveriges två bästa kriminaltekniker med ett sönderslaget akvarium och en mun full med Voltaren?” Fredrik tittade på sin bedrövade farbror och kände ett styng av dåligt samvete över att han var så hård, men några silkesvantar tänkte han inte använda. Sådant bet inte på Egon, man fick vara tydlig och pedagogisk. Och så värst pedagogisk kände sig Fredrik inte för tillfället.

”Teknikerna konstaterade ganska fort att någon flyttat Silfverstolpe till kontoret och arrangerat ett totalt kaos, som uppenbarligen skulle se ut som självmord. Jag kan inte begripa hur ni kan tro …”

Äggklockan ljöd ilsket från köket och signalerade att kanelbullarna var klara. Egon reste sig lättad ur fåtöljen och gick mot köket.

”Hallå”, sa Fredrik irriterat. ”Jag pratar med dig.”

Egon vände sig inte om utan styrde tacksamt stegen mot ugnen och de väntande bullarna.

”Jag vet, håll kvar din tanke, du kan vänta lite men kanelbullarna däremot kan inte vänta, då bränns de. Vill du ha fika? Mjölk i ditt kaffe som vanligt?”

”Ja tack, men snälla Egon, kan vi fokusera på Silfverstolpe nu?”

”Vad vill du ha till kaffet? Kanelbulle, sockerkaka, giffel, syltkaka eller rulltårta?”

Fredrik suckade trött. ”Två Alvedon till att börja med skulle sitta fint, tack.”

Han insåg att fikan tydligen var prioritet nummer ett för Egon just nu, och en lugnande fika med lite gott i magen kunde ju inte gärna förvärra det redan katastrofala läget. Han reste sig och gick på trötta ben ut i köket.

På diskbänken dignade fat med kanelbullar, gifflar, vetebröd, rulltårtor och småkakor i diverse varianter. Egon lyfte undan en hög tidningar och en inte oansenlig mängd kokböcker från kökssoffan och bjöd Fredrik att slå sig ner.

”Varsågod och sitt, min vän.” Egon placerade prydligt två Alvedon på assietten bredvid kaffekoppen.

”Men vad har du gjort? Har du bakat allt det här?” sa Fredrik och såg sig om i köket.

”Ja, jo … jag har bakat sedan jag kom hem från golfklubben. Jag kunde inte komma till ro. Jag bara tänker på Silfverstolpe och att vi haft ihjäl honom.” Egons axlar sjönk ihop och han såg bedrövad ut. ”När jag har huvudet fullt med tankar mår jag alltid bättre av att baka. Det vet du.”

”Jo, att baka en sockerkaka är väl en sak, men det här liknar närmast ett bageri. Snälla Egon, ta av dig förklädet.”

Egon tittade ner på det mjöliga förklädet och log lite.

”Visst är det fint. Jag köpte det förra veckan för tio kronor på Lions loppis i Räng.”

Fredrik tittade trött på förklädet som var ljusgrönt med vit tyllvolang och texten ”HAR DU OCKSÅ EN BULLE I UGNEN?” i rött över magen.

”Det är hemskt”, sa Fredrik kort och stoppade in Alvedonen och svalde dem med lite vatten. ”Snälla, ta av dig det nu och sätt dig ner så vi kan prata.”

Om Egon blev förnärmad så visade han det inte. Han tog lydigt av sig förklädet och vek prydligt ihop det och la det i översta kökslådan. Därpå vände han på köksstolen och satte sig med armarna lutade mot ryggstödet och tittade allvarligt på Fredrik.

”Är det illa?”

”Ja”, sa Fredrik, nu med munnen full av ljuvlig kanelbulle. ”Det ser inte alls bra ut. Mm, vad gott.”

Egon sken upp. ”Hemligheten är att ersätta en deciliter av mjölken med vispgrädde och så använder jag självklart smör och inte margarin och äggen är pinfärska”, sa Egon och fortsatte lyriskt att prata kakrecept.

Fredrik försökte samla ny kraft och avbröt vänligt men bestämt hans utläggning.

”Som sagt, det ser inte alls bra ut.”

”Vi skulle bara ut på en liten golfrunda och så slutar det så här, jag vet inte riktigt vad jag ska ta mig till.”

Fredrik, som njöt av sin andra bulle och hade börjat snegla på en bit rulltårta, hade inget råd att ge men kände sig skyldig att lugna sin farbror.

”Ligg bara lågt. Du, Ragnar, Elisabeth och Märta får absolut inte prata om händelsen med någon. Helst inte med varandra heller. Jag ska göra mitt bästa för att hålla er utanför utredningen, men ni förbättrade inte direkt läget genom att flytta kroppen.”

”Förlåt, jag tyckte idén var så bra när jag kom på den.”

”Att Silfverstolpe träffades av bollen kan ni verkligen inte hjälpa. Det var en olycka, men ni skulle bara ha lämnat honom i bunkern. Att ni över huvud taget fick för er att flytta honom övergår mitt förstånd totalt. Hur i helvete kunde du tycka att det var en bra idé? Det råder fullkomligt kaos på golfklubben nu. Tack vare er.”

”Förlåt. Jag tänkte inte helt klart”, sa Egon olyckligt.

”Och varför drog ni in mig i det hela? Ni skulle ha ringt polisen istället.”

”Polisen? Men vi ringde ju dig och du sa att …”

”Jaja, ja, jag vet och jag gjorde fel.” Fredrik var helt slut, han var svettig, han var bakfull och han hade genom sitt agerande äventyrat hela sin karriär. Fast den var väl i och för sig redan på väg utför. ”Förresten, här är Ragnars hörapparat”, sa Fredrik, plockade upp den lilla apparaten och la den med varlig hand på köksbordet. ”Den låg i vattenhindret.”

Egon tog upp den och höll den mellan tummen och pekfingret. ”Vad bra, då går jag över till Ragnar med den så kan jag informera honom om läget.”

Fredrik ryckte åt sig hörapparaten och stoppade ner den i jeansfickan igen.

”Jag lämnar den personligen till Ragnar och jag berättar om vad som utspelat sig på golfklubben. Jag vill inte att ni diskuterar det som hänt över huvud taget.”

”Jag förstår. Förresten, här är Silfverstolpes nycklar”, sa Egon och höll fram en välfylld nyckelknippa som dinglade i hans hand.

”Men Egon.” Fredrik tittade förfärat på nyckelknippan i Egons hand. ”Varför har du Silfverstolpes nycklar?”

”Jo, jag råkade få med mig dem i fickan tydligen”, sa Egon.

Fredrik ryckte åt sig nyckelknippan och reste sig hastigt ur stolen.

”Jag är ledsen Egon, men det här är mer än jag klarar av just nu. Är det något mer du har råkat plocka med dig så berätta det nu.”

”Nä, det var bara nycklarna. Nyckeln till golfbilen tror jag bestämt att vi lät sitta i. Vi hade lite bråttom.”

14

Rutiga paret

Lördag förmiddag den 15 juni, Falsterbo Golfklubb

Mårten slog sig ner på en obekväm stol som han gissade var från förra sekelskiftet. Framför honom satt ett skotskrutigt par och tittade uppfordrande på honom. Med en snabb rörelse tryckte han igång inspelning på mobiltelefonen som låg på bordet framför honom. För att vara säker på att allt kom med lutade han sig fram och sa med hög och tydlig röst:

”Lördag den femtonde juni. Förhör med Rolf och Siv Storm.” Längre kom Mårten inte förrän han blev avbruten.

”Förhör? Det här är skandal. Vi behandlas som brottslingar. Här ska hederligt folk ut och spela golf en lördag morgon och så avbryts rundan redan innan den ens hunnit börja”, sa Rolf Storm upprört. ”Jag kände mig i fin form i dag och det här finner jag banne mig inte i. Men polismakten gör som vanligt ingenting rätt. Istället för att ofreda oss borde ni vara ute och sätta åt de riktiga skurkarna.”

Herregud, tänkte Mårten för sig själv, behövde mannen inte andas?

Rolf Storms ansiktsfärg gick i purpur och han svettades onaturligt mycket. En rejäl kagge, som Mårten förmodade var resultatet av ett alltför stort intag av alkohol i kombination med fet mat, spände under en rödblårutig vindjacka och armarna liksom stod rakt ut från kroppen. Mannen var inte bara fet, han var dessutom kort och med ett BMI som säkerligen översteg trettiofem. Den lilla kvinnan vid hans sida hade samma otympliga kroppsform och en likadan rutig vindjacka, fast hennes gick i ljusare färger. Som två rutiga badbollar, tänkte Mårten och log för sig själv. Siv Storm hade stålgrått hår i en praktisk frisyr och en haka som på något märkligt vis gick i ett med halsen. För att dölja detta hade hon virat en sjal runt halsen, men det såg både varmt och obekvämt ut och dubbelhakan framhävdes än mer. Men hon hade ett vänligt leende och pigga ögon. Mårten kliade sig förstrött i håret och kvävde en gäspning.

”Nu har vi suttit här och väntat i över en timme och så sitter du och gäspar”, sa Rolf Storm hetsigt och reste sig upp så att stolen föll omkull och landade med en dov duns på det mörkgrå klinkergolvet.

Mårten ignorerade den ilskne mannen och vände sig istället till Siv Storm.

”Vill du ha något att dricka? Kaffe, te, ett glas vatten?”

Kvinnan sken upp.

”En kopp kaffe vore fantastiskt gott.” Lika arg och ettrig som mannens röst var, lika mjuk och melodisk var kvinnans.

Mårten hällde upp kaffe till Siv Storm och till sig själv, men erbjöd inte hennes make något. Han packade upp ett par bullar ur papperspåsen från Annas bageri som rättsläkaren generöst tagit med sig och en doft av kanel spred sig i rummet.

Rolf Storm, som höll på att spricka av ilska, slet åt sig den blå Steltonkannan och hällde upp en kopp kaffe åt sig själv. Han passade även på att norpa åt sig en av de ljumma kanelbullarna och tog ett girigt bett. Kaffet och kanelbullen verkade ha en lugnande inverkan på honom, för han sjönk återigen ner på sin stol men blängde med en mörk blick på Mårten.

”Jag ber uppriktigt om ursäkt för att ni har fått vänta så länge, men vi har haft en hektisk morgon”, sa Mårten och log försonande mot paret Storm.

”Jag förstår inte varför vi är här”, fräste Rolf Storm mellan tuggorna. ”Vi har inte gjort ett förbannat dugg.”

”Vi utreder ett dödsfall. Sven Silfverstolpe hittades död nu på morgonen”, sa Mårten tålmodigt, som om han pratade med ett dagisbarn och inte med en man som med god marginal passerat de sjuttio. ”Ordföranden i golfklubben”.

”Jaja, jag vet vem Silfverstolpe är. En riktig sprätt. Tyckte att han var förmer än andra. Men vad har vi med det här att göra?”

”Men Rolf då”, sa Siv Storm och såg förfärad ut. ”Så du säger. Tänk på att den stackars karln är död.”

”Min kollega fick stopp på er när ni var ute och for i Silfverstolpes golfbil.”

”For och for, det är mycket praktiskt med en golfbil måste jag erkänna. Har aldrig åkt i ett sådant där lyxåk tidigare.” Rolf Storm fick med ens något drömmande i blicken. Hans hustru sa ingenting. Hon satt och vred sina händer i knät med blicken fäst i golvet.

”Men hur kunde ni ens komma på tanken att ta Silfverstolpes golfbil?” Mårten tittade strängt på det rutiga paret.

Siv Storm skruvade lite besvärat på sig och kastade ett försiktigt öga på sin make.

”Det var en vänlig ung man, poliskonstapel tror jag bestämt han var, som erbjöd oss att låna bilen. Vi hade inte alls tänkt köra, vi har ju våra elvagnar. Vi börjar bli lite till åren.”

”Elvagnar?” Mårten tittar frågande på henne.

”Ja, det är en vagn som vi ställer bagen på, som en vanlig golfvagn, men den är batteridriven och det underlättar när man slipper släpa på vagnen. Den kör för sig själv. Väldigt praktiskt och så sparar det på våra krafter. Jag har ju dåliga knän och Rolf har en ond höft som han dras med”, fortsatte Siv Storm.

”Min höft har väl inte ett smack med det här att göra! Och jag behöver verkligen inget eltrams. Det har jag sagt till dig.”

Mårten kände att förhöret började spåra ur.

”Anledningen till att ni är här är som sagt att det har skett ett dödsfall på golfklubben och att ni använde den avlidnes golfbil.” Han trummade irriterat med fingrarna på bordsytan och tittade uppfordrande på paret Storm.

Rolf Storm blängde ilsket på honom och tycktes överlägga med sig själv.

”Vi har verkligen inte hela dagen på oss, så kläm fram med dina frågor så vi kan avsluta vår golfrunda.”

Mårten ignorerade mannen och vände sig till Siv Storm.

”När kom ni hit till golfklubben?”

”Åh, det kan jag säga helt exakt.” Siv Storm såg lättad ut. ”Vi hörde på nionyheterna när vi klev in i bilen och det tar ganska exakt tio minuter att köra ut hit. Vi hämtade bagarna i skåpet och därefter gick vi förbi klubbhuset för att direkt börja spela på hål ett. Vi värmer aldrig upp på drivingrangen. Rolf tycker inte att det är nödvändigt.”

”Bara för kärringar,” muttrade Rolf Storm irriterat.

”Var det någon som såg er när ni kom?” inflikade Mårten snabbt.

”Hur ska jag veta det? Jag går väl för tusan inte och spanar efter folk som ser mig. Som om jag skulle behöva ett alibi. Det var väl hjärtat som stannade på Silfverstolpe. Man går knappast och blir mördad här även om många säkert skulle vilja bli av med honom", sa Rolf Storm ilsket.

Siv Storm tycktes vara van vid makens utbrott och fortsatte oförtrutet sin berättelse.

"Jo, vi var på väg ut på banan när vi blev stoppade av en trevlig ung man, som sa att vi inte fick börja på hål ett. Och då sa Rolf att han alltid börjar på hål ett och att han inte kunde finna sig i att ..."

Mårten trummade återigen med fingrarna på bordsskivan. Var det något han avskydde var det långrandiga utläggningar när folk aldrig kom till saken. Han plockade åt sig ytterligare en kanelbulle, men delade den i två bitar och stoppade tillbaka den andra halvan i påsen. Karaktär, tänkte Mårten nöjt. Karaktär.

Siv Storm fortsatte sin utläggning och Rolf Storm och Mårten åt kanelbullar. Mårten tog fram den andra halvan. Lika väl att äta upp den med. En halv bulle är ju så gott som ingen bulle.

"Ja, och så åkte vi då ut i den där golfbilen", avslutade Siv Storm.

Mårten kom på sig med att inte alls ha lyssnat på Siv Storms långa utläggning och skänkte en tacksam tanke till inspelningen på mobilen. Han fick helt enkelt lyssna av den och göra en utskrift på polisstationen.

"Och så kom den där polisen och sa att vi förstörde spår", fnös Rolf Storm. "Vi spelade golf, det var vad vi gjorde. Det är som bekant det man brukar göra när man är på en golfbana", tillade han och tittade överlägset på Mårten som tydligen inte uppfyllde Rolf Storms kriterier på hur en golfspelare såg ut.

"La ni märke till något speciellt när ni kom hit?"

”Ja, en massa fladdrande polisband och en drös journalister. Vi har inte sett Silfverstolpe i dag. Varken död eller levande”, sa Rolf Storm och reste sig upp för att markera att förhöret var avslutat för hans del.

Mårten insåg att det rutiga paret förmodligen berättat vad de hade att komma med.

”Jag återkommer om vi har fler frågor.”

15

Restaurangpersonalen

Lördag förmiddag den 15 juni, Falsterbo Golfklubb

”Förlåt att ni har fått vänta”, sa Lisa ursäktande och slog sig ner vid fönsterbordet. ”Lisa Stark heter jag och är en av de poliser som arbetar med utredningen av Sven Silfverstolpes dödsfall.” Hon sträckte fram handen och hälsade.

”Det är absolut ingen fara, en av de andra poliserna bad oss vänta här på dig. Ulrika heter jag och det är jag som driver restaurangen ihop med min man Archie. Det här är vår dotter Towe.”

Lisa hajade till. Det hade hon inte trott. Att det var mor och dotter. Ulrika måste ha lagt märke till hennes förvirring eftersom hon skrattade glatt.

”Jag var bara nitton när jag fick henne och många tar oss för systrar. Inte så kul för Towe”, sa hon och klappade dottern kärleksfullt på armen.

”Fast så lika är vi inte, mamma. Ingen av mina kompisar skulle tro att du var min syster”, sa Towe med ett skratt.

”I mitt fall är det ingen risk att någon skulle ta miste, min dotter är bara sju”, konstaterade Lisa med ett leende. ”Är det okej att jag spelar in vårt samtal?”

”Ja, självklart”, sa Ulrika och tittade uppmärksamt på Lisa.

Lisa satte mobilen på inspelning och inledde förhöret med de sedvanliga standardfraserna.

”Som ni vet påträffades Sven Silfverstolpe död nu på morgonen på sitt kontor.”

”Ja jag vet, det är så fruktansvärt och svårt att förstå”, sa Ulrika sorgset.

”Vilken tid kom ni hit?”

”Det var vid halv nio, det är då vi brukar komma.”

”Jag har pratat med Frida och hon berättade att det var ni som larmade polis och ambulans, stämmer det?” sa Lisa.

”Ja, så var det. När vi kom hit satt Frida utanför klubbhuset och grät.”

”Såg ni någon annan?”

”Här var en del golfare också, men de var på väg ut på banan. Vi fokuserade bara på Frida och tänkte inte så mycket på det. Strax efter kom ju polisen och spärrade av.”

”La ni märke till något särskilt?”

”Ja, dörren till Silfverstolpes kontor stod vidöppen och han låg på golvet och det såg ut att vara en väldig röra där inne. Ingen av oss gick in.”

”Det var bra att ni inte gick in. Har ni någon aning om vem som kan ha önskat livet av Silfverstolpe?”

”Va? Blev han mördad?” sa Ulrika och såg förskräckt ut. ”Jag tog för givet att det var hjärtat eller något sådant.”

”Vi vet ännu inte hur han dog, så vi håller alla möjligheter öppna.” Lisa undrade om hon sagt för mycket nu. Hon ville absolut inte orsaka någon ryktesspridning, så hon fortsatte snabbt. ”Hur var han som person?”

”Han var dominant och kanske inte alltid så smidig”, sa Ulrika tveksamt. ”Han var väldigt driven i det han gjorde och kunde ibland köra över folk helt. Det blev oftast som Silfverstolpe ville, om du förstår vad jag menar."

"Jag förstår. Var han illa omtyckt?"

"Nej, det kan jag inte säga. Han var ofta vänlig och rent av jovialisk och kunde gå in i köket till oss och prata menyer och skämta och så där. Men som jag sa var han väldigt dominant, så han gick inte ihop med alla. Det var en del prat bakom hans rygg när han tillträdde som ordförande. En del menade att han helt saknade stil och att han inte var värdig det uppdrag han fick."

"Håller du med om det?" frågade Lisa nyfiket.

"Det har jag ingen åsikt om alls faktiskt, det är bättre att du pratar med Archie om det. Min man alltså", la hon till. "Han sitter med i styrelsen för golfklubben i egenskap av krögare, så han kan nog hjälpa dig där."

"Vet du om Silfverstolpe hade några ovänner?"

"Han har säkert skaffat sig ovänner längs med vägen, det är väl oundvikligt i hans ställning", funderade hon vidare. "Men att någon skulle mörda honom, det har jag svårt att föreställa mig."

"När såg ni honom senast i livet?"

"Det var i går kväll", sa Towe. "Han åt middag med några andra gubbar. De skulle visst ha något möte och hade bokat ovanvåningen för det."

"Vet du vilka som var med på mötet?"

"Ja, några av dem känner jag. Det var Sven då så klart och sedan vet jag att det var borgmästaren och Sten Crona. Det var jag som dukade där uppe och de var fem personer som skulle äta." Towe tänkte efter, men skakade beklagande på huvudet. "Nej, jag vet inte vad de andra två heter. När jag bar upp maten satt de redan till bords allihop. Den ene mannen var väldigt snygg, såg ut lite som en fotomodell, fast han var rätt gammal. Typ fyrtio eller så. Honom har jag aldrig sett tidigare. Den andre var ännu äldre och honom har jag sett ett par gånger på golfklubben. Jag har för mig att han har en son som är ett par år yngre än jag. Kolla med daddy, han vet."

"Vad bra, det ska jag göra." Lisa vände sig mot Ulrika och fortsatte: "Jobbade du också i går kväll?"

"Nej, jag jobbade bara fram till lunch, sedan unnade jag mig en eftermiddag på stranden. Blir inte mycket av det nu när säsongen drar igång på allvar."

"När såg du Silfverstolpe senast?"

Ulrika tänkte efter.

"Det var nog i går till lunch, har jag för mig. Men jag är inte helt säker. Han är här ju så gott som dagligen och jag kan blanda ihop dagarna. Ledsen, men jag tror inte att jag kan hjälpa dig så mycket mer, är jag rädd."

"Tack i alla fall, ni har varit väldigt hjälpsamma. Hör av er om ni kommer på något mer."

"Hur gör vi med restaurangen i dag?" sa Ulrika bekymrat. "Vi har en bokning över lunch för golfklubbens damkommitté. Ska jag avboka den?"

"Ja, tyvärr får ni göra det. Vi har spärrat av både klubbhuset och golfbanan", sa Lisa.

"Då går jag och ringer damkommittén direkt så de inte kommer hit. Vill du att Towe går och hämtar Archie så du kan prata med honom nu på en gång?"

"Tack, gärna. Då väntar jag här så länge."

Lisa tittade ut genom panoramafönstret och insåg att detta med golf var en helt ny värld för henne. Allt hon såg var perfekt grönska och på avstånd kunde hon ana havet. Hon förstod att folk ville spela golf om de fick göra det i så här vackra omgivningar. Ingen i Lisas familj spelade golf och därför hade det aldrig blivit av att hon gjort det heller. Hon hade inte ens satt sin fot på en golfklubb tidigare och för hennes del var det mer konditionskrävande sporter som gällde. Sådant som man blev svettig av.

16

Banarbetarna

Lördag förmiddag den 15 juni, Falsterbo Golfklubb

Mårten hade sett artister på TV som snurrade en trådlös mikrofon i handen och en del kastade till och med upp den så den gjorde en fin snurr i luften. Han hade aldrig hållit i en mikrofon men kunde tänka sig att en sådan och hans mobil nog kunde väga ungefär lika mycket. Han lekte med mobilen och kastade den lite ledigt upp i luften. Det här var ju ingen konst, tänkte han nöjt och gav sig på att kasta den ännu högre och gav den samtidigt en rejäl snurr. När han skulle fånga den så där lite elegant slant den ur hans grepp som en hal tvål och for ner i golvet med en rejäl smäll. Telefonens glas sprack, bakstycket lossnade och batteriet for iväg.

Mårten plockade hastigt upp delarna till mobilen och tryckte med en snabb rörelse fast batteriet och bakstycket. Han försökte förgäves få igång mobilen men konstaterade besviket att den var stendöd.

”Hur gick det? Höll den?”

”Nej, det gjorde den inte”, sa han kort och tittade på tjejen som satt på andra sidan bordet och nyfiket iakttog honom. Hon var söt och hade intensivt gröna ögon som ramades in av ett par löjligt överdimensionerade glasögon med svarta bågar. Han förundrades över att någon över huvud taget ville gå med sådana där jätteglas. Senast han sett något i den storleken måste ha varit på sjuttiotalet. Elton John, Ola Ullsten och Karin Söder bar sådana bågar om han mindes rätt. Tjejens ansikte förvreds i en märklig grimas när hon frenetiskt tuggade på ett ljust rosa tuggummi som kikade fram mellan hennes tänder då och då. Plötsligt såg Mårten en stor bubbla växa fram ur hennes mun för att till slut explodera med ett plopp. En del av tuggummit fastnade på nästippen. Han noterade att hon nonchalant och med van hand pillade loss biten och stoppade in den i munnen igen för att tugga vidare.

Mårten stoppade ner mobilen i bröstfickan på skjortan och plockade upp sin penna. Han såg sig om i det lilla fikarummet som var inhyst i en arbetsbod för att se om där möjligtvis fanns ett block att anteckna på, men hittade inget. Vid kaffebryggaren låg en hög med kaffefilter och han plockade åt sig ett av dem, det fick helt enkelt duga. Han sände en orolig tanke till mobiltelefonen och hoppades att inspelningen av förhöret med paret Storm hade klarat sig. I annat fall skulle han få problem eftersom han inte kom ihåg något från det röriga förhöret.

”Jag har samlat er för ett förhör med anledning av att ni arbetade i morse då golfklubbens ordförande Sven Silfverstolpe påträffades död på sitt kontor och det …”

”Va? Är Silfverstolpe död?”

Mårten tittade på killen till höger som satt med stora förvånade ögon och stirrade på honom.

”Ja, Sven Silfverstolpe hittades död nu på morgonen”, sa Mårten tålmodigt. ”Vad tror ni detta är? En anställningsintervju eller? Eftersom ni tre jobbade i morse kan ni ha sett någonting som kan vara av intresse för utredningen. Därför sitter vi nu här och jag tänkte ställa några frågor till er om det går för sig. Som sagt."

"Fy fan vad sjukt", utbrast den långa gängliga killen i mitten. Han drog med handen genom sin långa snedlugg som ställde sig rakt ut åt sidan.

"Du ser inte ut som en polis", fortsatte han. "Detta är ju som sådant man ser på film, polisförhör och sånt."

"Gud vad häftigt", utbrast tjejen ivrigt tuggande och smaskande och började trycka på sin iPhone. "Jag måste bara lägga upp på Instagram att jag är i polisförhör, får jag ta en selfie med dig?"

"För helvete", röt Mårten och ställde sig bryskt upp. Han slog knytnäven hårt i det lilla plastbordet som stod mellan honom och ungdomarna.

Alla tre ryckte till och tittade skrämt på Mårten som såg rejält förbannad ut. Han sträckte sig efter papperskorgen som stod under bordet och höll upp den framför tjejens ansikte. "Spotta ut det där förbannade tuggummit och ge mig din telefon."

Hon släppte utan att protestera ner tuggummit i papperskorgen och överräckte stumt sin telefon till Mårten. Han stängde av mobilen och la den sedan med en smäll på bordet.

"Jag ställer frågorna och ni svarar. Kan vi vara överens om det?"

Alla tre nickade lydigt.

"Ja, jag är polis och ja, Sven Silfverstolpe är död." Mårten andades tungt och iakttog de tre ungdomarna som häpet stirrade på honom. Det gällde att sätta sig i respekt och visa sin auktoritet, tänkte Mårten nöjt. Han pekade myndigt med hela handen på tjejen.

"Namn?"

”Emma Dahlgren.”

”Vilken är din uppgift på Falsterbo Golfklubb?”

Emma som nu insett allvaret sträckte på sig.

”Jag ser till att det är rent och fint på banorna, plockar upp bollar och kvarglömda saker. Klipper greener, krattar bunkrar, lägger tillbaka uppslagna grästuvor, tömmer papperskorgar och så.”

”Tack”, sa Mårten, antecknade och gungade lätt på stolen. ”Och ni två har väl också de sysslorna, förstår jag?”

Båda killarna nickade till svar.

”Du heter?” Mårten stirrade på den långa killen vars lugg fortfarande stod rakt ut åt sidan.

”Hampus Ask.”

”Ställ dig upp.”

Hampus ställde sig förvånat upp. Mårten gick runt bordet och ställde sig bredvid honom. ”Hur lång är du?” Han ställde frågan av ren nyfikenhet för att sekunden senare komma på att det egentligen var helt ointressant för utredningen.

”Två noll fyra.”

”Det var som fan.” Mårten nickade imponerat och gjorde en notering på kaffefiltret. ”Sätt dig.”

”Du då?” Mårten tittade stint på den andra killen som var klädd i rosa pikétröja och hade solglasögon som såg dyra ut nonchalant uppskjutna i pannan.

”Jag är en och sjuttioåtta.”

”Va?” Mårten såg förvånad ut. ”Jag är inte intresserad av din längd, jag menar vad heter du?”

”Theodore Kling, men jag kallas bara för Theo.”

Mårten tittade på de tre ungdomarna. Först rutiga paret och nu de här bortskämda näsetkidsen som trots att de förmodligen inte ens hade gått ut gymnasiet betedde sig som om de ägde stället. Polisjobbet blev inte så där häftigt som han hade inbillat sig när han sökt in till polisskolan för en herrans massa år sedan. När han växte upp var det amerikanska hårdkokta snutar som Baretta och Kojak på TV som var hans förebilder och anledningen till att han ville bli polis. Det var vapen, biljakter, knark och rejäla slagsmål. Sitta här och leka förhör kunde ju vilken sekreterare som helst göra. Han visste att han förtjänade bättre och gjorde en liten minnesnotis om att kolla upp huruvida svensk polisutbildning gällde i USA. Narkotikaspanare i ett riktigt skitområde i New York istället för polis på Falsterbonäset vore något för en man av hans kaliber.

På något märkligt vis hade han på några sekunder redan lyckats glömma vad de tre ungdomarna hette, förmodligen för att han varit så förbannad nyss eller för att han egentligen inte trodde att det spelade någon större roll. Han sneglade på kaffefiltret men kunde knappt tyda sina egna kråkfötter.

”Jaha, berätta om du såg eller upptäckte något annorlunda i morse.”

Emma tittade osäkert på Mårten.

”Nej, alltså, jag såg inget ovanligt. Jag började kratta bunkern och rensa green vid hål femton. Jag hörde inget, jag hade liksom musik i lurarna.”

Mårten suckade tungt. Han tittade på hörlurarna som hon hade om halsen. Ungdomar och deras förbannade hörlurar som bara blev större och större.

”Så du märkte inget ovanligt och hörde absolut ingenting?”

”Nej, jag märkte inget, fast alltså jo, jag hörde ju Lady Gaga.”

Mårten tittade intensivt på henne för att se om hon drev med honom. ”Hur sjutton kan du komma ihåg att du lyssnade på Lady Gaga just då?”

”Jag lyssnar alltid på henne, det är min stora idol och förebild och hon har inspirerat mig till att vilja bli artist.”

Herregud, tänkte Mårten, det var ett under att hon fått ett jobb över huvud taget. Det måste vara hennes föräldrar som hade bra kontakter. Den hjälpen hade han minsann aldrig haft. Han hade alltid fått klara sig själv och slita för varje intjänad krona. Men karriären skulle snart få sig en välförtjänt knuff framåt när han hade löst mordet på Silfverstolpe. Tanken på det gav honom förnyad energi. Han smällde båda handflatorna i bordet så att de tre ungdomarna lättade från sina stolar och fortsatte energiskt förhöret.

”Jaha, du då?”

Theo tittade upp i taket och tänkte efter.

”Jo, när jag och Hampus var vid hål fjorton såg jag en golfbil på banan.”

”Va?” Mårten ställde sig snabbt upp och lutade sig över bordet mot honom.

”Säg det igen, vad såg du sa du?”

”Jag såg en golfbil.”

”Vilken tid var detta?”

”Jag har ingen klocka, har bara klocka i mobilen och den är urladdad.”

”Jaha, det var ju typiskt”, sa Mårten och vände sig hoppfullt mot Hampus.

”Såg du golfbilen?”

”Nej”, sa Hampus beklagande, ”jag var vid utslagsplatsen och Theo var vid green.”

”Okej.” Han vände sig åter mot Theo. ”Kan du åtminstone försöka uppskatta vad klockan var?”

”Jag vet inte.” Han dröjde lite med svaret. ”Kanske lite över sju typ.”

”Såg du åt vilket håll den körde?”

”Ja, den körde åt vänster.”

”Vänster, vad menar du med vänster?”

”Ja därifrån jag stod körde den mot vänster. Från klubbhuset och över den lilla grusvägen som leder mot fyren.”

”Intressant”, mumlade Mårten och drog handen genom sin röda kalufs. Håret började bli väl långt nu och lockarna låg som en hjälm kring hans huvud.

”Kan jag gå på toa?” avbröt Emma.

”Va?” Mårten avbröts i sina tankar. ”På toa. Javisst, du kan gå på toa. Nej förresten, du kan gå hem. Du är klar för i dag. Du har berättat det du vet.” Typ exakt ingenting, tänkte han för sig själv.

”Ta med din mobil och inget instagrammande och facebookande om förhöret för då blir jag inte lätt att ha och göra med. Detta är sekretessbelagt. Förstått?”

”Jadå, jag förstår”, sa Emma utan att ha en aning om vad sekretessbelagt betydde.

”Förresten, jag hörde någon ropa”, sa Hampus nöjt. ”Det höll jag ju på att glömma bort.”

”Ropa, vadå ropa, på hjälp?” sa Mårten exalterat.

Hampus förde upp händerna till tinningarna och slöt ögonen.

”Nu vet jag. Det var någon som ropade på Silfverstolpe.”

”Va?” skrek Mårten. ”Ropade någon Silfverstolpe?”

”Ja!” Hampus sken upp när han mindes. ”Någon ropade Silfverstolpe.”

”Okej.” Mårten kände sig upprymd. ”Såg du vem det var som ropade?”

Hampus tänkte efter och skakade sedan sakta på huvudet.

”Nej, jag såg ingen.”

Mårten kände att han hade något på gång. ”Kunde du avgöra om det var en man eller en kvinna som ropade?”

Hampus skakade på huvudet utan att ens försöka tänka efter. ”Inte en aning.”

Mårten tänkte febrilt. En golfbil som lämnade klubben och någon som ropade på Silfverstolpe. Han noterade ivrigt på kaffefiltret.

”Har ni sett eller hört något mer som jag kan ha nytta av i utredningen?” Båda killarna skakade på huvudet.

”Tack killar, ni har varit till stor hjälp. Hör av er om ni kommer på något mer.”

Mårten räckte stolt över sitt visitkort till dem. Därefter vek han ihop kaffefiltret och stoppade det i samma bröstficka som den trasiga mobilen.

17

Archie

Lördag förmiddag den 15 juni, Falsterbo Golfklubb

Lisa hade tillbringat en dryg halvtimme med att lyssna igenom de två förhören hon hållit under förmiddagen, men utskriften fick anstå tills hon var tillbaka på polisstationen. Hon började bli otålig och just som hon rest sig för att gå och leta reda på Archie kom han med andan i halsen och en laptop klämd under armen.

”So sorry att du fått vänta på mig”, sa han urskuldande och sträckte fram handen för att hälsa. ”Archibald Johnson, men säg för all del Archie, det gör alla andra.”

”Lisa Stark.” Hon gav honom ett fast handslag. ”Bra om vi kan komma igång direkt med förhöret”, sa hon och tittade demonstrativt på klockan.

”Självklart, jag är ledsen att du har fått vänta, men jag var tvungen att träffa min revisor. Det är snart halvårsbokslut”, sa han och log mot henne.

”På en lördag?” sa Lisa tvivlande. Som om hon hade rätt att ifrågasätta Archies göranden och låtanden en lördag förmiddag.

”Han reser på semester i morgon och blir borta en månad, så jag var tvungen att träffa honom.” Lisa skämdes lite över sin irritation, men fick skylla på att hon haft helt andra planer denna lördag än att sitta på Falsterbo Golfklubb. Som att bada med Linnea till exempel.

”Kan vi inte gå ut och sätta oss på terrassen istället så vi kan njuta lite av det fina vädret? Det är synd och skam att sitta inne en sådan här fin dag, tycker du inte?”

Lisa valde ett bord intill husväggen som skuggades av en grön markis. Hon lutade sig tillbaka i stolen, viftade med ett menykort framför ansiktet för att få svalka och förbannade att hon tagit jeansen i dag. Archie placerade två välfyllda ölglas på bordet framför henne och slog sig ner på en stol mitt emot.

Hon skulle just säga att hon inte drack när hon var i tjänst när Archie förekom henne. ”Ett litet glas bara, det är ju ändå lördag”, sa han och blinkade till henne.

Lisa ville inte känna sig fyrkantig och tråkigt svensk, så hon tackade ja och tog emot glaset med den skummande ölen. I den här värmen var det precis vad hon behövde.

Hon tog en djup klunk och tryckte igång mobilen på inspelning.

”Förhör med Archie Johnson, krögare på Falsterbo Golfklubb, lördag femtonde juni.” Hon bestämde sig för att gå rakt på sak. ”Som du vet påträffades Sven Silfverstolpe död på sitt kontor nu på morgonen.”

”Ja, jag vet”, sa Archie och såg beklämd ut. ”En fruktansvärd historia. Towe sa att han mördats.”

”Det vet vi ännu inte med säkerhet”, sa Lisa formellt och förbannade sig själv att hon inte varit mer försiktig i förhöret med Ulrika och Towe. ”Det finns vissa omständigheter som pekar på det, ja. Men jag vore tacksam om ni kunde behålla det för er själva fram tills dödsorsaken är fastställd.”

”Absolut, det förstår jag”, sa Archie allvarligt. ”Jag kan bara inte förstå vem som skulle göra en sådan sak. Och här på vår golfklubb.” Han skakade sorgset på huvudet. ”Var det ett rån?”

”Rån?” sa Lisa överrumplat. Det var en aspekt hon inte tänkt på. ”Finns det någon särskild anledning till att du tror att det kan röra sig om ett rån?” frågade hon nyfiket.

”Även om vi mer och mer går över till ett kontantlöst samhälle är det många, framför allt äldre, som inte betalar med kort. Det gäller både i restaurangen och i shopen”, la han till. ”På Svens rum finns ett kassaskåp och där brukar vi låsa in dagskassan. I och med att vi har möjligheten att låsa in pengarna där, har vi varit slarviga med att sätta in dem på banken”, sa Archie urskuldande.

”Det ska jag kontrollera”, sa Lisa och noterade i sitt block att hon skulle stämma av detta med teknikerna direkt efter förhöret.

”Din dotter nämnde att Sven Silfverstolpe åt middag i går kväll på golfklubben tillsammans med borgmästaren, Sten Crona och ytterligare två personer. Vilka var de andra två?”

”Det stämmer. Det var Gunnar Sandén och Carl Delon.”

”Var du med under kvällen?”

”Jag känner dem ju allihop, så jag var med och drack en pint med dem före middagen och sedan drog jag mig tillbaka till arbetsrummet. Jag hade en del pappersarbete inför bokslutet. Jag ligger efter”, tillade han med en suck.

”Är ni golfare allihop?”

”My God no, not at all. För min egen del håller jag mig till det nittonde hålet och det är väl det närmsta jag kommer golf”, sa han med ett skratt.

”Nittonde?” sa Lisa konfunderat. ”Nu är jag ju inte golfare, men brukar det inte vara arton hål på en bana?”

”Helt rätt. Det nittonde hålet är det man brukar kalla restaurangen och det är där jag trivs bäst”, sa han och klappade på sin mage som spände en aning under en ljusblå pikétröja från Lyle & Scott. ”Borgmästaren och Delon klarar nog inte ens av minigolf”, konstaterade han.

”Förlåt?” Lisa, som insåg att hon svept hela ölen, hade inte lyssnat ordentligt.

”Ja, du frågade om vi alla var golfare. Jag, borgmästaren och Delon spelar inte. Sven och Crona är entusiaster, rent av fanatiska om du frågar mig. Sandén spelar också en del men är inte lika hängiven som de andra två.”

Lisa satte ner sitt nu tomma glas på bordet och la fullt fokus på förhöret. ”Men om det nu inte var golf som stod på agendan, varför träffades de då?”

”Det här är egentligen konfidentiellt”, sa han tveksamt. ”Men nu när Sven är död är det väl ändå något som kommer fram tidigare än det var tänkt.”

Lisa tittade uppmärksamt på honom. ”Vad är det som kommer fram?”

”Det jag berättar nu vill jag helst inte att du för vidare till min fru. Är det okej?”

”Det kan jag tyvärr inte garantera, men är det inte relevant för utredningen så säger vi självklart ingenting.”

Archie tog ett djupt andetag och släppte långsamt ut luften. ”Det här är egentligen hemligt”, sa han dröjande och tog av sina solglasögon i pilotmodell och torkade av dem med en servett. ”De hade planerat att bygga ett kasino i anslutning till golfklubben.”

”Kasino?” Lisa blev uppriktigt förvånad. Det var inte direkt det hon väntat sig att höra när han sa att hon inte fick berätta för hans hustru.

”Ja, ett kasino. Det gick under arbetsnamnet Falsterbo Casino & Golf Club. Tanken är, eller var”, rättade han sig snabbt, ”att de skulle bygga ett kasino i anslutning till golfklubben. Det skulle bli norra Europas största och mest exklusiva kasino, helt i klass med det i Monte Carlo. Det skulle finnas en à la carte-restaurang och vinkällare och självklart även hotellrum för övernattande gäster.”

Archie studerade glasen på sina Ray-Bans, och tydligen fick de godkänt eftersom han satte på sig dem. Lisa såg sig själv speglas i glasen. ”Restaurangen var det tänkt att jag skulle driva.”

”Du sa var”, inflikade Lisa otåligt. ”Blir det inget kasino?”

”Jag vet uppriktigt sagt inte. Som jag sa var tanken att kasinot skulle ligga i direkt anslutning till golfklubben, det var liksom hela idén med projektet.”

”Men nu blir det inget kasino?”

”Jo, det är ju det som är hela grejen. Hade det inte blivit ett kasino, så hade jag kunnat backa ur samarbetet. Nu går inte det, för de idioterna har gått och köpt en tomt i Håslöv.”

”I Håslöv? Nu hänger jag inte med.”

”Tydligen är det här strandskyddat område och det får inte byggas något nytt, inte ens en ynka badhytt. Att de inte kunnat kollat upp sådant i förväg övergår mitt förstånd. Borgmästaren sitter på kontakter och sade sig ha full kontroll, men tydligen inte. Nu har han och Sven gått bakom ryggen på oss andra och köpt den här tomten istället. Vem i hela världen vill gå på kasino i Håslöv?”

Där hade han onekligen en poäng, tänkte Lisa, men nu var hon ju knappast någon expert på området. När det gällde egna erfarenheter från kasinon var meriterna närmast obefintliga. Om inte foajén räknades förstås. Det var nämligen så långt hon lyckats komma när hon för ett antal år sedan var i Badgastein på skidresa med ett kompisgäng från universitetet. De hade tänkt avsluta sin afterski med en spelomgång på kasinot, men det gjorde man uppenbarligen inte i skidkläder. Sällskapet hade snällt fått vända i dörren och några fler kasinobesök hade det inte blivit för Lisas del.

”Varför ville du inte att din hustru skulle få reda på det här?” undrade Lisa nyfiket.

”Ulrika tycker att jag arbetar för mycket redan som det är och att vi behöver få ekonomi i golfrestaurangen istället för att kasta oss in i nya projekt. Det går inte så bra”, sa han med en suck. ”Jag tänkte att en à la carte-restaurang på kasinot skulle vara en säker satsning. Jag har skrivit på ett treårskontrakt och nu vet jag inte vad som händer med det när det inte blir i Falsterbo.”

”Har du satsat några pengar?” frågade Lisa.

”Nej, jag har själv inga pengar att satsa, men jag har lagt ner en hel del tid. De andra har satsat tre miljoner var, totalt femton miljoner. Enligt Sven hade han skakat fram ett par utländska riskkapitalister som även de skulle investera i bygget. Det här skulle vara min möjlighet att tjäna en hacka”, sa Archie dystert. ”Det är dyrt att bo i Falsterbo och vi går back varje månad trots att vi drivit restaurangen i två år nu. Kasinot var vår möjlighet.” Han suckade tungt. ”I Håslöv finns inte det klientelet, om du förstår vad jag menar.”

Lisa nickade förstående och bytte spår. ”Ulrika berättade att du sitter med i styrelsen där Silfverstolpe var ordförande.”

”Ja, det stämmer.”

”Hur kan det komma sig?”

”Svens hjärta bankade för god mat och dyra viner och han tyckte att det var självklart att jag i egenskap av krögare satt med i styrelsen. Personligen tror jag att det var för att han ville ha mig på sin sida eftersom han hela tiden hade kasinot i åtanke.”

”Kände de övriga i styrelsen till kasinoplanerna?”

”Nej, inte vad jag vet. Sven höll planerna inom en väldigt snäv krets, utöver de andra fyra investerarna var det bara jag och någon kille på kommunen som kände till det.”

”Hur kan det vara så?”

”Han var rädd att någon av de andra skulle sätta sig på tvären eftersom de av princip är emot allt som heter förändringar. Det var stort rabalder bara när de behövde utvidga byggnaden för bagskåp”, sa han med en grimas. ”Golfare är ett konservativt släkte.”

”Vad tyckte de andra i styrelsen om Silfverstolpe?”

”Det får du fråga dem om. Du ska få en lista av mig med namn och kontaktuppgifter på alla.”

”Tack gärna. Men någon uppfattning har du väl”, lirkade Lisa.

”De tyckte att Sven kommit in i styrelsen lite för lätt”, sa han tveksamt. ”Han hade ett halvår tidigare blivit medlem i Falsterbo Golfklubb genom sin hustru Sophia vars släkt varit medlemmar i flera generationer. En del av styrelsemedlemmarna hade satt sig på tvären redan när han skulle väljas in i klubben. Du kan tänka dig hur tongångarna gick när han dessutom tog plats i ordförandestolen”, sa Archie med ett torrt skratt.

”Vet du om det var någon som blev särskilt upprörd?”

”Som sagt, det är bättre att du kontaktar de andra i styrelsen”, sa Archie diplomatiskt.

”Det ska jag göra. Om vi går tillbaka till igår kväll, hur fick du reda på att kasinoplanerna blivit ändrade när du inte var med på middagen?”

”Jag satt i mitt arbetsrum som ligger bredvid Svens kontor mitt emot shopen. Trots att jag hade dörren stängd hörde jag upprörda röster utanför och sedan att ytterdörren slogs igen.”

”Vet du vem det var som gick?”

”Det var Delon och Sandén, jag såg dem genom fönstret. Kort därefter hörde jag Sven gå in på sitt kontor och han rumsterade runt en kort stund och sedan hörde jag dörren slå igen bakom honom också.”

”Vet du om han följde efter Delon och Sandén?” undrade Lisa intresserat.

”Det tror jag inte. När jag tittade ut såg jag att han hade sin bag med sig, så jag förmodade att han gått ut för att spela några hål golf. Det bekräftade Crona för mig en stund senare när han kom ner och knackade på.”

”Kommer du ihåg vilken tid de andra gick?”

”När Crona kom ner till mig var klockan kvart över tio. De andra gick en liten stund innan, strax över tio gissar jag.”

”Var borgmästaren kvar där uppe?”

”Crona sa att borgmästaren var kvar när han gick ner till mig. Jag och Crona satt en stund på mitt rum och pratade och då berättade Crona om de grusade kasinoplanerna. Vid elva gick jag till köket och bredde oss ett par smörgåsar och när vi kom upp till ovanvåningen var borgmästaren försvunnen. Jag och Crona drack några ale, åt våra smörgåsar och spelade ett par omgångar snooker. Sedan stack vi hemåt.”

”När var det?”

”Någon gång kring ettsnåret gissar jag, men kolla med Crona. Inte helt säker på tiden, hade druckit en del”, sa han ursäktande.

”Borgmästaren och Silfverstolpe då?”

”Dem såg jag inte röken av.”

18

Cigarilletuiet

Lördag förmiddag den 15 juni, Torgboden i Falsterbo

Fredrik cyklade i långsamt tempo Fädriften fram. Han hade börjat uppskatta ensamheten mer och mer de senaste månaderna. Visst trivdes han i andras sällskap men det var ändå behagligast när han var ensam och kunde ta saker och ting i sitt eget tempo. Kanske var botemedlet mot utbrändhet att leva i ensamhet. I så fall var det så det fick bli. Han svängde fullt upptagen av sina tankar höger in på Storgatan. När han sneddade in på Gamla torg ryckte han till av ljudet från en tuta.

”Fredrik, Fredrik!”

Han hoppade av cykeln och vände sig om. ”Men hej Märta, är du ute och åker”, sa han och tittade förvånat på ekipaget.

”Jag lovade Elisabeth att ta hand om dagens inköp, du förstår hon har fullt upp med att passa lilla Linnea.”

Fredrik ställde cykeln i cykelstället utanför Torgboden och Märta parkerade sitt fordon bredvid fontänen.

”Kör du en sådan där”, han kunde inte för sitt liv komma ihåg vad det hette.

”Permobil”, sa Märta nöjt.

”Men vänta nu lite”, sa Fredrik och tittade frågande på Märta. ”Jag förstår inte, i morse när vi var på”, han böjde sig fram och viskade, ”golfbanan verkade du inte ha några problem med att ta dig fram för egen maskin.”

”Golfbanan?” sa Märta och tittade frågande på Fredrik. ”Vilken golfbana?”

Fredrik tittade förvånat på henne. Han tittade sig omkring och viskade på nytt: ”I morse på Falsterbo Golfklubb.”

”Jag har då inte varit på någon golfklubb i morse.” Märta skakade bestämt på huvudet och klev ur permobilen. ”Jag planterade om pelargonier hela morgonen.”

Fredrik tittade överraskat på henne. Hade Egon och Elisabeth missat att berätta att Märta var senil? Fast samtidigt var det bara bra, då fanns det i alla fall ingen risk att hon sprang omkring och pratade om händelsen. Man fick vara glad för det lilla.

”Du gick allt på det”, fnissade Märta glatt.

”Vad menar du?”

”När du följde mig och Elisabeth hem i morse tjatade du om att vi inte fick prata med någon om det som hänt. Så stöter vi på varandra här och du börjar prata om golfbanan direkt. Jag lovade att inte prata med någon om det, alltså inte med dig heller”, sa Märta och satte demonstrativt händerna i sidorna.

”Ja, du lurade mig verkligen”, sa Fredrik och betraktade leende Märta som i motljuset liknade en ängel med sitt silvergrå hår och långa ljusa kappa. ”Hoppas de andra är lika kloka som du. Men varför har du permobil?”

”Permobilen är väldigt praktisk när jag handlar. Jag har inget körkort, förstår du Fredrik. Lennart tyckte inte det var nödvändigt. Han sa alltid att fruntimmer inte hörde hemma i trafiken”, sa hon stilla.

”Det var det dummaste jag hört”, sa Fredrik upprört. ”Så du fick inte ta körkort för din man?”

”Nej, så var det. Men som du vet hade vi privatchaufför i alla år, så det var inte nödvändigt. Sedan, när flickorna blev stora och skulle ta körkort tog jag några körlektioner, men det blev inte till något tyvärr.”

”Men var har du fått permobilen ifrån?” frågade Fredrik nyfiket. ”Du verkar inte ha några krämpor.”

”Jag har artros i båda knäna och svullna fötter på kvällarna, men det är inget jag går runt och gnäller över. Den här har jag övertagit från Lennart. När han dog bestämde jag mig för att behålla den eftersom den inte kräver något körkort”, sa hon glatt. ”De sista åren var han mer eller mindre bofast i permobilen. Fyrtio år av representation och tjusiga middagar runt om i världen hade satt sina spår i hans kropp och diabetes och dålig blodcirkulation gjorde honom hjulburen. Det hela avslutades med att han under ett av sina otaliga läkarbesök föll omkull och dog på fläcken. Det var det bästa som kunde hända”, sa Märta och gjorde korstecknet och tittade upp mot himlen.

”Det låter nästan som om du ville bli av med Lennart”, sa Fredrik och tittade chockat på Märta.

”Jobba och representera var allt Lennart brann för. Han brydde sig inte så mycket om mig och flickorna. Hans uppfattning var att precis allt kretsade runt honom. Det blev väldigt tröttsamt med åren”, sa hon sorgset. ”Faktum är att jag känner mig lite pånyttfödd nu.”

”Jag vet att mamma sagt samma sak”, sa Fredrik eftertänksamt. ”Mamma och pappa var ofta ute på resor och jag och Ingela fick stanna hemma. En stor del av barndomen tillbringade vi med olika barnflickor.”

”Så ledsamt att höra. Var det därför ni flyttade hem till Egon?” sa Märta.

”Ja, det blev naturligt att vi flyttade hem till honom när det var dags för gymnasiet. Hos Egon har vi alltid känt oss välkomna och han har alltid ställt upp för oss."

"Ja, Egon är fantastisk. Måste ha varit jobbigt för din mamma att ni flyttade. Jag hade inte stått ut med att leva utan mina flickor."

"Mamma har tyvärr aldrig varit den moderliga typen", sa Fredrik med en axelryckning. "Hon älskade resorna och flärden som pappas jobb innebar. Men när pappa gick i pension som ambassadör tog det inte lång tid innan mamma tröttnade på att ha honom hemma för jämnan. Det visade sig att det enda de haft gemensamt under alla år var dessa eviga representationsmiddagar och mingeltillställningar. De stod knappt ut i varandras sällskap när det bara var de två. Lösningen blev att de separerade, men nu bor de grannar i Marbella och är varandras bästa vänner", avslutade Fredrik.

"Så borde vi också ha gjort", sa Märta fundersamt, "men det var ett stort steg att ta. Jag lämnade Lennart en gång, men han lyckades övertala mig att komma tillbaka", sa Märta och torkade bort en tår.

"Jag måste fråga dig en sak, Märta, som jag aldrig riktigt förstod. Ni bodde alltid här på somrarna förr och efter en sommar stannade du och flickorna här. Men sedan försvann ni och kom aldrig på besök. Hur kan det komma sig?"

"Det är trettio år sedan jag var i Falsterbo", sa Märta lågt.

"Men vad var det som hände?"

"Det var riktigt jobbiga år, Fredrik. De första åren när flickorna var små i Falsterbo var fantastiska. Närheten till havet, mamma och Elisabeth och alla goda vänner var underbart. Jag och Lennart verkade ha det bra utåt sett, men det var ett olyckligt äktenskap", sa Märta och lät oändligt sorgsen. "Men vi fick två kloka och vackra döttrar och vi fick se världen. Ungefär vart tredje år flyttade vi vidare till nya viktiga ambassadörsuppdrag. Jag tröttnade och berättade att jag ville skiljas. Jag och flickorna stannade i Falsterbo ett halvår och det var den bästa tiden i mitt liv." Hon log vid minnet.

"Men om det nu var så bra, varför flyttade ni då?" sa Fredrik förvånat.

"Jag förälskade mig i Ragnar och vi hade en kort romans, men det var andra tider då. Jag var hemmafru och hade ingen egen försörjning."

"Hur kunde jag missa det, att du och Ragnar var ett par?" sa Fredrik förvånat.

"Du var sjutton år, Fredrik. Sjuttonåriga pojkar har annat att tänka på", sa Märta med en blinkning. "Lennart och Ragnar var varandras raka motsatser. Ragnar var enkel, humoristisk och väldigt kärleksfull. Jag hade inte insett det tidigare men det kändes som om Ragnar var min själsfrände och jag var lyckligare än jag någonsin varit."

"Men jag förstår inte, varför lämnade du Ragnar om du kände så?"

"Jag var ekonomiskt beroende av Lennart som i sin tur behövde mig och flickorna som stöd i sin värld, så vi åkte helt enkelt tillbaka till honom och skilsmässan gick aldrig igenom. Sedan vågade jag inte åka hem av rädsla för att träffa Ragnar som jag lämnat på det mest skamliga sätt utan att ge honom en förklaring. Jag var i Sverige ibland och träffade Elisabeth och mamma men vi sågs aldrig i Falsterbo. Det vågade jag inte."

Fredrik tog Märtas hand. "Du måste verkligen berätta för Ragnar hur du känner."

"Ja, det ska jag absolut göra. Vet du om han träffat någon under alla dessa år?"

”Inte vad jag vet. Han hänger mest med Egon. Som han alltid gjort.”

”Men du då, Fredrik”, sa Märta nyfiket. ”Hur har du haft det?”

Fredrik suckade. ”Jodå, det har väl gått lite upp och ner. Jag jobbade många år som åklagare men gick in i väggen i höstas och är sjukskriven sedan dess. Separerade ungefär samtidigt. Just nu vet jag faktiskt inte riktigt vart jag är på väg. Närmar mig femtio, inga barn och det känns som om det inte har hänt ett dugg de senaste tio åren. Jag skulle nog behöva göra något helt annat. Hoppa fallskärm eller fotvandra i Tibet. Men jag lär väl inte hinna lämna Falsterbo innan Egon har ställt till med något igen”, sa han menande.

Fredrik släntrade motvilligt in på Torgboden. Både toapapper och mjölk var hjälplöst slut där hemma och även pålägget och fruktförrådet behövde fyllas på. Bröd behövdes inte, den saken ombesörjde Egon mer än gärna för honom. Han tog en korg och plockade ner det han skulle ha. Han nickade åt några bekanta ansikten och gick snabbt vidare mot kassorna. Han orkade inte prata med någon nu utan behövde komma hem för att i lugn och ro smälta de senaste timmarnas händelser.

Han var så trött att han hade kunnat luta sig mot godishyllan och somna på stående fot. Han rafsade till sig en chokladkaka och ett paket tuggummi i sista stund.

”Var det bra så?” Kassörskan, en söt tjej i de övre tonåren med pigga ögon, log vänligt mot honom och han rycktes ur sina funderingar.

”Ja tack, det var allt”, sa han artigt och lyckades prestera ett leende.

”Nu börjar snart invasionen av sommargäster”, sa den unga

kassörskan i ett försök till konversation. ”Det blir köer överallt, men det är ju samtidigt kul”, pladdrade hon på. ”Det blir mer liv och rörelse och så, eller vad tycker du?”

”Jo det är väl bra.” Fredrik avskydde när Falsterbo fylldes av turister och det var köer till allt, men ville inte verka gnällig. Han betalade och packade snabbt ner varorna i plastpåsen. Chokladen behöll han i handen.

”Hej då och ha en fin dag.”

”Tack du med.” Han styrde stegen mot utgången och kunde inte hålla sig utan öppnade chokladen och bröt av en stor bit som han girigt stoppade i munnen. Choklad hade en både lugnande och uppiggande effekt på honom och nöjt tuggande stannade han till vid affärens anslagstavla. Han stoppade in en stor bit till och tittade förstrött på allehanda hemskrivna och felstavade lappar som slogs om uppmärksamheten.

En tjej kunde passa barn för en billig peng. Ett företag erbjöd sig att putsa fönster med klarglansgaranti. En kvinna i Ljunghusen skänkte bort ett solarium med trasiga rör och någon sålde en såfa för hundra kronor. Hur svårt kan det vara att stava till soffa, tänkte Fredrik trött för sig själv. Plötsligt stelnade han till och tittade en extra gång på den skrynkliga lappen som var prydligt placerad mitt på tavlan. Tankarna snurrade för fullt i huvudet på honom när han för tredje gången med visst besvär läste den sirliga skrivstilen.

Silvrigt cigarilletui borttappat på Falsterbo Golfbana förmodligen vid hål två eller vid klubbhuset tidig morgon i dag den 15:e juni. Cirka 8 cigariller kvar. Hittelön utlovas. Ring mig Ragnar Persson 070-674 74 40

Fredrik slet ner lappen från tavlan och såg sig omkring. Herregud, skulle den här mardrömmen aldrig ta slut. Hur många kunde ha sett den? Han plockade upp mobilen ur fickan och knappade fumligt in Ragnars nummer.

Några signaler gick fram innan Ragnar svarade.

”Noll sju noll sex sju fyra sju fyra fyra noll.”

Fredrik kunde inte förstå vad det var med äldre människor och deras sätt att svara i telefon. Varför svarade de alltid med sitt nummer? Om man ringde visste man ju vilket nummer som man slagit.

”Hej Ragnar, det är Fredrik, jag såg en la…”

”Hallå är det du Egon?” avbröt Ragnar. Fredrik suckade och höll mobilen framför munnen och skrek in i luren.

”Det är inte Egon, det är Fredrik.”

Han sänkte genast rösten när han insåg att de två kassörskorna avbrutit all sin verksamhet och tittade förvånat på honom.

Han vände sig om och gick med snabba steg ut ur affären.

19

Borgmästaren

Lördag lunch den 15 juni, hemma hos borgmästaren

Huset var anspråkslöst och låg på Sjögatan inte långt från Falsterbo kyrka och museet. Doften av tång och saltvatten skvallrade om att havet inte var långt borta, men huset bjöd inte på någon havsutsikt. På uppfarten samsades en svart Mercedes-Benz modell större med en blå Volvo kombi modell äldre. Volvon stod prydligt parkerad, men var täckt av smuts som om den tillbringat dagarna på en motocrossbana. Mercan däremot var oklanderligt tvättad och blänkte i solljuset, men stod slarvigt parkerad. Längs med husets sidor löpte välansade rabatter. Här bor det någon som har gröna fingrar, tänkte Lisa avundsjukt. Uppfarten var tråkig men funktionell, med stora kvadratiska betongplattor som upptog större delen av husets framsida. Allt fullbordades av ett dubbelgarage som såg ut att ha kostat lika mycket som huset. Från den strama parkeringen lekte sig en gång i svart sjösten upp mot villan. Lisa misstänkte att det var kvinnan i huset som stod för de estetiska inslagen.

Mårten slog en extra lov kring Mercan och beundrade den längtansfullt. Med sin polislön skulle han möjligen kunna köpa en sådan lagom till pensionen. Fast då begagnad förstås.

”Det är en Mercedes-Benz CL och en ny kostar säkert en miljon”, upplyste han Lisa och strök ömt med handen över motorhuven.

”Det är ingen bebis, Mårten. Det är en bil.” Lisa log mot honom. ”Vad är det med er män och bilar?”

”Äh, nu generaliserar du. Bara för att jag är man betyder det väl inte att jag gillar bilar.”

”Nej men du är ju ett lysande exempel på att det är så i alla fall. Ska vi?”

Lisa gick de sista stegen upp mot det som hon förmodade var huvudingången. Hon satte ett pekfinger på ringklockan och hörde hur signalerna från klockan fortplantade sig in i huset.

De väntade en minut eller två, men inget hände. Mårten gick otåligt fram till dörren och tryckte in knappen ännu en gång. Med samma resultat som tidigare.

”Men vad tusan”, muttrade han. ”Vi hade ju bestämt att vi skulle komma nu.”

Just som han var på väg att trycka ytterligare en gång på dörrklockan kom borgmästarens fru gående mot dem, iklädd en enkel solklänning med gula solrosor mot brun bakgrund. Hon hade jordiga knän som skvallrade om att hon legat på knä i någon rabatt och på händerna bar hon färgglada trädgårdshandskar. En sjal i grälla färger samlade ihop håret och det var säkerligen praktiskt när man skulle arbeta i trädgården. Men snyggt var det inte, bedömde Mårten. Inte för att han var något modelejon, inte på långa vägar, men här gick väl ändå gränsen.

”Hej och välkomna. Jag hörde först inte ringklockan, är i trädgården och påtar med mina växter”, sa hon urskuldande. ”Följ med mig, vi kan gå denna vägen.”

På baksidan öppnade sig en hel oas av blommor i all världens färger, men trots färgexplosionen var det inte på något sätt pråligt utan stilfullt och välbalanserat. ”Åh vad vackert”, utbrast Lisa. ”Det känns som att ta ett kliv in i paradiset. Helt fantastiskt.”

Borgmästarens fru log stolt. ”Oh tack, vad glad jag blir. Ja, jag har ju så mycket tid att fördriva och Lars är sällan hemma. Och några barnbarn har vi tyvärr inte.” Lisa kunde inte undgå att lägga märke till ett stråk av sorg som drog över borgmästarfruns ansikte, men leendet var tillbaka på ett ögonblick. Hon krånglade av sig ena handsken och sträckte fram handen.

”Vi har ju inte hälsat ordentligt. Margit.”

”Jamen, nu känner jag igen dig”, utbrast Mårten. ”Du är ju en av damerna från församlingshemmet. Om jag inte missminner mig helt är det du som bakar de där himmelskt goda hallongrottorna. Jag hade ingen aning om att du var gift med borgmästaren.”

Margit log mot dem.

”Att jag är borgmästarhustru är inget jag går och skyltar med. Jag har haft min egen karriär att tänka på tidigare, som föreståndare på biblioteket i Vellinge. Numera är jag folkpensionär sedan ett par år och är inte så värst intresserad av att synas på bild i lokalpressen”, fnös hon föraktfullt. ”Jag föredrar mina blommor, det ger mer utbyte än alla dessa hemska vimmeltillställningar. Ja, och så håller jag i flera av församlingshemmets aktiviteter, så visst får jag dagarna att gå. Nej men som jag pratar på. Det var trevligt att prata med er ungdomar, men nu tror jag bestämt att jag går och hämtar Lars. Han mådde inte så bra, så han har legat hela förmiddagen och vilat i sängen. Jag har alltid sagt att han jobbar för mycket.”

Margit lämnade Mårten och Lisa och gick in för att leta reda på sin make. De slog sig ner i varsin korgstol och beundrade den fantastiska trädgården.

”Sämre kan man ha det.” Mårten sträckte på sig och vände sitt fräkniga ansikte mot solen.

”Ja, på sommaren finns det inget som Sverige”, slog Lisa fast.

”En kall bärs på det här”, smackade Mårten längtansfullt.

Margit återvände med en bricka med tre glas, en tillbringare med saft och ett fat med hallongrottor.

Mårten sken upp, fanns det något han var svag för så var det bakverk av alla de slag.

”Ja, jag antar att ni är törstiga. Det är fläderblomssaft. Hemmagjord”, tillade Margit stolt.

”Det blir toppen”, sa Lisa och fyllde upp med saft i alla glasen. ”Jag har inte druckit fläderblomssaft sedan jag var barn. Min mormor brukade göra det om somrarna och vi barn fick plocka blommorna. Detta är sommar för mig.”

Margit log och nickade instämmande.

Mårten, däremot, kastade lystna blickar på fatet med hallongrottor. Margit tycktes läsa hans tankar.

”Varsågoda och ta för er. Hoppas det ska smaka. Lars är på väg.” Hon lämnade dem för andra gången och återgick till sina blommor.

En blek och orakad borgmästare med rödsprängda ögon klev ut på terrassen. Han bar ljusa sommarchinos och en kortärmad skjorta i konservativt vitt med blå ränder som spände över magen. Ansiktet var fårat och framhävde näsan som var oproportionerligt stor. Han sträckte motvilligt fram handen och hälsade.

”Vad gäller det? Margit sa att ni var angelägna om att prata med mig nu på en gång. Jag hoppas att det är viktigt”, sa han gnälligt. ”Jag har egentligen inte alls tid med det här. Om ni visste hur mycket folk stör en på helgerna. Bara för att jag är borgmästare här i kommunen så innebär det inte att jag har någon form av jour dygnet runt. Hur skulle det se ut?”

”Nej, vi förstår det. Det här tar inte lång tid”, sa Lisa och log vänligt mot honom. ”Du var på Falsterbo Golfklubb i går kväll. Stämmer det?” sa Mårten.

”Vad är det för fråga? Jag har väl all rätt att vara och göra vad jag vill.”

”Svara bara på frågan, är du snäll”, sa Lisa bestämt.

”Ja, det stämmer, men varför i all världen vill ni veta det?” sa borgmästaren förargat.

”Här är det vi som ställer frågorna”, sa Mårten myndigt. ”Som i Jeopardy, fast tvärtom”, frustade han nöjt. Lisa himlade med ögonen. Borgmästaren såg bara förvirrad ut, men retirerade och satte sig uppgivet på ytterkanten av en Grythyttanstol som såg ny ut.

”Var befann du dig mellan klockan 22.00 i går kväll och 08.00 i morse?”

Margit, som satt på huk i rabatten, vände ivrigt på huvudet och la sig i förhöret.

”Det kan jag berätta. Kvällen tillbringade han på golfklubben och sedan sov han över hos Sven och Sophia. Silfverstolpes”, förtydligade hon nöjt.

Mårten och Lisa gav varandra ett hastigt ögonkast innan Lisa spände ögonen i borgmästaren.

”Hur kan det komma sig att du sov över hos familjen Silfverstolpe? Var det planerat?”

Borgmästaren såg besvärad ut.

”Margit, lämna oss för Guds skull i fred en stund”, sa han vresigt. ”Jag behöver få prata med ordningsmakten och vill få det här överstökat så fort som möjligt och då vill jag inte att du håller på och lägger dig i."

Margit knyckte på nacken och stegade förnärmat iväg.

Ordningsmakten? Vad var det för konstigt uttryck? Lisa log för sig själv. Det gjorde inte borgmästaren.

"Vad är det som pågår? Är det någon som kan förklara det för mig? Varför vill ni veta var jag sov i natt?"

"Sven Silfverstolpe påträffades död i morse", sa Lisa sakligt.

"Men hur? Vad menar du? Är han död?" Borgmästaren ryckte förfärat till.

"Ja, jag är hemskt ledsen. Han hittades på sitt kontor nu på morgonen. Jag pratade med restaurangpersonalen och de berättade att du var med på ett middagsmöte på golfklubben i går kväll. Jag har fått de uppgifterna bekräftade av ..." Hon kastade en snabb blick ner i sina papper "... Archie."

Borgmästaren drog en hand genom den närmast obefintliga frisyren och såg skakad ut.

Mårten blängde stint på borgmästaren.

"Som du förstår så har du lite att förklara här. Vi har redan pratat med Sophia Silfverstolpe och hon hävdar med bestämdhet att Sven inte kom hem under natten. Nu är frågan, återigen, var tillbringade du natten?"

Borgmästaren tycktes överlägga med sig själv för ett ögonblick.

"Jag var med på middagen och när de andra åkte hem tog jag bilen in till Malmö och gick på Casino Cosmopol", sa han kort.

Lisa tittade granskande på honom.

"Varför ljög du om det för Margit?"

"Hon tycker inte om att jag spelar och jag ville inte berätta det för henne", sa borgmästaren och skruvade på sig. "Jag har spelat bort en hel del pengar och har lovat henne att sluta spela."

"Det förstår jag mycket väl att du inte ville berätta för din hustru", sa Mårten konspiratoriskt. "Men vad gjorde du sedan? Kasinot har väl inte öppet hela natten?"

"Nej, de stänger klockan fyra på morgonen och då var jag inte i skick att köra bil hem. Hade tagit mig ett par järn och ville inte köra med sprit i kroppen. Jag sov några timmar i bilen på parkeringen och sedan körde jag hem."

"När kom du hem?"

"Jag vet inte så där helt exakt, men det var väl någon gång vid halvåttasnåret."

"Är det någon som kan bekräfta det? Margit till exempel?"

"Hon vaknade när jag kom hem, så hon kan bekräfta det."

"Är det någon som kan intyga att du var på kasinot?"

Borgmästaren tvekade. Lite för länge, noterade Lisa.

"Jag pratade inte med någon speciell, men vakterna känner igen mig. Jag småpratade också vid blackjackbordet med ett par personer, men det var inga jag kände."

"Okej", sa Lisa kort. "Vi kontrollerar dina uppgifter och hör av oss om det är något vi behöver komplettera med. Som jag nämnde har vi pratat med Archie och han berättade att det blev bråk och att några bröt upp tidigt från middagen. Enligt honom lämnade Delon och Sandén golfklubben tillsammans. Vilken tid var det?"

"Jag hade inte så noga reda på tiden, men det var efter tio i alla fall. Det där gamla gökuret som sitter på väggen i matsalen drog igång sitt skränande och det var nog strax efter det de gick."

"Vad gjorde ni tre som var kvar då?"

"Silfverstolpe gick ut för att slå några bollar, jag och Crona stannade på ovanvåningen."

”Slå några bollar? Hur kan det vara att han skulle ut och spela golf vid den tiden?” sa Lisa och kom på att hon missat att spela in förhöret och det verkade Mården också ha glömt, tänkte hon frustrerat. Hon plockade fram anteckningsblock och penna och gjorde några snabba noteringar.

”Det vet väl inte jag. Jag spelar inte golf själv, men jag vet att Silfverstolpe brukar gå ut och spela när saker inte går hans väg.”

Borgmästaren ångrade att han hade börjat ljuga och ville komma undan förhöret snabbast möjligt. Han tittade demonstrativt på klockan. ”Tar det lång tid, det här spektaklet? Jag har annat för mig.”

”Passar det inte så kan du komma in på stationen, så tar vi förhöret där”, sa Mården och spände ögonen i borgmästaren. ”Du inledde förhöret med att ljuga och nu benar vi ut det vi ska i den takt det tar.”

Borgmästaren sjönk ihop lite och Lisa plockade upp tråden igen.

”Har du någon aning om varför Silfverstolpe gick ut och spelade golf?”

”Nej, ingen aning. Tror mest att det var för att stämningen blev väldigt laddad efter bråket med Delon. Det var efter det som Silfverstolpe sa något om att gå ut och rensa tankarna med några hål golf. Ja, just så sa han”, tillade borgmästaren som var nöjd över att ha något att prata om som inte rörde honom själv.

”Varför bröt ni upp så tidigt?”

Borgmästaren harklade sig och lutade sig tungt tillbaka.

”Silfverstolpe beskyllde Delon för att ha gjort Sophia gravid. Delon i sin tur blev upprörd och berättade att han är homosexuell och verkligen inte skulle gå i säng med Silfverstolpes fru eller någon annan kvinna för den delen. Silfverstolpe fortsatte att gå på och var otrevlig mot Delon som blev helt vansinnig. Han och Sandén lämnade klubben tillsammans efter det."

"Varför beskyllde han Delon för det?" Lisa tuggade ivrigt på blyertspennans topp och fick små bitar av pennan i munnen. En gammal vana som var svår att bryta. Så fort hon hade en blyertspenna i handen slutade det med att hon satt och drog i sig halva pennan.

"Sophia väntar barn. När de andra två hade gått berättade Silfverstolpe upprört för mig och Crona att han låtit sterilisera sig för flera år sedan och därför omöjligt kunde vara pappa till barnet. Tydligen har Delon tillbringat en del tid hos Sophia när Silfverstolpe inte varit hemma."

Lisa antecknade frenetiskt och Mårten bytte till Lisas irritation spår.

"Archie nämnde även att ni hade ett bråk angående en tomt i Håslöv. Kan du berätta om det?"

Borgmästaren torkade av sig med en vit bomullsnäsduk i pannan och försökte anlägga ett förtroendeingivande leende.

"Teknikaliteter. Ursprungstanken var att vi skulle köpa loss mark vid golfbanan för att bygga ett kasino och hotell. Det gick inte riktigt enligt planerna kan man väl säga, så jag och Silfverstolpe löste det genom att köpa en tomt i Håslöv istället. Håslöv ligger mer centralt, närmare motorvägen är det också", försvarade han sig. "Hade vi bara fått tid att presentera projektet ordentligt för de andra hade de förstått att det var en lysande idé."

20

Highway to hell

Lördag lunch den 15 juni, hemma hos Ragnar

Fredrik satte sig försiktigt på den slitna pinnstolen som definitivt sett sina bästa dagar. Den knarrade oroväckande och kändes instabil som om några av benen var lösa på den. Trots att han känt Ragnar i alla år hade han aldrig varit hemma hos honom och han såg sig nyfiket om i det lilla köket. Väggarna var klädda med en djupröd tapet som pryddes av stora medaljonger och materialet såg ut att vara någon sorts sammet. De ljusblå årstallrikarna som fyllde väggarna skar sig kraftigt mot den tunga tapeten. Vid en snabb överblick räknade han till ett femtiotal tallrikar. De såg ut att vara upphängda på måfå och helt utan logik och avslöjade olika skånska orter som han förmodade att Ragnar hade besökt. Diskbänken var belamrad med disk som om ingen hade befattat sig med den på ett par veckor och tallrikar, glas och kastruller trängdes om utrymmet. En moraklocka i ljusbrun sliten fernissa tickade entonigt från hörnet där den stod inklämd bakom en dörr.

Ragnar slog glatt ut med armarna och log välkomnande.

”Känn dig som hemma.”

”Tack”, sa Fredrik matt. ”Jag skulle hälsa så gott från Märta förresten, jag träffade henne vid Torgboden.”

”Träffade du Märta?” sa Ragnar och Fredrik noterade roat att han rodnade.

”Ja det gjorde jag, och vi fick en lång pratstund.”

”Vad hade Märta på hjärtat?” sa Ragnar nyfiket.

”Vi pratade om lite av varje. Om dig till exempel.”

”Tror du hon vill träffa mig?”

”Det vill hon absolut”, sa Fredrik och klappade Ragnar på axeln. ”Jag tycker du ska gå över och prata med henne, ni har visst många år att ta igen, har jag förstått. Men inget om vad som hände på golfklubben”, förmanade han.

”Jag vet, det lovar jag. Borde jag gå nu på en gång?”

”Jag behöver prata lite med dig, men gå du sedan”, fick Fredrik hojta genom ljudet från stavmixern som Ragnar satt igång.

Ragnar ställde ner en tallrik på sin plats och en likadan framför Fredrik. Han gjorde en rullande gest med handen och bugade artigt mot honom.

”Du har tur, jag skulle precis äta lunch. Bånn Appetitt mån sjöur.”

Fredrik tittade på Ragnar med road min och sedan ner på sin tallrik. Vad i hela friden var detta? En gråvit vattnig sörja som såg ut som en blandning av löst potatismos och illa tillagad havregrynsgröt. På ytan flöt några små orangea bitar runt som han förmodade var morötter.

”Vad är det som serveras?” Han var inte säker på om han ville veta det.

Ragnar log och stoppade in en stor sked av sörjan i munnen.

”Jo du”, smaskade han. ”Det här är livets rätt. Fisksoppa à la Abba med morotsslantar. Billigt, nyttigt och närproducerat.”

”Fisksoppa?” Fredrik petade missmodigt runt med skeden i soppan utan att hitta tillstymmelse till fisk. ”Och vad står à la Abba för om jag får fråga?”

”Jo du”, skrockade Ragnar. ”Det är för att det är en burk Abbas fiskbullar som jag kör med stavmixern i exakt tio sekunder. Det blir en underbar konsistens, löst och fint. Som på den finaste fiskrestaurang.”

Fredrik sköt diskret ifrån sig tallriken. ”Men vad är närproducerat i det här? Fiskbullarna kommer väl från en burk?”

Ragnar pekade stolt med skeden mot fönstret.

”Titta där i blomsterlådan.”

Bakom de vita porslinsgässen som utgjorde någon form av dekoration i köksfönstret skymtade Fredrik blasten från morötter som stack upp ur den lilla blomsterlådan i plåt som var uppsatt utanför fönstret.

”Jag har precis ätit”, klämde han fram och försökte anlägga en beklagande min. ”Jag var förbi hos Egon och han hade bakat.”

”Jaja, skyll sig själv då”, sa Ragnar och drog Fredriks tallrik till sig. ”Dubbelt så gott för mig då. Jag har förresten problem sedan jag tappade min hörapparat på golfrundan. Egon ringde för en liten stund sedan och i telefon hörde jag nästan ingenting.”

”Jag vet”, suckade Fredrik, ”jag vet.”

Han plockade upp den lilla hörapparaten ur fickan och gav den till Ragnar som med van hand tryckte fast den på dess plats bakom höger öra.

”Tackar. Dig är det ordning på Fredrik, det har jag alltid sagt till Egon. Maken till fin grabb.”

”Men Ragnar, nu när vi pratar hör du allt jag säger. Hur kan det då vara att du inte hörde något i telefonen?”

”Jo, ser du Fredrik, höger öra är mitt telefonöra”, sa Ragnar som om det var den mest självklara sak i världen.

”Telefonöra?” sa Fredrik och skrattade. ”Det har jag aldrig tänkt på. Jag använder också alltid mitt högra öra när jag pratar i telefon.”

”Typiskt”, sa Ragnar besviket. ”Jag hör inte ett dugg bättre med den här. Den är nog trasig.” Han tog ur hörapparaten och la den på bordet bredvid sopptallriken.

”Den har ju legat i vatten, så det är inte så konstigt om den inte fungerar.”

Ragnar såg lite nedstämd ut och Fredrik tyckte synd om honom.

”Du kan säkert få ut en ny på försäkringen. Jag kan hjälpa dig med papperna till försäkringsbolaget om du vill.”

Ragnar sken upp. ”Vilken bra idé. Sådana här apparater är minsann inte billiga.”

”När jag var på Torgboden hittade jag den här”, sa Fredrik och la Ragnars lapp på bordet.

”Du såg den, vad bra. Har du hittat mitt cigarilletui också? Jag fick det av Märta för många år sedan och det är min käraste ägodel.”

”Nej, det gjorde jag tyvärr inte.” Fredrik ångrade för varje timme allt mer bittert att han över huvud taget svarat i telefonen när Egon ringt från golfbanan. Hädanefter skulle han inte svara när det ringde så tidigt. Vid den tiden på dygnet fattade man helt enkelt inte rationella beslut. Han tog sats. ”Hur många lappar har du satt upp och var?”

Ragnar pillade fram en cigarill ur en låda i köksbordet. Han tände den varsamt och tittade fundersamt upp i taket.

”Få se nu. Förutom den på Torgboden satte jag upp en på ICA i Skanör, en vid biblioteket och så en vid konsthallen.”

Han la pannan i djupa veck och funderade intensivt. ”Det var nog alla.”

Fredrik konstaterade frustrerat att han hade att göra en bra stund till.

”Är du helt säker på att du tappat etuiet vid golfbanan?”

Ragnar tog ett halsbloss och hostade till lite.

”Ja, det tror jag nog. När jag kom hem och skulle ta en cigarill var etuiet borta. Vi höll ju på med den där Silfverstolpe. Först i bunkern. Jag vet att jag tände en cigarill medan vi väntade på dig. Kanske lite opassande.” Han log urskuldande. ”Det var för att lugna mina nerver.”

”Sedan då?” Fredrik manade irriterat på honom. Dessa pensionärer, måste de alltid vara så omständliga?

”Få se.” Ragnar tog ytterligare ett halsbloss och kliade sig febrilt i håret. ”Vi körde i Silfverstolpes golfbil, sedan trillade han ur golfbilen och vi hämtade honom igen och sedan in på kont…”

”Stopp stopp stopp! Trillade Silfverstolpe ur golfbilen?” Det hade Egon inte nämnt något om.

”Ja han gjorde ju det.” Ragnar tittade skamset på honom. ”Egon körde och vi hade lagt Silfverstolpe där bak i bilen. Den här bilen var stor och där golfbagarna brukar ligga var det precis plats för Silfverstolpe. Plötsligt tvärnitade Egon och då ramlade Silfverstolpe ur bilen.”

Fredrik kom på sig själv med att hålla så hårt i bordskanten att hans knogar vitnade.

”Jag vill inte höra mer. Det räcker. Ni har ju fullständigt flippat ut där borta på golfbanan.”

Ragnar tittade olyckligt på honom.

”Det var inte alls meningen att det skulle bli så här. Vi var bara ute och spelade golf.”

”Highway to hell” drog igång i Fredriks ficka och avbröt Ragnar.

”Fredrik.”

”Hej Fredrik. Lisa här. Du måste komma ner till stationen nu på en gång.”

”Har det hänt något? Jag är upptagen just nu.”

”Detta bör du nog vara med på. Elisabeth är på väg hit och hon hävdar bestämt att hon har saker att berätta om Silfverstolpes död.”

”Elisabeth? Är hon på väg till polisstationen?” sa Fredrik stressat.

”Som jag sa”, fortsatte Lisa tålmodigt. ”Hon är på väg hit och har saker att berätta och vill absolut prata med dig.”

”Det här blir bara värre och värre.”

”Vad menar du nu?”

”Glöm det, jag kommer direkt.”

21

En trettiosjua punsch

Lördag eftermiddag den 15 juni, på polisstationen

Elisabeth kände dunsen när bilens högra framhjul slog emot trottoarkanten på Mellangatan. Detta berodde inte på punschen utan det var något som alltid inträffade när hon parkerade. Det hade resulterat i att fälgarna på hennes BMW ständigt var sönderskrapade och hennes mekaniker fick göra framhjulsinställning allt som oftast. Hon öppnade sin bag från Louis Vuitton och tog beslutsamt fram flaskan, skruvade av korken och tog några djupa klunkar. Elisabeth drack väldigt sällan och punschen var egentligen tänkt till torsdagens ärtsoppa.

Rakt framför henne tronade Skanörs medeltida kyrka. Här var Elisabeth både döpt och konfirmerad och skulle hon någon gång gifta sig, Gud förbjude, skulle det ske här.

På vänster sida låg det kombinerade församlingshemmet och polisstationen. Hon kunde inte för sitt liv förstå hur kyrkan plötsligt fått tillstånd att bedriva polisverksamhet, men Elisabeth antog att det hade något med Vellinge kommuns förctagarklimat att göra. Vad skulle komma härnäst? Kanske kunde kyrkan även driva Systembolag. Skanör hade inget Systembolag längre sedan det ett par år tidigare bommat igen och verksamheten flyttats till Höllviken. Elisabeth var nöjd med sin idé, den skulle hon minsann presentera för kyrkoherden vid nästa kyrkoråd. Kyrkan konsumerade säkert en icke oansenlig mängd nattvardsvin, så det borde passa deras verksamhet utmärkt, tänkte hon nöjt.

Elisabeth stod utanför och tvekade lite. Hon kikade in genom fönstret och insåg lättat att det verkade vara helt tomt på bottenvåningen som inhyste församlingshemmet. Polisstationen låg en trappa upp och Elisabeth hoppades innerligt att Fredrik skulle vara på plats. Hon kände på dörren, men konstaterade besviket att den var låst. Hon gick runt till andra ingången med adress Kyrkogatan och provade även denna dörr med samma nedslående resultat. Hon såg att ett fönster var öppet på andra våningen och bankade hårt och resolut på den blå dörren samtidigt som hon ropade ”hallå!”

Lisa stack ut huvudet och ropade glatt: ”Men hej Elisabeth, är du och Linnea redan här, vad kul! Jag kommer ner och öppnar på en gång.”

Medan Elisabeth väntade på Lisa läste hon på församlingshemmets informationstavla. Närmaste aktivitet på tur var måndagsbingo och på onsdagen var det bridge, medan torsdagen bjöd på öppet hus med ärtsoppa och föredrag av kulturföreningen Calluna.

Lisa slog upp dörren och såg till sin förvåning bara Elisabeth.

”Men, var är Linnea?” Hon sneglade över gatan mot den gamla prästgården och vidare längs kyrkomuren för att se om Linnea gömt sig för henne.

”Hon är med Märta”, sa Elisabeth. ”Får jag komma in?”

”Men vänta nu lite, vem är Märta?” sa Lisa oroligt.

”Min syster så klart.”

”Jag visste inte att du hade en syster.”

”Hon har bott utomlands i många år och kom hem i går”, sa Elisabeth som om det var det mest självklara i världen. Hon klev in genom dörren. När hon såg Lisas förfärade min, sa hon lugnande: ”Märta är van vid barn, de satt och ritade när jag gick så det går ingen nöd på Linnea.”

”Det hade varit bra om du frågat mig först innan du lämnar bort henne till främmande människor. Det är faktiskt min dotter”, sa Lisa stött.

”Nu är det ju inte främmande människor, det är min syster för Guds skull.”

”Elisabeth, vad gör du här?” Mårten såg sig om i Lisas rum. ”Och var är Sophia?”

”Hon är hos Märta”, sa Elisabeth kort. ”Det var ju väldigt vad ni frågar var alla är.”

Mårten tittade undrande på henne. ”Vad då var alla är? Jag frågade bara efter Sophia och det är väl inte så konstigt. Du lovade att ta hand om henne i dag. Och vem tusan är Märta?”

”Min syster”, sa Elisabeth med en suck. ”Men nu behöver jag er hjälp, var är Fredrik?”

Fredrik hoppade av cykeln i farten och lutade den slarvigt mot lyktstolpen utanför församlingshemmets entré. Han gick uppför den lilla trappan och precis när han skulle trycka ner handtaget öppnades dörren av Mårten.

”Hej Mårten”, sa Fredrik med andan i halsen. ”Vad är det som har hänt?”

”Fan, vad du ser blek ut”, konstaterade Mårten. ”Är du sjuk eller?”

”Jag sover dåligt och stressar livet ur mig”, sa Fredrik kort. ”Var är Elisabeth?”

Mårten nickade mot den stängda dörren till köket. ”Hon är där inne.”

”Så hon vill prata med mig om Silfverstolpe?”

”Jepp, och hon skulle absolut prata med dig, varken jag eller Lisa dög minsann”, sa Mårten förorättat. ”Enligt Lisa hade hon något att bekänna.”

”Okej, har hon sagt någonting till dig om vad hon ville bekänna? Eller om vad hon sett?” Fredrik kunde ha bitit sig i tungan. Vad hon sett? Hur kunde han vara så korkad. Han kände hur svetten trängde fram i pannan och torkade sig snabbt med baksidan av handen.

”Nej, hon sa att hon inte ville prata med någon annan än dig. Jag vet inte vad hon sett. Som du svettas, har du feber eller?” Mårten tittade oroligt på Fredrik. ”Jag har en febertermometer uppe i min skrivbordslåda, du får gärna låna den.”

”Det var ett himla tjatande om att jag ser sjuk ut. Nej, jag behöver ingen termometer, men tack för erbjudandet.”

Han drog igen dörren efter sig och hörde Mårtens steg försvinna uppför trappan.

”Fredrik, du kom, oh vad glad jag är att se dig.” Elisabeth slängde sig om halsen på Fredrik, som överraskat kramade om henne.

”Såja, Elisabeth. Vi pratar igenom det här i lugn och ro, du och jag.”

Han kände en stark söt doft som han förmodade var Elisabeths parfym.

”Jag kan inte sluta tänka på det. Vi måste berätta att det var Egon eller jag som dödade Silfverstolpe.”

”Ta det nu lugnt Elisabeth, du ska inte vara orolig.”

Elisabeth fumlade i sin rymliga bag och fick upp en trettiosjua flaggpunsch.

Nu förstod Fredrik vad det var hon luktade, det var en blandning av alltför mycket parfym kryddat med en sliskig punschdoft. Elisabeth förde flaskan till munnen och tog ett par snabba klunkar.

”Nej för sjutton.” Han slet flaskan ifrån henne.

”Snälla, bara en liten munfull till, det värmer och lugnar så skönt.”

Fredrik slogs plötsligt av tanken att som situationen var kunde det faktiskt vara en fördel att Elisabeth var lite berusad, då skulle hon förmodligen verka mindre trovärdig om hon nu pratade med Mårten eller Lisa. Det bar honom emot men han räckte tillbaka flaskan till henne.

”Du kan inte rusa in här på polisstationen och börja svamla om Silfverstolpes död. Kommer du ihåg vad jag sa om att ligga lite lågt?”

Fredrik förbannade sig själv som stod och bad ett vittne eller till och med en eventuellt skyldig att hålla tyst om vad hon sett eller gjort. ”Du får inte berätta om det här för någon. Förstår du det?”

Elisabeth tittade på Fredrik med gapande mun. För en sekund tyckte han att hon såg ut som en gammal engelsk drottning på Madame Tussauds. Nästan som gjord av vax där hon satt alldeles stilla. Han slog bort tanken lika fort som den dykt upp.

”Du måste tänka på dig själv och oss andra innan du börjar prata vitt och brett om vad som hände på golfbanan i morse.”

Elisabeth klippte med ögonen och Fredrik var inte riktigt säker på om hon lyssnat över huvud taget.

”Fredrik, jag måste prata med dig”, hojtade Mårten otåligt utifrån hallen.

Fredrik öppnade motvilligt dörren. ”Jag skulle gärna vilja prata klart med Elisabeth först.”

”Det här är viktigt, du kan ta Elisabeth sedan. Jag pratade med Holmgren och de är klara med sin första rapport.”

Fredrik lutade sig mot väggen och kände återigen svetten tränga fram så där onaturligt fort i pannan.

22

Faxen

Lördag eftermiddag den 15 juni, på polisstationen

Mårten sträckte på sig och det knakade till lite i nacken, så som det ofta envisades med att göra när han suttit stilla för länge. Han tittade ivrigt och spänt på faxen som knackigt spottade ur sig dokumentet från kriminaltekniker Holmgren.

Det vingliga träbordet som tjänstgjorde som skrivbord skakade och slog emot väggen. Han satte vant sin ena fot mot bordskanten och tryckte bordet in mot väggen så att skakningarna och ljudet från bordet upphörde.

”Men vad i herrans namn är det där?” Fredrik pekade på den stora grå lådan på Mårtens skrivbord.

”En fax så klart”, sa Mårten stolt och klappade på faxens ovansida. ”Här nere på Skanörs polishus är vi fullt uppdaterade med den senaste tekniken.”

Fredrik såg så paff ut att Lisa brast ut i skratt.

”Det är bara Holmgren som inte litar på datorer och vägrar använda mailen. Men det går ju bra så här med.”

Mårten studerade den enorma tavlan som prydde, eller snarare missprydde, ena väggen på hans kontor. Bilden föreställde

Jesus som stod och pratade inför en grupp män. Han funderade över varför alla Jesus lärjungar var män, men kom fram till att han inte hade en aning. Men det speglade väl samhället i stort, antog han. Alla dessa bolagsstyrelser som var överrepresenterade av män. Tavlan var däremot uppsatt av en kvinna, föreståndarinnan för församlingshemmet. I början hade han protesterat vilt mot tavlan, men då alternativet varit att dela kontor på bottenvåningen med tre vävstolar för damastvävning, hade han gett efter. Nu hade han och Lisa ovanvåningen någorlunda för sig själva och det var skönt att kunna stänga dörren om sig och få lite lugn och ro. Han stördes dock av gubbarna som sprang på toa stup i kvarten. Herrtoaletten var placerad på andra våningen, granne med Mårtens kontor. Tyvärr hade herrarna gjort det till en vana att alltid knacka på Mårtens dörr och vinka till honom när de passerade. Han tyckte det var idioti att göra dörrar med stora fönsterglas i. Likväl satt han där fånigt och vinkade tillbaka, han ville ju inte verka otrevlig. Han visste att några av gubbarna skojade om hans kontor och kallade det för dressinen. De frågade ofta om han var något brott ”på spåret”. De verkade inte förstå vikten av hans arbete.

Han hade planerat att sätta upp en rullgardin eller en plywoodskiva, men det hade aldrig blivit av under det halvår som han varit förvisad till Skanör.

Skanör Falsterbo församling hade gått back under en längre tid och inte lyckats få prästgården såld. Kyrkoherden hade kommit med det lysande förslaget att hyra ut församlingshemmets ovanvåning. Billund, som hade letat efter möjligheter att bli av med Mårten, hade nappat på annonsen. På så vis hade Skanör Falsterbo blivit med polisstation, Billund blivit av med Mårten och församlingen hade fått bättre ekonomi. Mårten var den ende som inte tjänat på arrangemanget, men honom hade ingen frågat. Billund hade dunkat honom i ryggen och pratat något om kortare pendelavstånd till jobbet nu när körkortet ändå var indraget. Men en framgångsrik mordutredning skulle få Billund och de andra höjdarna i Malmö att be på sina bara knän att få honom tillbaka. Detta var Mårten övertygad om.

Lisas kontor var betydligt större och hade fönster i tre väderstreck och utsikt mot den vackra kyrkan. Mårten tyckte att han borde ha fått det större kontoret eftersom han redan suttit i sitt lilla kyffe i snart ett halvår. Men nejdå, plötsligt när han kom tillbaka efter en ledig helg hade det röjts ordentligt i det stora rummet som sedan blev Lisas kontor. Han var säker på att det var Billund som arrangerat det hela så. Kontoret var stilrent och smakfullt inrett, med ljusa gardiner som ramade in fönstren. Ett konferensbord med åtta stolar och en liten sittgrupp stod i den ena delen av kontoret och det splitternya höj- och sänkbara skrivbordet var placerat i den andra delen. Lisas kontor var som klippt och skuret ur en inredningstidning, medan Mårtens kontor mer påminde om ett litet antikvariat som drevs i kyrkans regi.

”Det här är otroligt! Tänk, ett mord i Falsterbo och vi ska gripa den skyldige”, sa Mårten entusiastiskt.

”Eller de skyldiga”, fyllde Lisa i. ”Persson trodde ju att det krävts fler för att flytta Silfverstolpe.”

Mårten daskade till Fredrik hårt på låret. ”Nu ska det jobbas, eller hur?”

Fredrik rycktes ur sina tankar som var någon helt annanstans.

”Alltså, jag vill påminna er om att jag är sjukskriven.”

”Nja”, sa Lisa och tittade beklagande på Fredrik. ”Så enkelt är det tyvärr inte. Billund har uttryckligen sagt åt oss att vi ska rapportera till dig när det gäller utredningen av mordet på Sven Silfverstolpe."

"Vadå rapportera till mig? Jag är ju för helvete sjukskriven. Kan ingen respektera det?"

"Det där får du ta med Billund", sa Mårten snabbt och började ivrigt läsa innantill:

Brottsplats	Falsterbo Golfklubb
Datum	lördagen den 15 juni
Utredande kriminaltekniker	G. Holmgren/A. Persson
Närvarande poliser	M. Lind/L. Stark
Åklagare	F. Hjort
Rättsläkare	J. Pettersson
Dödsorsak	Kraftigt våld mot …

Längre hann Mårten inte innan Fredrik hastigt reste sig upp och avbröt honom.

"Jag måste ha något att dricka. Vill ni också ha?"

"Men vänta nu", sa Mårten förnärmat. "Jag är ju mitt uppe i en genomgång. Du kan inte bara avbryta så där."

Fredrik hade redan lämnat rummet och tog trappan ner i ett par kliv.

Han stannade utanför köket och försökte samla sina tankar. Bunkern, Silfverstolpe, Egon, Ragnar och damerna på golfbanan i gryningen, Silfverstolpes kontor, utredningen, golfbilen, lappen på Torgboden, Elisabeth som skulle erkänna. Fredrik kände att han var nära ett sammanbrott.

"Kommer du någon gång?" ropade Mårten efter honom.

Fredrik såg genom köksfönstret att Elisabeth satt på den lilla innergården med slutna ögon och ansiktet upp mot solen. När han öppnade kylen fick han syn på en flaska Ballantines som stod ovanpå kylskåpet. Att den över huvud taget fanns på polisstationen i Skanör berodde på att Mårten fått den av en av herrarna på församlingshemmet som tack för hjälpen efter att han spikat takpapp på en gammal fiskehodda i hamnen. Eftersom detta gjordes på tjänstetid hade Mårten tyckt att rätt skulle vara rätt och att flaskan tillföll polisstationen.

"Hur är det med dig?" Lisa som följt efter Fredrik tittade bekymrat på honom och plockade ut en cola ur kylen.

"Bra", sa Fredrik kort och tog en apelsinläsk och stängde snabbt kylskåpsdörren.

"Kan ni se till att komma nu så jag kan få läsa rapporten någon gång", ropade Mårten irriterat från ovanvåningen.

"Nu lämnar ingen rummet innan rapporten är uppläst", sa Mårten och slog näven i skrivbordet. "Var var jag nu?"

Lisa tog en klunk läsk. "Du var på dödsorsak."

"Just det, få se nu." Mårten letade bland raderna. "Där har vi det."

Fredrik bara väntade på orden. Dödsorsak: golfboll i huvudet. Han blundade och tog en stor klunk av apelsinläsken.

Mårten tittade på Lisa och Fredrik och läste sedan vidare.

"Dödsorsak: Kraftigt våld mot vänster tinning med trubbigt föremål. Material: förmodligen av metall."

Fredrik satte apelsinläsken i halsen och hostade till.

"Vad sa du att det stod? Säg det en gång till."

Mårten tittade på Fredrik och utbrast förargat: "Men kom igen nu, sitter du och sover eller? Kraftigt våld mot vänster tinning med trubbigt föremål. Förmodligen av metall."

"Har någon av er möjligen Holmgrens nummer?" Fredriks blick vandrade mellan Lisa och Mårten.

Lisa räckte frågande fram sin telefon.

”Här, det ligger inlagt på Holmgren.”

Mårten och Lisa tittade förvånat efter Fredrik som hastigt lämnade rummet.

”Det var ju själva fan! Vad har flugit i honom? Han verkar ju helt vimsig.”

”Jo, jag håller med”, sa Lisa fundersamt. ”Han är nog verkligen utarbetad och borde vara hemma och vila upp sig istället för att leda den här utredningen. Han är sig inte alls lik, verkar jättestressad och är helt blek.”

Fredrik hade gått nerför trapporna och ut på Mellangatan och gick nu fram och tillbaka på den lilla trottoaren medan han väntade på att Holmgren skulle svara. Precis när han var på väg att lägga på svarade kriminalteknikern.

”Holmgren.”

”Hej, det är Fredrik här. Vi har precis börjat gå igenom ert första utlåtande från brottsplatsundersökningen på Silfverstolpes kontor.”

”Har ni fått fatt i de skyldiga?” skorrade Holmgren på bred skånska.

”Va? Nej, vi har ju precis …”

”Jag skämtar med dig. Ni skrivbordspoliser har ingen humor.”

”Alltså, jag är inte polis, jag …”

”Är åklagare”, fyllde Holmgren i. ”Det vet jag väl för sjutton. Vad vill du? Jag är upptagen.”

Fredrik konstaterade att det var skönt att befinna sig tre mil från den vresige kriminalteknikern.

”Jo, det stod i rapporten att dödsorsaken var kraftigt våld mot vänster tinning.”

”Ja, enligt min bedömning. Men vi har inte fått den slutgiltiga rapporten från rättsläkaren än. Men jag brukar aldrig ha fel.”

Fredrik kände att det kunde komma fram fel men tvingade sig ändå att ställa frågan.

”Kan det vara en golfboll som dödat Silfverstolpe?”

Först blev det helt tyst och sedan hörde Fredrik ett bullrande som han förmodade var ett skratt.

”Och dig har Billund satt att leda utredningen! Har du sett en trubbig golfboll i metall någon gång? Golfboll, var fick du den befängda idén ifrån?”

”Det var bara en tanke”, sa en märkbart lättad Fredrik.

Holmgren blev med ens allvarlig och sa bestämt: ”Vi konstaterade nyss att du är åklagare och inte polis, än mindre kriminaltekniker eller rättsläkare. Du ska inte komma här med dina tankar om hur det kan vara. Läs min och rättsläkarens rapport när den är klar. Det är ett trubbigt föremål som ändat Silfverstolpes dagar och ingen golfboll som du kommit fram till i dina tankar. Möjligen en golfklubba. Nu låter du mig sköta mitt jobb, så sköter du ditt. Nästa gång förväntar jag mig något vettigare från dig.”

Fredrik lämnade med ett leende tillbaka mobilen till Lisa. Detta var det bästa besked han kunde få.

”Så, nu kan du fortsätta, Mårten”, sa han och la nöjt upp fötterna på skrivbordet och knäppte händerna bakom huvudet.

23

Fyrklövern

Lördag eftermiddag den 15 juni,
på polisstationen och hemma hos Egon

”Jaha du, Elisabeth”, sa Fredrik. ”Är du redo för en tur hem till Egon?”

Elisabeth suckade demonstrativt. ”Måste vi verkligen det?”

”Ja, jag förklarade ju för dig att jag ringt till honom, Ragnar och Märta. Vi ska ses hemma hos Egon och då kommer jag att gå igenom och sammanfatta dagens händelser innan ni avslöjat allt som hände i morse.” Fredrik drog efter andan. ”Du springer till polisen och ska bekänna saker, Ragnar sätter lappar i hela byn, Egon bakar till förbannelse och Märta tar hand om polisens dotter och änkan efter Silfverstolpe.” Fredrik kände sig helt matt bara av tanken på dagens turbulens.

”Jag kan väl inte ansvara för vad de där två gubbarna håller …”

Fredrik satte sitt pekfinger framför Elisabeths mun. ”Snälla, var bara tyst nu.”

Eftersom Elisabeth druckit punsch fick hon finna sig i att sitta på passagerarsätet. Fredrik pressade in sig på förarsätet och slog knäna i instrumentpanelen. ”Men Elisabeth, har du alltid stolen så här långt fram när du kör?" Han ryckte i spaken under sätet så att det flyttades till sitt bakersta läge.

"Ja", sa Elisabeth. "Jag sitter gärna så nära ratten som möjligt, det känns tryggare så."

"Vad har hänt med växelspaken, den är ju lös? Och varför parkerar du i femmans växel?"

Elisabeth himlade med ögonen. "Ibland hittar bilen inte rätt växel och då måste jag ta i lite extra. Eftersom jag körde i femman, så parkerade jag i femman", sa hon som om det var den mest självklara saken i världen.

Fredrik tittade förvånat på henne. "Du har inte funderat på att köpa en automatare nästa gång? För växellådans skull, om inte annat."

"Automatare? Det är väl inte att köra bil på riktigt?" fnös Elisabeth.

Fredrik trampade ner kopplingen och startade bilen. Lasse Berghagen skrålade ur högtalarna på högsta volym "han tog av sig sin kavaj, sparka av sig båda skorna". Fredrik ryckte förskräckt till och sänkte volymen.

"Jag älskar Lasse Berghagen", sa Elisabeth och fick något drömskt i blicken.

"Jag vet", sa Fredrik som många gånger fått utstå Lasse Berghagen ofrivilligt eftersom Elisabeth hade en tendens att spela honom på högsta volym. Och då bodde han ändå två hus ifrån henne. På vintern gick det an, men på sommaren när fönstren var öppna blev det ibland outhärdligt. "Det är kanske dags att köpa ny bil", fortsatte han. "Den skakar och drar kraftigt åt höger. Det verkar vara något allvarligt fel på styrningen."

"Köpa ny bil?" sa Elisabeth upprört. "Denna köpte jag för ett år sedan. Jag byter bil vartannat år, så den här tänkte jag allt behålla ett år till."

Fredrik tittade på vägmätaren som visade att bilen gått 732 km. ”Men hur kan din bil vara så sliten när den bara gått sjuttiotre mil?”

”Vad menar du? Det är väl inget märkvärdigt med det?”

”Men sjuttiotre mil på ett år är ju ingenting, kör du aldrig med den?”

”Jag kör nästan varje dag, till församlingshemmet och ICA.”

”Okej”, sa Fredrik tveksamt, ”men kör du aldrig lite längre sträckor?”

”Jag håller mig i Skanör Falsterbo, det räcker gott för mig. Jag skulle aldrig ge mig ut på vägar med hastighet över sjuttio kilometer i timmen. Folk kör så dåligt nu för tiden”, sa Elisabeth och höjde volymen på stereon.

Med tanke på hur hon behandlat sin bil och hur illa hon verkade köra skulle nog övriga trafikanter skatta sig lyckliga att de slapp möta henne och Lasse Berghagen i trafiken, tänkte Fredrik.

”Jag tog med mig Linnea”, sa Märta och kramade om Elisabeth. ”Jag ville inte lämna henne ensam. Hon sitter och tittar på film på ovanvåningen så länge.”

”Men var har du gjort av Sophia?” sa Elisabeth och såg sig om i Egons vardagsrum.

”Hon har gått hem igen, jag kunde inte ta med henne hit förstår du väl. Hennes bror är hos henne nu.”

”Tack Märta, vad glad jag är att du har flyttat hem”, sa Elisabeth tacksamt. ”Vad skulle jag göra utan dig?”

Det lilla soffbordet var dukat med koppar och assietter som Egon ärvt från sitt föräldrahem och en bukett med blommor från trädgården stod i en munblåst vas från Orrefors. Att den kom därifrån visste Elisabeth eftersom det var hon som en gång köpt den till Egon och det gladde henne att han använde den.

På den gamla skänken stod en tekanna i engelsk stil, en termos med kaffe, smör, ost och flera sorters marmelad. Ett stort silverfat var fyllt av kakor och i en korg trängdes kanelbullar med frallor och vaniljbullar. Doften av nybakat var ljuvlig.

”Herre min skapare, Egon. Har du bakat allt det där?” Elisabeth tittade förvånat på Egon.

”Ja, det har han”, avbröt Fredrik som hade fått nog av Egons bakande på morgonen. ”Ni kan prata bakbestyr sedan. Jag skulle väldigt gärna vilja att vi kommer igång nu.” Längre kom inte Fredrik innan Egon avbröt honom.

”Varsågoda, mitt herrskap. Tänkte att det kunde smaka med en fika.”

”Det ser underbart ut”, sa Märta och slog förtjust ihop händerna. ”Det är något särskilt med män som kan baka.”

Egon sken upp. ”Det är inga konstigheter, men det kräver så klart sin man.”

”Sin man”, fnös Ragnar. ”Baka är väl fruntimmersgöra.”

”Men Ragnar, så du säger”, sa Märta. ”Nu tycker jag att du låter omodern.”

”Det var inte så jag menade”, sa Ragnar som för allt i världen ville hålla sig väl med Märta. ”Självklart ska män också kunna baka, om de nu nödvändigtvis vill göra det.”

”Du kan ju låta bli att ta en bulle om det inte passar”, sa Egon stött.

Ragnar tog snabbt fram en assiett och gick fram till skänken och tog för sig av bakverken. ”Det ser fantastiskt gott ut Egon, du borde verkligen öppna bageri.”

Pensionärerna fyllde sina fat och lät sig väl smaka. Fredrik insåg att det var lönlöst att prata med dem innan de fått sitt kaffekalas överstökat. Han tackade nej till fika och sjönk utmattad ner i en fåtölj, slöt ögonen och somnade.

Tonerna från Beethovens ”Für Elise” studsade genom rummet och Fredrik vaknade med ett ryck. Vid flygeln satt Märta och Elisabeth och spelade fyrhändigt. Han såg sig yrvaket om i rummet, osäker på om han drömde eller var vaken. Egon såg han inte röken av, men Ragnar satt i soffan med ett fånigt leende på läpparna och betraktade kvinnorna vid flygeln.

”Så du tog dig en liten tupplur du Fredrik. Det gjorde du helt rätt i”, sa Ragnar roat.

”Jag har inte sovit”, sa Fredrik och kände sig fånig.

”Du satte dig i fåtöljen och har sovit som en stock de senaste två timmarna. Är sällskapet så tråkigt?” skrockade Ragnar.

Två timmar? Kunde han verkligen ha sovit så länge? Fredrik tittade på klockan och konstaterade att Ragnar hade rätt. ”Det har varit en lång dag”, sa han kort. ”Var är Egon förresten?”

”Han gick ut i köket, skulle fixa kaffegök till oss.”

”Kaffegök?”

”Ja, vi tänkte att vi behövde något stärkande. Det verkar du också behöva”, sa Ragnar och tittade menande på Fredrik. ”Ursäkta att jag säger det, men du ser för jävlig ut.”

Fredrik sa inte emot, om han såg ut som han kände sig hade Ragnar helt rätt.

Musiken klingade ut och det blev tyst i rummet.

”Spela något mer”, sa Ragnar uppmuntrande.

”Men ”Für Elise” är det enda stycket vi kommer ihåg”, sa Märta urskuldande. ”Men vi kan ta den en gång till om du vill.” Det ville Ragnar och damerna började spela igen. Vad Fredrik tyckte var det ingen som frågade om. Han var inte vidare musikalisk, men kunde ändå konstatera att det lät bedrövligt. Elisabeth verkade ha läst hans tankar.

”Flygeln är ostämd. Du får be Egon att boka tid med pianostämmaren. Har man en sådan här fin pjäs i sitt hem”, Elisabeth strök med fingertopparna över Steinwayen, "så måste man sköta om den."

"Det är inget fel på pianot." Egon dök upp med en flaska brännvin i handen.

"Flygeln", rättade Elisabeth.

"Jaja, vad du vill", sa Egon generöst. "Det är kanske så att det är ni som inte kan spela."

"Inte spela", fnös Elisabeth. "Flygeln behöver stämmas, det är det som är problemet."

"Vem vill ha kaffegök?" fortsatte Egon som inte hade lust att diskutera huruvida hans Steinway behövde stämmas eller inte.

"Kan ni vara snälla och bara sätta er och lyssna på mig nu. Ingen mer "Für Elise" och ingen kaffegök förrän vi gått igenom morgonens händelser på golfbanan. Jag har ägnat hela dagen åt att reda ut röran som ni ställt till med i dag."

"Förlåt Fredrik." Egon klappade brorsonen lätt på axeln. "Vi är idel öra."

"Ja förlåt då", suckade Elisabeth, "men jag kan faktiskt inte rå för att ..."

"Snälla, lyssna nu. Jag är helt slut och begär fem minuters tystnad från er så att jag kan få berätta i lugn och ro om hur läget ser ut. Är det för mycket begärt?"

De fyra pensionärerna nickade lydigt och såg skamsna ut.

"Så här är läget. Det positiva först. Kriminalteknikerna har lämnat en första rapport och Silfverstolpe har inte dödats av en golfboll. Han har blivit träffad i huvudet av ett trubbigt föremål, så det är inte ni som haft ihjäl honom. Såvida inte någon av er drämt till honom i skallen med en golfklubba av misstag och inte berättat sanningen för mig", la han till och tittade granskande på dem.

"Klart vi inte slagit honom i huvudet", sa Elisabeth förnärmat.

”När jag och Egon kom fram till bunkern låg han redan där.”

”Och jag och Märta var vid vattenhindret så vi har inte rört honom”, sa Ragnar snabbt.

”Det var den goda nyheten.” Fredrik såg lättnaden i deras ansikten.

”Då kommer den dåliga nyheten. Egon och Ragnar har flyttat på Silfverstolpe.”

”Vad har ni gjort?” Elisabeth förde förfärat upp handen till munnen. ”Har ni flyttat Silfverstolpe? Var är han nu?”

Märta satte ner sin kaffekopp med en smäll. ”Ragnar. Vad har ni gjort?”

Ragnar skruvade på sig. ”Jo du förstår, Märta. Egon tyckte synd om Silfverstolpe och tyckte inte att han skulle ligga i bunkern.”

”Men vart flyttade ni honom då?”

”Till hans kontor.”

Märta tittade skeptiskt på Ragnar. ”Till hans kontor? Men han måste väga hur mycket som helst.”

”Ja, han gjorde ju det”, sa Ragnar. ”Men Egon kom på att vi kunde köra honom i hans golfbil.”

”Golfbil?” Elisabeth tittade imponerat på de bägge herrarna. ”Så ni menar att ni två transporterade Silfverstolpe i hans golfbil och lämnade honom på kontoret?”

”Ja, vi gjorde det och sedan arrangerade vi det hela så att det såg ut som …”

”Ett rent helvete”, avbröt Fredrik uppgivet. ”Är det någon som har sett min påse från Torgboden? Jag ska hem och sova nu.”

”Det stod en sådan påse utanför min ytterdörr”, upplyste Ragnar. ”Men jag trodde det var mina sopor, så jag kastade den.”

24

Hobbymeteorologen

Söndag morgon den 16 juni, Falsterbo fyr

”Nu har vi knackat dörr längs med hela Södra och Norra Fågelsträcket och kollat av alla villor närmast golfklubben. Bara fem ynka personer var hemma”, sa Mårten uppgivet och tittade på de båda poliserna.

”Och ingen har sett ett skit”, fortsatte Lars Ek från Malmöpolisen. ”Märkligt ställe det här, var är alla människor?” sa han och tittade förbryllat på Mårten.

”Många av dem kommer ner till midsommar. Några först till Falsterbo Horse Show”, sa Mårten och dolde en gäspning i handen. ”Det är mest sommarhus”, la han till.

”Skämtar du?” Lars Ek tittade på honom. ”De här kåkarna är ta mig tusan flera gånger större än min villa i Staffanstorp och då har jag ändå tre ungar som alla har eget rum.”

Stina Larsson tittade förundrat på Mårten. ”Och här bor du bland alla dessa miljonärskåkar. Vad fint det är här, du är verkligen lyckligt lottad”, sa hon imponerat.

”Nja”, Mårten sträckte blygsamt på sig. ”Här är väl helt okej.” Han tyckte inte att han behövde informera dem om att han bodde betydligt modestare vid infarten till Skanör i en delvis renoverad sjuttiotalsvilla. Av någon anledning kändes det bra att Malmökollegorna trodde att han också bodde så här.

Mårten vände sig om och vinkade av polisbilen som svängde ut från Lyktekärrsvägen. Resultatet av dörrknackningen hade varit nedslående. Ingen hade sett Silfverstolpe sedan han i ilska lämnat sällskapet fredag kväll strax efter klockan tjugotvå. En dam på Preussiska vägen berättade att de bara var två åretruntboende i hennes kvarter, så det förklarade saken. Sommaren var fantastisk enligt henne eftersom orten levde upp, och hon gladde sig till midsommar då många av husen fylldes av sina semesterfirande ägare. Hon hade generöst bjudit in de tre poliserna i sin lummiga trädgård och serverat ostfrallor och kaffe. Den vänliga damen hade förtjust berättat att hon brukade hyra ut ovanvåningen till turister och hon erbjöd Malmöpoliserna att hyra billigt, självklart mot kvitto, skyndade hon sig att tillägga. Den äldre herren i det andra åretrunthuset var inte fullt så positiv. Han retade istället ihjäl sig på sommargästerna.

”Penningstinna, som bara kommer ner och suger ur det bästa av Skanör Falsterbo. Och någon skatt i kommunen betalar de inte heller”, förklarade mannen upprört. Han kunde inte förstå hur husen kunde få stå tomma året runt och Mårten fick höra en längre monolog kring detta innan Lisa lyckligtvis ringde och räddade honom.

”Hallå Mårten, vart tar du vägen?” sa hon otåligt. ”Jag står och väntar vid golfklubbens parkering. Vi sa klockan halv tio och nu är den kvart i. Du lovade att ringa om du blev sen.”

”Sorry, jag lånade en av ungarnas avlagda telefoner och den verkar inte klara av att ringa ut på, flera knappar är lösa och sjuan saknas, men inkommande samtal verkar fungera”, sa han nöjt.

”Varför har du inte din jobbmobil?”

”Den kollapsade, kan man väl säga”, sa Mårten svävande. ”Jag är hos dig om två minuter”. Han tryckte snabbt bort samtalet innan Lisa ställde fler frågor om hans havererade mobil.

”Hur har det gått? Var det någon som hade sett något misstänkt?” sa Lisa förhoppningsfullt.

”Inte ett dugg.” Mårten slog ut med handen. ”Sommargästerna har inte kommit än och de flesta husen står tomma.”

”Hur gick det för Ek och Larsson då?”

”Nix, inget napp där heller, de körde tillbaka till stan för en stund sedan.”

”Då har vi bara två ställen att kontrollera innan vi sticker vidare till Carl Delon. Kålhagen eller fyren först?” Lisa tog en stor bit på äpplet hon plockat fram.

Mårten tittade ut över golfbanan. ”Fyren, vi tar med cyklarna.”

De lämnade parkeringen och gick ut på grusvägen som slingrade sig ut mot fyren. Mårten fällde ner stödet på cykeln och tittade upp mot himlen.

”Ser du att molnen ligger högt? Titta på cirrusmolnen. Eller rättare sagt fjädermolnen.” Han pekade uppåt.

”Vad pratar du om? Fjädermolnen?” Lisa tittade frågande på Mårten.

”Ja, fristående moln i form av vita, fina trådar. Det ser ut att bli en fin dag.”

”Det ser jag också, himlen är blå och solen skiner”, sa Lisa med ett skratt.

”Jo, men titta på molnen”, envisades Mårten. ”De är helt fantastiska.” Han tog upp mobiltelefonen och lyckades till slut hitta kamerafunktionen.

”Jamen nu får du ge dig, fotograferar du molnen?”

"Ja, det är precis det jag gör", sa Mårten och knäppte av ett par bilder. "På datorn där hemma har jag min samling av molnbilder. Jag fotograferar moln när jag ser något som har det där lilla extra. Har nog en så där tvåtusen bilder."

"Menar du allvar, har du tvåtusen bilder på moln?"

"Nu för tiden tar alla selfies. Om folk bara kunde lära sig att lyfta blicken och titta mer på det fantastiska som finns ovanför oss. Jag har de mest otroliga bilder på moln. Makrillmoln, slöjmoln, böljemoln, skiktmoln, vallmoln, dimmoln, stackmoln, bymoln ..."

"Snälla Mårten, jag förstår, det är jätteintressant men kan vi fortsätta nu?"

Mårten fortsatte mala på utan att ta någon notis om vad Lisa sagt.

"Jag förstår mig inte på SMHI som kan ha så fel trots dagens teknik. Tänk om alla kunde leka runt så på sitt jobb och göra så många misstag utan att det blev efterföljder. Frugan tycker att de borde anställa mig. Hon säger att med mig i bild skulle svenska folket älska att titta på vädret", sa Mårten föga blygsamt.

Lisa tuggade frenetiskt på sitt äpple för att låta bli att skratta, hon förstod att han menade allvar.

"På sjuttio- och början av åttiotalet fanns det en jättepopulär meteorolog som hette Åsa Bodén på tv. Jag tror minsann att om jag bara fick chansen kunde jag bli tvåtusentalets manliga Åsa Bodén. Jag kan se rubrikerna framför mig och tänk ..."

"Hallå, skulle ni kunna flytta på er? Ni står i vägen."

Mårten såg två par i trettioårsåldern som stod ett tjugotal meter från dem och blängde irriterat på honom och Lisa.

"Det här är faktiskt en golfbana och ingen viloplats för cyklister", sa en långbent kvinna och viftade med sin golfklubba.

Stockholmsdialekten var spetsig och förnäm. Hon vände sig

mot en av männen i sällskapet som irriterat ropade: ”Se till att flytta på er så vi kan spelade vidare.”

Mårten betraktade intresserat det lilla sällskapet. Kläderna de bar var överdrivet färgglada, ungefär som om ett barn fått välja färgerna. Knallröda byxor på männen och färgstarka tröjor med en liten häst på bröstet. Kvinnorna bar korta kjolar, ärmlösa toppar och sådana där solskärmar som Frugan brukade använda på stranden. Alla fyra var brunbrända som om de nyss kommit hem från en tvåmånaders solsemester i Afrika eller tillbringat åtskilliga timmar i solarium.

Han tyckte de såg ut som ett litet cirkussällskap och väntade bara på att de skulle ta fram bollarna och börja jonglera.

”Ursäkta oss, men vi var faktiskt här först”, sa Mårten förargat, men insåg sedan att vägen till fyren märkligt nog verkade slingra sig rakt över golfbanan.

Den långbenta kvinnan puffade irriterat med klubban på den ena mannen i sällskapet. Mårten förmodade att det var hennes make.

”Leopold, säg till de där idioterna att flytta på sig.” Leopold skulle precis öppna munnen när Mårten halade fram sin polisbricka och stack fram den under näsan på kvinnan. ”Vi är klara om en minut. Det här är faktiskt en brottsplats”, sa han myndigt. Det lilla cirkussällskapet tystnade och såg till Mårtens belåtenhet riktigt imponerade ut.

Lisa läste på skylten ovanför den gröna trädörren som inramades av ett vackert stenvalv: ”Falsterbo fyr Byggd 1795”. ”Fantastiskt att tänka att den har stått här i alla dessa år. Tänk vad mycket den har varit med om”, sa Lisa andäktigt.

”Här har jag varit många gånger som barn och tittat på när de ringmärker fåglar. Visste du att området här även inrymmer en väderstation? En av tre bemannade i Sverige", förklarade Mårten.

"Det måste vara något för dig, Mårten Bodén", fnissade Lisa.

"Hej, kan jag hjälpa er med något?" En kortklippt kvinna i sextioårsåldern kom fram till dem och log välkomnande.

"Vi kommer från polisen", sa Lisa och visade sin bricka. "Jag heter Lisa och det här är min kollega Mårten."

"Polisen?" sa kvinnan förvånat. Hon presenterade sig och gav dem ett fast handslag. "Har det hänt något? Min man sa att det varit märkvärdigt lugnt på golfbanan hela dagen i går, och även nu på morgonen har det varit ovanligt stilla."

Lisa tittade ner i sitt block och fortsatte. "Golfklubbens ordförande Sven Silfverstolpe dog någon gång mellan fredag kväll och lördag morgon och vi misstänker att han blivit mördad."

"Mördad?" sa kvinnan och hennes blick vandrade oroligt mellan Mårten och Lisa.

"Ja, tyvärr är det så", sa Mårten lugnt. "Hörde eller såg du något ovanligt fredag kväll eller under natten mot lördagen?"

Kvinnan pillade på remmen till kikaren. "Vi är ute och gör vädermätningar var tredje timme dygnet runt. Fredag natt var det min man som hade nattpasset. Det är bättre att ni pratar med honom." Hon återvände med spänstiga steg mot det faluröda trähuset i fyrträdgården.

"Jag var som vanligt ute och gjorde mina vädermätningar klockan elva fredag kväll samt klockan två och klockan fem natten mot lördagen. Jag hörde att någon var ute och spelade golf sent på fredagskvällen, men det var inte något jag tänkte närmare på."

"Vet du vad klockan var då?" sa Lisa förväntansfullt. Kanske kunde detta vara ett genombrott i utredningen.

”Jag gick ut en kvart innan jag skulle göra mätningarna, alltså runt kvart i elva, och då hörde jag att någon var ute och spelade. Med jag tänkte inte närmare på det”, sa han urskuldande.

”Såg du någon?” manade Lisa ivrigt på.

”Nej, jag såg tyvärr ingenting är jag rädd. Ljudet kom bortifrån den sidan.” Mannen pekade bort mot buskaget. ”Som ni ser är det helt insynsskyddat, så tyvärr.” Han skakade beklagande på huvudet.

”Vad gjorde du efter mätningen?” undrade Mårten.

”Då gick jag raka vägen i säng och sedan sov jag som en stock till nästa nattpass. Vid de båda andra passen var det helt tyst på banan. Efter det tog hustrun över och jag gick och la mig för att sova och vaknade inte förrän hon väckte mig precis nu.”

Lisa och Mårten konstaterade besvikna att de inte fått något nytt att tillföra i utredningen. De tackade mannen för hjälpen, tog sina cyklar och gick vidare mot Kålhagen. Två hus låg inbäddade i grönskan mellan green på hål sex och utslag på hål sju. Mannen från fyren hade upplyst dem om att Kålhagen fått namnet av att tidigare fyrvaktare fått odla kål på fyrtomtens baksida. Lisa slutade aldrig att förvåna sig. ”Tänk att man kan bo på en golfbana, det är ju helt fantastiskt.”

”Jo”, sa Mårten. ”Som förälder vore det perfekt. Barnen som växer upp här tar säkert på sig cykelhjälm utan att protestera bara de ska ut och leka i trädgården.”

”Det var inte mycket vi fick med oss härifrån”, sa Lisa besviket. ”Kålhagen var lika igenbommat som de flesta andra husen här nere.”

”Vi fick i alla fall reda på att någon var ute på golfbanan strax innan klockan elva i fredagskväll. Det kan ha varit Silfverstolpe och det kan ha varit hans mördare”, sa Mårten.

”Förresten, Sophia ringde mig i morse och berättade att en av Silfverstolpes golfklubbor saknades.”

”Jaha”, sa Mårten ointresserat. ”Vi har fullt upp med att hitta Silfverstolpes mördare och att leta reda på en av hans borttappade golfklubbor känns inte som högsta prioritet.”

”Jag håller inte med dig. Senast Silfverstolpe sågs i livet var han på väg ut på golfbanan. Enligt vad Holmgren sa var det ett trubbigt föremål, förmodligen i metall, som tog livet av Silfverstolpe.”

”Ta mig tusan, här är vi kanske något på spåret ändå. Vilken golfklubba saknades?”

”En järnfemma”, sa Lisa och bläddrade ivrigt i sitt anteckningsblock. ”Kraftigt våld mot huvudet, stod det i rapporten. Det är förmodligen Silfverstolpes järnfemma som användes som mordvapen”, konstaterade hon.

”Där slog du huvudet på spiken”, utbrast Mårten energiskt. ”Hittar vi golfklubban, hittar vi säkert Silfverstolpes mördare. Nu gäller det att hålla ögonen öppna.”

25

Delon

Söndag förmiddag den 16 juni, hemma hos Delon

Mårten och Lisa ställde sina cyklar framför entrén till Falsterbohus och Lisa beundrade byggnaden. ”Kolla det där tornrummet, tänk att bo så.”

Mårten backade för att få en bättre överblick. Han la märke till att det löpte en stor takterrass på vänster sida i anslutning till tornhuset.

”Det kan inte vara billigt att bo här”, sa han avundsjukt.

”Hallå där, är det era cyklar?”

De vände sig om och såg en man i sextioårsåldern som var iklädd ett par gräsligt lila bermudashorts. På överkroppen bar han en uppknäppt röd munkjacka som skrek PUMA med gröna stora bokstäver och runt hans breda hals hängde en tung guldkedja. Mannen hade en mustasch som täckte halva ansiktet och fick Mårten att tänka på en valross. Bredvid mannen stod en ung yppig kvinna i tajt vit klänning. Mårten hade aldrig sett någon med så stora bröst. De såg ut som två fotbollar och hade säkert kostat mer än hans nybyggda uterum. Ögonfransarna var så långa att när hon blinkade kunde han nästan känna hur det fläktade. Det måste vara hans dotter, tänkte Mårten.

”Nå, är det era cyklar?” Valrossen lät irriterad.

”Ja, det är våra cyklar”, svarade Lisa och log mot paret. ”Vi ska bara …”

”Se till att flytta på dem. Vi firar ettårig bröllopsdag i dag och väntar folk vid lunchtid och då kan de inte stå här och skräpa.” Valrossen la armen om den unga kvinnan.

Mårten och Lisa tittade förvånat på varandra när de förstod att kvinnan var hans fru. Hon såg ut att vara minst trettio år yngre än han.

”Visst, vi ställer dem här vid sidan.” Lisa gick mot sin cykel.

”Förresten, ni råkar inte veta var Carl Delon bor?” sa Mårten.

Valrossen granskade föraktfullt Mårten uppifrån och ner.

”Jo, det vet jag”, svarade han kort.

”Skulle du kunna visa oss?”

”Varför skulle jag visa er det? Vad vill ni honom?”

Lisa, som nu flyttat båda cyklarna, gick fram mot Valrossen. ”Vi ska träffa honom.”

”Ska ni träffa honom borde ni väl för helvete veta var han bor.” Valrossen skrattade så mustaschen fladdrade. ”Vad fan tror ni. Ser jag ut som en guide på Falsterbohus som visar var alla bor? Jävla idioter.”

Lisa hade god lust att trycka upp polisbrickan i ansiktet på honom, men valde att inte göra det. Hon ville inte att det skulle börja skvallras om att polisen var här.

Valrossen drog sin unga hustru intill sig och stegade rakt förbi Mårten och Lisa. Paret försvann in genom entrén. Genom glaset i dörren kunde de se hur han tog ett stadigt grepp om hennes rumpa med sin högra hand och klämde till rejält.

Delon satt nedsjunken i en lattefärgad skinnfåtölj som såg exklusiv ut. Hans mörka hår var omsorgsfullt bakåtkammat med hårvax och han bar en mörk, lite svagt blåglänsande kostym med en passform som tydde på att den var skräddarsydd. En liten knubbig vit mops, som han presenterade som Edith, sov i hans knä och i handen höll han en konjakskupa som han nonchalant hanterade med cirkulerande rörelser. Lisa kom att tänka på en Hugo Boss-reklam.

När hon höjde blicken upptäckte hon att Delon leende iakttog henne. Hon kände att färgen steg i ansiktet. Delon blinkade åt henne. Lisa harklade sig och fortsatte.

”Vi är alltså här angående Silfverstolpes plötsliga dödsfall.”

”Det är ju förfärligt.” Delon såg uppriktigt tagen ut.

”Som sagt.” Lisa tog upp tråden igen. ”Silfverstolpe påträffades död på sitt kontor på golfklubben i går morse och du var en av de sista som såg honom i livet.”

Delon tryckte den lilla hunden mot sitt bröst och såg förtvivlad ut.

”Jag kan bara inte förstå det. Silfverstolpe verkade kärnfrisk i fredags kväll.”

”Vissa saker tyder på att han blev mördad.”

”Men herregud. Vem skulle ta livet av honom?”

”Det är just det vi försöker ta reda på. Som sagt, du var en av de sista som träffade Silfverstolpe och vi vill gärna att du berättar om hur du upplevde kvällen.”

”Jag skulle behöva låna toaletten”, avbröt Mårten och reste sig plötsligt ur soffan. Han tänkte att han skulle passa på att snoka runt lite på egen hand och se om han kunde hitta Silfverstolpes försvunna golfklubba.

”Längst bort i hallen, dörren bredvid entrén.” Delon nickade för att visa Mårten vart han skulle gå. ”Det är ett hjärta på dörren.”

När Lisa följde Mårten med blicken fastnade hennes ögon

på en djävulsliknande röd staty som tronade groteskt på en piedestal i hallen. Hon konstaterade till sin förfäran att Mårten hängt sin blekgula sommarjacka på statyns fallos som stolt pekade rakt upp mot den lilla kristallkronan som prydde hallens tak. Hon hoppades innerligt att Delon inte upptäckt fadäsen.

Det hade han inte, utan satt med slutna ögon och skakade bekymrat på huvudet. Han släppte försiktigt ner Edith på golvet.

”Vad vill ni veta? Ställ era frågor och jag lovar att svara så gott jag kan på dem.”

Lisa plockade upp sitt lilla block och en vältuggad blyertspenna ur väskan och satte mobilen på inspelning.

”Jag är väl inte misstänkt på något sätt?” Delons blick vandrade oroligt mellan Lisa och mobiltelefonen.

”Nej då, detta är bara ett inledande och förutsättningslöst samtal. Vi pratar med alla som var med på kvällen”, sa Lisa lugnande.

Delon reste sig ur fåtöljen och gick bort till en överdimensionerad jordglob som stod på elfenbensfärgade ben i hörnet vid fönstret. Han öppnade norra delen av klotet, plockade ut en flaska konjak och fyllde med darrande hand på sitt glas. Han dinglade med flaskan mot Lisa. ”Vill du ha ett glas?”

”Nej tack”, sa Lisa och vinkade avvärjande med handen. ”Jag dricker inte i tjänsten.” Gårdagens öl med Archie hade varit ett undantag och hon gissade att detsamma gällde för Mårtens punschdrickande hos Elisabeth.

Delon hämtade istället en karaff vatten och ett par glas och ställde på bordet.

Mårten kom nonchalant släntrande tillbaka och sjönk ner i soffan. Han hade till sin besvikelse inte hittat någon golfklubba, men däremot hade han imponerat räknat till trettiotalet kostymer i Delons garderob.

”Tack så mycket, precis vad jag behövde.” Mårten hällde upp vatten till sig själv och Lisa. Delon tog en rejäl klunk av konjaken och började berätta om kvällen.

Delons berättelse överensstämde med de andras och tillförde inget nytt, men Lisa la märke till att han undvek att prata om Silfverstolpes anklagelser mot honom själv. Om det var av finkänslighet mot Silfverstolpe eller ett medvetet val för att inte bli misstänkt, det visste inte Lisa och det bestämde hon sig för att ta reda på.

”Vi hörde att Silfverstolpe beskyllde dig för att ha legat med hans fru. Har du gjort det?”

”Nej, verkligen inte.” Delon såg förfärad ut. ”Jag är homosexuell och har pojkvän sedan många år. Silfverstolpe beskyllde mig för att ha haft en relation med hans fru, men det är helt befängt.”

”Vad grundade Silfverstolpe de anklagelserna på?”

”Silfverstolpe hade hört av en granne att en man i kostym varit och besökt Sophia vid flera tillfällen när han inte var hemma. Tydligen hade någon av de boende på gatan känt igen mig. Det är väl det man kallar grannsamverkan”, sa Delon med ett blekt leende.

”Hade ni en relation?” Mårten tittade ivrigt på Delon.

”Men snälla du, jag har inget intresse alls av kvinnor på det viset och jag kan försäkra dig om att jag aldrig haft en relation med Silfverstolpes fru.”

”Men vad gjorde du hemma hos Silfverstolpe? Du förnekar inte att du varit där?”

”Nej, jag har varit där, men inte i det ärende Silfverstolpe och ni två tycks tro. Jag har ett företag som designar och bygger vinkällare av yppersta kvalité, med franska viner från framför allt min släkts vinslott i Frankrike. Sophia kontaktade mig för att jag skulle bygga upp en vinkällare åt Silfverstolpe. Det skulle vara en överraskning till hans sextioårsdag."

"Kan du styrka det du säger?" Lisa studerade Delon noga.

"Visst, på kontoret ligger alla projekt som jag jobbar med just nu och annars kan ni kolla med Sophia. Jag hämtar papperna på en gång."

Delon återvände med en blå mapp med texten "Silfverstolpes vinkällare" och räckte över den till Mårten. "Varsågod, här finns allt."

Mårten öppnade mappen. "Här var det ordning och reda", sa han uppskattande och började gå igenom innehållet.

Delon slog sig återigen ner i fåtöljen mitt emot Lisa.

"Okej, Silfverstolpe anklagade dig för att ha en relation med Sophia, vad hände sedan?"

"Jag förklarade att jag är homosexuell och inte är intresserad av kvinnor."

"Berättade du om vinkällaren?"

"Nej, det kunde jag ju inte, jag hade en överenskommelse med Sophia att inte avslöja det. Silfverstolpe vägrade tro på mig och plötsligt var det full kalabalik. Han skrek och gormade och bar sig illa åt. Kvällen var förstörd och vi bröt upp."

"Vem bröt upp?"

"Jag och Sandén lämnade klubben tillsammans."

"Vet du var Silfverstolpe var då?"

"Han var nog på väg ut på golfbanan", sa Delon svävande. "Inte vet jag."

"Såg ni inte honom mer?"

”Nej. Jag och Sandén hade sällskap till Falsterbohus och sedan fortsatte han vidare hemåt.”

”När var du hemma?”

”Tio, halv elva tror jag. Hade ingen vidare koll på tiden. När jag kommit hem och slagit upp en konjak ringde telefonen och jag pratade en stund med min pojkvän som flyger hit från Paris i morgon. Sedan när jag kom hem igen tog jag en konjak till innan jag gick och la mig. Har ni någon gång svårt att somna så prova att ta en rejäl konjak, det gör underverk.”

Lisa tittade fundersamt ner i blocket.

”Men du var ju redan hemma, sa du.”

”Ja det var jag, men sedan gick jag ut med Edith på vår lilla kvällsrunda.”

”När gick du ut?”

Delon kliade sig i huvudet och tittade på Edith.

”Tja vid, vet inte riktigt, kvart i elva eller elva kanske.”

”Och du kom hem?”

”Ja, cirka en halvtimme senare tror jag.”

Mårten räckte över mappen till Delon. ”Nu har jag kollat upp dina papper och det är ingen tvekan, Silfverstolpe skulle ha fått en fantastisk vinkällare.”

”Det blir väl inte mycket med den nu”, sa Delon sorgset.

Mårten och Lisa stod vid sina cyklar när Delon öppnade ett fönster och lutade sig ut.

”Jag kom på en sak”, hojtade han. ”Jag såg borgmästaren komma körande i full fart när jag var ute med Edith på hennes morgonrunda i går. Han såg mig inte och var nära att köra på min lilla älskling.”

Lisa vände sig upp mot fönstret. ”När var det?”

”Jag gick ut i badrock, brukar inte springa på någon så tidigt, men det var nog vid sju, halv åtta gissar jag. Inte helt vaken vid den tiden", sa han urskuldande.

"Är du helt säker på att det var borgmästaren?"

"Jadå, det var borgmästaren. Det är bara han här nere som jag vet kör en svart Mercedes-Benz CL. Han skulle aldrig låna ut bilen till någon, den är hans ögonsten. Därför blev jag förvånad när han körde så fort och rent av vårdslöst. Han brukar vara så försiktig med den och ska någon åka med så sägs det att han lägger handdukar eller filtar på sätena. Det var precis där han höll på att köra på stackars Edith." Delon pekade bort mot Fyrvägen som ledde till Falsterbo Golfklubb.

26

Crona

Söndag förmiddag den 16 juni, hemma hos Crona

Mårten studerade ingående tavlan och tyckte sig ha sett motivet tidigare. ”Är det från hennes bok? Vad är det nu hon heter?” Han knäppte ivrigt med fingrarna. ”Nu vet jag, det är Elsa Beskow. Min dotter älskade hennes böcker när hon var liten. Hon hade en sådan här bild ovanför sängen i sitt rum.”

”Du är ingen vidare konstkännare du?” Crona tittade roat på Mårten. ”Elsa Beskow. Jag hoppas att du driver med mig.”

”Nej, varför skulle jag göra det?”

”Det du ser framför dig är en äkta Carl Larsson. Den första jag köpte”, sa Crona stolt.

”Carl Larsson? Men han gjorde väl inga barnböcker?”

”Barnböcker?”

”Ja, han var väl konstnär”, fortsatte Mårten.

”Ja, så klart”, sa Crona. ”Det var du som började prata om barnböcker. Allt jag har på väggarna är från ABC-konstnärerna. Inget Elsa Beskow här inte.”

Lisa tittade förbluffat på Crona. ”Jag trodde bara de hängde på museum. Anders Zorn, Bruno Liljefors.”

”Och Carl Larsson”, fyllde Mårten i. ”De är ju svindyra. Läste nyligen i tidningen om en konstsamlare som köpt in en Anders Zorn för åtskilliga miljoner."

"Den hänger där", sa Crona och pekade stolt på väggen bakom dem. "Det här är min personliga favorit där Zorn briljerar med sin akvarellteknik. Titta på stämningen och hur han lyckas fånga ljuset och rörelserna i vattnet. Kvinnan på bilden är hans hustru Emma och man riktigt ser hur kärleksfullt han målat av henne." För en stund förlorade sig Crona i en lång utläggning om de tre konstnärerna. Lisa och Mårten lyssnade fascinerat på honom.

"Vad jobbar du med?" Mårten tittade imponerat på Crona.

"Arkitekt. Jag och min hustru har en arkitektfirma. Hur så?"

"Nej, jag bara undrade." Mårten bannade sig själv att han inte blivit arkitekt.

"Vad fint ni har det." Lisa såg sig omkring. Skyhögt i tak, gigantiska fönster och smakfulla möbler. "Det verkar gå bra för er arkitektfirma. De här husen med strandtomt måste vara dyra."

"Det är helt rätt noterat av dig. Vi är lyckligt lottade som får bo så här." Crona slängde upp fötterna på en fotpall och lutade sig bekvämt tillbaka i den vita skinnsoffan. "Slå er ner." Han tände omsorgsfullt sin pipa och drog iväg några perfekta rökringar som vackert seglade iväg mot taket.

Han bar en tunn svart polotröja och svarta byxor i cigarettmodell. Lisa noterade roat att hans kala hjässa blänkte i solljuset som strilade in genom de stora panoramafönstren.

"Innan vi börjar hämtar jag något kallt till oss att dricka. Blir Perrier bra?"

"Ja tack", svarade Mårten och Lisa unisont. Mårten hade inte en aning om vad Perrier var. Han hade för sig att det var en hundras, men valde att inte fråga.

”Vem skulle önska Silfverstolpe död? Jag ser ingen logik i det.” Crona tog ett djupt bloss och tittade undrande på Lisa.

”De här pengarna ni investerade.” Lisa tittade hastigt i sina papper. ”Tre miljoner var, som bland annat gått till en tomt i Håslöv, vad känner du för det?”

”Med risk för att låta förmäten, tre miljoner är inte mycket pengar för mig.” Crona tittade urskuldande på dem.

”Vad tyckte du om att pengarna investerades i tomten i Håslöv istället för i Falsterbo?” fortsatte Lisa.

”Helt ärligt är jag inte ett dugg intresserad av att rita ett kasino som ska uppföras i Håslöv, och det förklarade jag tydligt både för Silfverstolpe och borgmästaren. Hela drivkraften för mig när det gällde kasinot var att sätta Falsterbonäset på kartan. Jag hade tidigare påtalat att det skulle bli svårt om inte omöjligt att få igenom bygglovet vid golfklubben eftersom det är naturskyddsområde, men de sa sig sitta på de rätta kontakterna. Själv föreslog jag den tidigare badhyttstomten vid hamnen i Skanör, men det fick jag inget gehör för.”

”Vem blev mest upprörd över investeringen i Håslöv?”

”Det vet jag faktiskt inte. Det blev som ni redan vet en livlig diskussion kring det och de andra har inte samma ekonomiska resurser som jag. Sedan kom bråket om vem som gjort Silfverstolpes hustru gravid och Delon blev beskylld för både det ena och andra. Då bröt vi upp.”

”När lämnade du golfklubben?”

”Det var någon gång vid ett på natten, har jag för mig. Inte helt säker på tiden tyvärr. Ni kan stämma av med Archie, vi lämnade klubben tillsammans.”

”Vem var kvar när ni gick?”

”Vi var sist ut från klubbhuset.”

”Så ni såg inte Silfverstolpe?”

”Nej, han gick ut på golfbanan strax efter att Delon och Sandén gått hem. Vi såg aldrig Silfverstolpe komma tillbaka.”

”Gick borgmästaren också hem före er?”

”Det förmodar jag. Han var kvar på ovanvåningen när jag gick ner till Archie. Jag och Archie satt en stund på hans kontor och pratade och sedan fixade han några mackor till oss i köket. När vi gick upp för att spela biljard var borgmästaren borta och jag såg inte honom mer. När vi gick hem stod hans bil på parkeringen, så jag antar att han promenerade hem.”

Lisa gjorde en notering i papperna. Det fanns en del frågetecken att reda ut med borgmästaren.

”Kan någon bekräfta när du kom hem?” frågade Mårten.

”Jadå, Gun, min hustru alltså, satt uppe och jobbade. Vi är mitt i ett anbudsförfarande för ett stort byggnadsprojekt i Berlin och det satt hon och räknade på.”

”Var befann du dig i går morse?” undrade Lisa.

”Trots att det blev sent i fredags lämnade Gun och jag Skanörs hamn redan vid åttatiden. Vi var ute och seglade hela dagen. Vi gör ofta det när vi är lediga och vädret tillåter, det är en sådan frihet ute på havet och det främjar kreativiteten.”

”Vart seglade ni?” inflikade Lisa.

”Vi seglade till Nyhavn och åt en god lunch. En tallrik med handpillade räkor på mörkt bröd och en kall Tuborg till det.”

”Är din hustru hemma nu så vi kan få ditt alibi bekräftat?” undrade Mårten ivrigt. Han ville inte missa chansen att snoka runt lite i Cronas palats.

”Ja, hon är uppe på tredje våningen. Om du går ut i entrén där ni kom in finns det en hiss som leder direkt upp till ateljén och våra kontor.”

”Wow”, sa Mårten imponerat. ”Har ni hiss? Själv har jag bara furutrappa.”

”Vi har många otympliga konstruktionsmodeller som behöver transporteras på vagn och då underlättar det med hiss. Och för den delen har vi en hel del internationella kunder och då känns det mer professionellt med hiss än att låta dem springa i trappan.”

Det fick Mårten medge och han konstaterade att Sten Crona definitivt spelade i en helt annan division än han själv.

27

Sandén

Söndag eftermiddag den 16 juni,
utanför polisstationen och hemma hos Sandén

Det är något visst med slöa söndagar, tänkte Lisa, för att sekunden senare slås av tanken att hon faktiskt haft fullt upp hela dagen. Hon tittade på mobilens klocka och konstaterade uppgivet att Mårten var sen som vanligt. När de var klara hade hon lovat Linnea att de skulle äta pizza ihop med Elisabeth och Märta och sedan ta ett kvällsdopp. Det var sådana här dagar hon saknade Mattias mer än någonsin. Hon lät varsamt fingrarna glida över den lilla tatueringen hon hade på insidan av vänstra handleden. Ett enkelt hjärta, det var allt. Mattias hade alltid ritat hjärtan när han skrev små kärleksfulla lappar till henne. Lisa hade låtit tatuera in hjärtat strax före Linneas födelse och tatueraren hade lyckats göra en exakt avbild av Mattias karakteristiska hjärta.

Lisa hade inte träffat någon ny man efter Mattias och i alla år hade det trots påtryckningar från familj och vänner bara varit hon och Linnea. Det gick inte en dag utan att Lisa tänkte på Mattias, men den förlamande sorgen hon känt de första åren hade börjat ge med sig.

”Får man bjuda sin kollega på en glass?” Lisa rycktes ur sina tankar av att Mårten räckte fram en strut till henne.

”Gärna.” Hon log tacksamt. ”Är det för att du är sen som du köpt glass eller är det för att du köpt glass som du är sen?”

”Sen, är jag sen? Jag stressade ju som en galning men det var som vanligt lång kö på Aldos. Det är inte så lätt att cykla med en glasstrut i vardera handen. Ta vilken du vill, det är samma smak i båda”, sa Mårten generöst.

”Har du slickat på någon av dem?” Lisa tittade skeptiskt först på glassarna och sedan på Mårten.

”Vad tror du om mig?”

”Ja, jag tror att du har slickat på båda. För i den här värmen borde de ha runnit mycket mer.”

”Fan, dig kan man inte lura, det märks att du är polis. Klok som en uggla är du. Ja, jag har slickat på båda. De smälte ju snabbt som attan.”

Lisa tog småskrattande emot en av glassarna.

”Tack, vad omtänksamt av dig.”

Som vanligt när Mårten valde var det stracciatella som gällde. Han tog ivrigt en rejäl bit av den frasiga struten som krasades sönder och bitar av den föll ner och landade vid hans fötter. Lisa noterade roat att en bofink nonchalant och helt orädd trippade över Mårtens högra sko och pickade i sig bitarna från struten.

De hoppade upp på sina cyklar och satte av mot Östergatan i Falsterbo.

”Ska vi tävla och se vem som kommer först”, hojtade Lisa och trampade på i full fart förbi Mårten.

”Inte lönt”, ropade Mårten aningen uppgivet. Hur skulle han ens kunna vara i närheten av att hänga med Lisa som for fram på något som liknade en tävlingscykel och säkert hade minst femton växlar. Själv cyklade han på en ommålad gammal militärcykel som var både stor och tung att framföra. Att den dessutom inte var beskaffad med växlar gjorde om möjligt det hela ännu jobbigare. Fast samtidigt visste han att det inte spelade någon större roll. Även om de bytte cyklar skulle Lisa med största säkerhet komma först som den tävlingsmänniska hon var.

Gunnar Sandén öppnade dörren och bjöd in dem. ”Vi kan sätta oss i uterummet, det är lite svalare där.” Lisa noterade att han såg ut att vara minst tio år äldre än Louise. Hårfästet hade krupit upp en bra bit, men håret hade behållit sin ursprungliga cendréfärg liksom hans skäggstubb.

Hon fick en märklig känsla av bastu så fort hon klev in i huset. Det berodde inte bara på den olidliga värmen i huset utan även de mörka träpanelerna som klädde väggar och tak i hallen.

Det stod tre Ramlösa och en skål med vindruvor på glasbordet i det lilla uterummet. Sandén hade väntat dem.

”Hej Lisa, tack för senast. Det var en rolig kväll på Strandbaden”, sa Louise som kom in genom terrassdörren iklädd endast bikini. ”Förlåt min klädsel, jag ligger och njuter av solen i trädgården.”

”Ja det var toppen”, sa Lisa och kramade om Louise. ”Önskar att jag kunde göra dig sällskap i trädgården men plikten kallar”, sa hon med en grimas.

”Så förfärligt det som hänt”, sa Louise bestört. ”Stackars Sophia, hon måste vara helt förstörd. Jag och Ingela pratade om att vi skulle laga några middagar och ta med till henne, som hon kan stoppa i frysen.”

”Vad omtänksamt av er”, sa Lisa. ”Jag vet att Elisabeth var över hos henne i går kväll och Egon pratade om att fylla hennes frys med bullar. Jag vet av egen erfarenhet att man behöver folk runt sig när man utsätts för ett sådant här trauma. Många har tyvärr en tendens att inte vilja störa och då lämnas man lätt ensam med sin sorg."

Mårten kände sig lite utanför och passade på att bryta in. "Mårten", sa han och sträckte fram en svettig hand. Han fick anstränga sig för att titta Louise i ögonen och inte låta blicken glida ner till bysten som framhävdes av en minimal bikiniöverdel.

"Vad kul att få träffa dig", sa Louise och sträckte fram en välmanikurerad hand, "även om det är under så här sorgliga omständigheter. Jag har hört så mycket om dig."

"Oj, bara bra saker hoppas jag", sa Mårten med en orolig blick åt Lisas håll.

"Jadå", försäkrade Louise. "Nu lämnar jag er och behöver ni något finns jag på terrassen", sa hon och svassade iväg med Mårtens blickar efter sig. Hon var snygg, men lite för smal för hans smak. Frugan var kurvig och Mårten föredrog former. Trots att de varit ett par sedan han gjorde lumpen i Älvdalen och snart firade tjugoårig bröllopsdag var han fortfarande lika förälskad i henne som den dagen de träffades.

"Är det okej om jag spelar in vårt samtal?" sa Lisa.

"Javisst. Stämmer det att Sven blivit mördad?" sa Sandén sammanbitet.

"Ja det stämmer."

Sandén sa ingenting mer, han satt bara med glasartad blick och tittade rakt ut i luften.

"Du får gärna redogöra för kvällen och hur du upplevde den", sa Lisa försiktigt.

De lyssnade noggrant på en nedstämd Sandén, vars version av kvällen överensstämde med de tidigare förhören. Det enda nya som framkom var att det var Sandén som stuckit hål på ballongen genom att informera de andra om att bygglovet hade fått avslag och att detta tyngde hans samvete.

”Det är mycket pengar jag investerat”, sa han uppgivet och suckade tungt.

”Jag förstår att ni blev upprörda”, fortsatte Mårten. ”Har för mig att det var en ansenlig summa, hur mycket var det nu?” Mården ville förvissa sig om att summorna som nämnts vid tidigare förhör stämde.

”Tre miljoner.” Sandén gömde ansiktet i händerna. ”Det är inte klokt.”

”Nej, det håller jag med om”, sa Mårten. ”Det är galet mycket pengar.”

”Du sa att du hade sällskap hem med Delon. Cyklade du direkt hem sedan?”

”Ja, det gjorde jag. Jag var både trött och upprörd. Delon var lika upprörd som jag och vi stod en liten stund utanför Falsterbohus och pratade.”

”Vad pratade ni om?” inflikade Lisa nyfiket.

”Vi pratade framför allt om investeringen och bestämde att vi skulle boka ett nytt möte för att diskutera möjligheterna att få tillbaka våra investerade pengar.”

”Betydde pengarna lika mycket för Delon som för dig?”

”Ja, det tror jag nog. Han berättade att han belånat sin andel av familjens vinslott i Frankrike för att få loss pengarna.”

”Du kom alltså hem någonstans kring halv elva på fredagskvällen. Kan någon intyga tiden?”

”Ja, min son Axel var hemma. Han satt och spelade tv-spel när jag kom hem och jag hällde upp en rejäl whisky och satte mig bredvid honom. Jag måste ha somnat ganska omgående.”

”När vaknade du?”

”Louise väckte mig när hon kom hem. Jag gick ut för att ta en nypa frisk luft innan jag gick och la mig igen och det var samtidigt som tidningsbudet kom med morgontidningen.”

Lisa antecknade och bestämde sig för att kontrollera med Louise på en gång.

"Ja, då var vi nog klara nu. Skulle bara vilja växla ett par ord med Axel innan vi går, är han möjligtvis hemma?" undrade Mårten.

"Ja." Sandén pekade upp mot taket med en suck. "Han är där han brukar vara, i tv-rummet på ovanvåningen."

"Sitt ni kvar, jag tar ett snack med grabben", sa Mårten.

"Jag tror att vi är färdiga", sa Lisa. "Kommer du på något annat, så hör av dig till oss." Hon sträckte fram sitt kort till Gunnar Sandén och noterade att han såg sliten ut.

"Tack, det ska jag göra." Han gnuggade sig i ögonen. "Vilken soppa det här blev", sa han sorgset.

"Ja verkligen", sa Lisa. "Tack för att du tog dig tid. Jag går ut och sätter mig hos Louise en stund medan Mårten pratar med Axel.

"Hur väl känner du Sophia?", sa Lisa och sjönk ner i solstolen bredvid Louise.

"Vi gick i grundskolan ihop och har hängt ihop sedan den tiden."

"Vet du om det stämmer att Sophia är gravid?"

"Det vet jag faktiskt inte, men jag har mina misstankar eftersom hon helt undvek alkohol i fredags. Jag frågade faktiskt varför, men hon sa bara att hon var trött och skulle somna om hon drack vin."

"Ingela tyckte att Sophia verkade tankspridd och nedstämd under tjejkvällen. Var det något du tänkte på?" lirkade Lisa.

"Ja", sa Louise dröjande. "Och jag tror jag vet varför."

"Okej", sa Lisa nyfiket. Hon gav Louise sin fulla uppmärksamhet.

”Jag vill inte att du talar om att det är jag som har sagt det”, sa Louise bestämt. ”Det är dealen, annars berättar jag inget.”

”Det lovar jag.”

”När jag och Axel var ute och övningskörde i fredags, stannade vi till utanför Gästis. Inte för att vi skulle gå in och äta utan för att Axel skulle öva på fickparkering. Han tränar ihärdigt”, fortsatte Louise stolt.

”Och?” manade Lisa på.

”Då såg jag Sophia komma utstörtande från Gästis. Hon grät och såg uppriven ut.”

”Vet du varför?” sa Lisa.

”Nej, ingen aning. Sophia såg mig inte och strax därpå kom Sven ut. Det såg ut som om de grälat, för han satte sig i sin Lexus och for iväg med en rivstart utan Sophia.”

”Hej, vad kollar du på?” Mårten lyfte på Axels ena hörlur.

”Helvete vad du skräms.” Axel for upp ur soffan och ryggade bort från Mårten. ”Vem är du?”

Mårten höjde ursäktande händerna i luften. ”Förlåt, det var inte meningen att skrämma dig. Jag heter Mårten och kommer från polisen.”

”Polisen”, sa Axel oroligt. ”Vad vill du? Jag har inte gjort något.”

”Det är inget allvarligt.” Tur att inte Lisa var här. Inget allvarligt. Jag kan då välja mina ord, tänkte Mårten för sig själv. ”Jag menar, du behöver inte vara orolig, tänkte bara ställa några frågor. Jag har precis pratat med din pappa och han vet att jag pratar med dig nu.”

”Okej.” Axel satte sig avvaktande i soffan bredvid Mårten.

”Har du koll på när din pappa kom hem i fredags kväll?”

”Det håller väl inte jag reda på.”

”Din pappa sa att du satt och spelade tv-spel när han kom hem.”

”Jag spelar nästan alltid tv-spel, så det stämmer säkert.”

”Om du tänker efter noga så kanske du kommer ihåg om det var i fredags”, sa Mårten hoppfullt.

Axel suckade och reste sig ur soffan. ”Jag kan kolla, förmodligen spelade jag Fifa.”

Mårten såg hur Axel tryckte igång sitt Playstation. Fifa, tänkte Mårten, som inte var något vidare på sport, men att det var ishockey var han hundra procent säker på.

Bilden fladdrade till och Mårten tittade förvånat när det dök upp en fotbollsspelare på skärmen. Vant började Axel trycka på handkontrollen och bläddra i menysystemet.

”Jo, kolla här.”

Mårten lutade sig fram för att se de små bokstäverna och siffrorna på tv:n.

”Fredag fjortonde juni.” Axel viftade med handkontrollen som om den vore en pekpinne. ”Jag loggade in på spelchatten klockan fyra minuter i tio på kvällen och loggade ut två minuter över tre.”

Mårten var imponerad. Både över att chattens tider bokfördes och att Axel orkat spela över fem timmar. Han återvände till ämnet. ”När kom din pappa hem?”

Axel såg ut att tänka efter. ”Han kom hem när jag spelat en liten stund. Kanske vid halvelvatiden eller lite senare. Pappa satte sig i soffan bredvid mig. Han drack ett glas whisky och somnade nästan direkt. När jag stängde av spelet och gick och la mig låg pappa fortfarande och sov på soffan.”

Mårten var nöjd med sin visit på ovanvåningen och släntrade nerför trapporna, lyckligt omedveten om att han inte antecknat något under samtalet med Axel.

28

Söndagsbestyr

Söndag kväll den 16 juni, Skanör och Falsterbo

Mårten stuvade gnolande in den sista väskan i deras röda Opel som skulle ta Frugan och barnen till släktens sommarställe i Dalarna. Frugan kom från en liten by vid Siljan och till skillnad från Mårtens släkt som enbart träffades vid jul och födelsedagar, envisades hennes att träffas så fort tillfälle gavs. Mårten avskydde att umgås med hennes släktingar och förhållandena på sommarstället var primitiva. Han hade föreslagit att de skulle dra in vatten och avlopp i huset och hade till och med erbjudit sig att göra en del av jobbet själv, men fått nobben. Allt skulle vara så förbaskat genuint. På Goda Viljan, som stället hette, var det utedass, pump på gården och bad i Siljans kalla vatten som gällde. Mårten hade på senare år infört som tradition att jobba mesta möjliga under sommaren för att slippa åka med. Frugan hade klagat i början, men verkade nu vara nöjd med arrangemanget och det var Mårten också. Barnen gick det ingen nöd på. De hade alla sina kusiner på plats och älskade att vara ute i naturen. Det var definitivt en gen som de inte ärvt från Mårten.

”Så där ja, nu var sista väskan på plats”, sa Mårten nöjt och vände sig till Frugan. ”Är det något jag är bra på så är det att stuva bagage, det måste du medge.”

Hon tittade leende på honom. ”Om det är något du är bra på så är det att skryta om allt du kan”, sa hon och gav honom en kärleksfull kram.

”Det gör jag väl inte”, sa Mårten sårat.

”Jo, det gör du”, sa Frugan och barnen i kör. ”Men du är världens bästa pappa i alla fall”, sa dottern diplomatiskt och gav honom ett så strålande leende att den nyinsatta tandställningen glittrade.

Det hade gått så fort. Nu var hans lilla prinsessa tretton år och hade tandställning och skulle börja högstadiet efter sommaren. Mårten kände hur det knöt sig i magen när han tänkte på det. Sonen som var elva hade även han vuxit till sig oroväckande fort och plötsligt kände Mårten att han missade mycket av tiden med barnen. Han kramade om dem en extra gång och svalde klumpen han kände växa i halsen.

”Jag kommer att sakna er”, sa han ynkligt. ”Måste ni åka nu i kväll, det blir snart mörkt och …”

”Men Mårten”, avbröt Fugan irriterat. ”Vi skulle egentligen ha åkt i går, men så kom det där med Silfverstolpe emellan. Vi har väntat hela dagen på att du skulle komma hem och nu vill vi iväg. Och det är inte så att vi åker till andra sidan jordklotet precis. Du kan faktiskt lätt komma upp och hälsa på när du vill.”

”Dina bröder tycker inte om mig, det vet du”, sa Mårten ömkligt. ”Så kul är det minsann inte att vara hemma och jobba om du nu trodde det.”

”Spela inte martyr nu Mårten, vi vet alla att du inte står ut en enda dag på Goda Viljan och mina bröder tycker visst om dig. På sitt sätt. Och du kommer ju upp i juli när min kusin gifter sig.”

”Ja, och då ska vi bo på hotell”, sa Mårten trotsigt.

”Ja!” jublade dottern. ”Det vill jag också.”

”Vi måste komma iväg nu”, avbröt Frugan och suckade demonstrativt. Hon var så innerligt trött på Mårtens konsekventa vägran att bo ihop med släkten. Hennes föräldrar skulle bli så besvikna om de valde att bo på hotell istället, men det var ingen idé att diskutera det med Mårten nu. Hon fick bida sin tid, det brukade hjälpa.

”Jag vill gärna att vi kommer en bit upp i Småland innan vi stannar för natten”, sa hon bestämt och visade att samtalet var avslutat.

Det var med blandade känslor som Mårten vinkade av familjen. Han hade dåligt samvete för att han aldrig följde med upp till Dalarna och han saknade barnen och Frugan när de var iväg. Men på något märkligt sätt kände han sig ändå lättad när han såg bilen svänga ut mot Hagarondellen.

Lisa fäste försiktigt fast pizzakartongerna från Aldos på pakethållaren och en ljuvlig doft spred sig. Det hade blivit en tidig morgon och utöver frukosten hade hon bara fått i sig ett äpple, en glass och några koppar te under dagen. Hon kände med ens hur hungern rev tag i henne och trampade tankfullt iväg med badväskan och två liter jordgubbar i cykelkorgen. Mordet på Silfverstolpe lämnade henne ingen ro. Lisa funderade på det Louise berättat om grälet vid Gästis och om Sophias graviditet. Det var något Sophia undanhöll för dem. Det var hon helt säker på. Hon hade själv velat vara med i går och lämna dödsbudet till henne, men Mårten hade på eget bevåg ilat dit innan hon ens hunnit tänka tanken. Det var så typiskt honom. Antingen var han sen och sävlig eller så handlade han snabbt och ogenomtänkt. Lisa bestämde sig för att titta förbi Sophia innan hon gick in till Elisabeth och Linnea. Och borgmästaren hade också dolt något för dem. Hon undrade vad det var och varför han ljugit om var han varit under mordnatten. Enligt Delon körde han ifrån golfklubben på lördagsmorgonen. Hade han tillbringat natten där eller återvänt först på morgonen? Borgmästaren skulle de ta itu med i morgon förmiddag. Hon kände en ilande spänning över att de fått ett mord att lösa. Hennes första.

När hon fällde ner stödet på cykeln kom en glädjestrålande Linnea rusande mot henne.

”Mamma, har du pizzorna med dig?”

Lisa fångade upp dottern i famnen och snusade på hennes hår som doftade av frisk luft och kanel. ”Jadå, det är klart jag har snäckan, de är på pakethållaren.”

”Vi har bakat kanelbullar”, sa Linnea stolt. Hon krånglade sig ur Lisas famn och lyfte upp pizzakartongerna. ”Har du köpt Hawaii?”

Alltid lika otålig. Lisa kände igen sig själv i dottern. ”Jadå, med extra mycket ananas. Och vad gott det låter med kanelbullar.”

”Vi har bakat jättemånga och Elisabeth har lovat att vi ska få ta en hel påse med hem.”

Lisa tog badväskan över axeln och med jordgubbskartongerna i handen följde hon efter en skuttande Linnea.

”Mamma har köpt pizza. Och jordgubbar.”

”Bevare mig väl”, sa Elisabeth. ”Pizza, och det ska vara söndagsmiddag?”

”Det är jättegott”, sa Linnea övertygande.

”Jaha du”, sa Elisabeth medgörligt. ”Då får jag väl prova en liten bit.”

Lisa såg sig om. ”Var är Märta?”

”Hon är visst hos Ragnar nu igen”, fnös Elisabeth. ”Vet inte vad som har tagit åt henne. Hon har redan varit där inne två gånger i dag och nu skulle hon dit och äta middag med honom. Men det får säkert en ände med förskräckelse. Ragnar är inte alls hennes typ."

"Men det är väl kul för både henne och Ragnar om de trivs i varandras sällskap", sa Lisa.

"Kul? Pyttsan. Hon landar på Kastrup på fredagen och jag hinner ha henne för mig själv ett dygn och sedan är hon ute och ränner som en kärlekskrank tonårsflicka", sa Elisabeth föraktfullt. "Men nu struntar vi i henne. Det doftar härligt från de där kartongerna du hade med dig."

Linnea kilade in i Elisabeths kök och kom tillbaka med tallrikar, glas och en kanna vatten.

"Du glömde visst besticken", sa Elisabeth.

"Men Elisabeth", sa Linnea och tittade på henne som om hon var helt körd. "Pizza äter man alltså med händerna."

"Jag går bara in en kort sväng till Sophia", sa Lisa snabbt.

"Men, ska vi inte äta nu?" sa Elisabeth förvånat. "Pizzorna blir kalla."

"Börja ni, jag kommer om ett ögonblick. Jag vill bara höra hur det är med henne", ljög Lisa. Hon ville inte avslöja något om sina tankar för Elisabeth.

"Hej Lisa", sa Sophia förvånat. "Kom in."

Två labradorer kom fram och hälsade översvallande på Lisa.

"Förlåt att jag tränger mig på", sa hon och följde med Sophia och hundarna in i huset.

Sophia slog sig ner vid köksbordet och Lisa satte sig mitt emot. Hon avböjde erbjudandet om något att dricka och gick rakt på sak.

"Det har framkommit i förhör att du är gravid, stämmer det?"

Lisa såg att Sophia blev överrumplad. Det var det som var meningen.

”Ja”, sa hon svagt. ”Det stämmer.”

”Jag förstår att det måste vara svårt för dig. Jag var i precis samma situation när min man dog”, sa Lisa medkännande.

”Ja, det är väldigt sorgligt”, sa Sophia och torkade bort en tår som trängde fram ur ögonvrån. ”Samtidigt som jag sörjer Sven och har svårt att förstå att han är borta, så är jag lycklig över barnet.” Hon klappade sig ömt över magen.

”Det förstår jag”, sa Lisa innerligt. ”Är det ditt första barn?”

”Ja”, sa Sophia. ”Jag hade helt gett upp hoppet om barn och då plötsligt hände det.”

De satt en liten stund och kallpratade och Lisa visste inte hur hon skulle formulera sig, så hon bestämde sig till slut att återigen gå rakt på sak.

”Du åt lunch på Gästis med din man i fredags, stämmer det?”

”Ja, det stämmer”, sa Sophia avvaktande.

”Vi har ett vittne som såg er gräla.” Lisa iakttog Sophia. All färgen försvann från Sophias ansikte.

”Ja, det stämmer”, sa hon stilla.

”Vad handlade grälet om?”

”Barnet. Sven ville att jag skulle ta bort det”, sa hon sorgset.

”Vad hände sedan?”

”Jag gick därifrån och sedan såg jag inte Sven mer.”

”Visste du att han låtit sterilisera sig?” sa Lisa och tittade granskande på Sophia.

”Det kan inte vara möjligt”, sa Sophia bestört. ”En sådan sak gör man bara inte utan att berätta för sin partner. Sven visste att jag längtade efter barn.” I samma stund som hon sagt det förstod hon att det inte var Sven som var pappa till hennes barn. En natt. Det var allt. Och det hade räckt.

Egon tog på sig glasögonen och inspekterade sig själv från alla håll i den stora hallspegeln. Han var väldigt nöjd med det han såg. Åren till trots hade inte hårfästet krupit nämnvärt högre och håret var dessutom ovanligt mörkt för åldern. Där hade Egon hjälpt naturen på traven. I hemlighet färgade han håret var tredje vecka hemma i badrummet. Flaskan med hårfärg låg väl gömd längst in i strumplådan och han skulle hellre dö än att bli påkommen med att färga håret. Han hade alltid varit fåfäng och fåfängan hade tilltagit avsevärt med åldern. Trots att Egon borstade tänderna tre gånger om dagen och körde en hemgjord kur med bakpulver och salt på en torr tandborste flera gånger i veckan, hade han inte lyckats få det där bländvita leendet som han så hett eftertraktade. Han skulle minsann testa Elisabeths tandläkare och hoppades innerligt att tandläkare hade tystnadsplikt. Han duttade på lite extra rakvatten på hakan och bakom öronen, stoppade plånboken i innerfickan i den marinblå kavajen och satte på sidenkravatten. I kväll skulle det bli precis som förr, han skulle på tre man hand äta söndagsmiddag med syskonbarnen. I vanliga fall var det alltid någon äkta hälft eller ett barn som skulle vara med, inte för att Egon hade något emot det, absolut inte. Men just i kväll såg han fram emot att få vara ensam med Ingela och Fredrik. Han låste visslande sin ytterdörr och traskade iväg mot Fredriks hus. Det här skulle bli en mysig kväll, det var han helt övertygad om.

”Hej Egon.” Ingela kom gående mot honom. ”Vilken bra idé att gå ut och äta, det ska bli jättemysigt. Det är så tråkigt att äta ensam.”

”Är Bosse fortfarande i Frankrike?” Ingelas man hade börjat cykla för ett par år sedan, mest för att gå ner i vikt och bättra på sin kondition, men han hade blivit som uppslukad av sin nya hobby och det var inte mycket Egon såg av honom nu för tiden. Det gjorde honom i och för sig ingenting.

”Ja, han är i Frankrike och tränar. Tror det är någon av etapperna de cyklar på Touren.”

”Touren?” sa Egon och tittade frågande på henne.

”Tour de France. De är nere ett helt gäng från cykelklubben och kör några av de där sträckorna”, sa Ingela ointresserat.

”Hur är det med ungarna?”

”Max har varit ett par dagar i München med en kompis och de är på väg ner mot Frankrike och ska cykla en av etapperna med Bosse. Sara är med sin bästa kompis och hennes föräldrar på Mallorca. De har en andelslägenhet i Palma, så jag är solokvist ett par veckor nu.”

Egon kunde inte undgå att höra på Ingela att hon lät kort när maken kom på tal. ”Hur står det egentligen till med kärlekslivet?” sa han och tittade granskande på Ingela.

”Ja, kärleksliv blir det inte mycket tid till”, sa Ingela med en suck. ”Sedan han började cykla har han sällan tid för mig och ärligt talat är det nästan bara skönt nu när han är iväg.”

Egon klappade henne ömt på kinden. ”Det är det jag alltid har sagt, du är värd så mycket bättre.”

”Jag vet att du menar väl Egon, men jag vore tacksam om du inte la dig i mitt äktenskap. Orkar inte prata om det just nu.” Hon kilade in sin arm under hans och de gick in genom grinden. ”Nu går vi in och ser om Fredrik är färdig.”

”Hur är det med dig?” Ingela tittade bekymrat på sin bror som satt mitt emot henne vid bordet på Rögeriet nere i Skanörs Hamn. Egon hade brutit traditionen att äta söndagsmiddag på Skanörs Gästis och Ingela var nöjd med valet. Hon älskade fisk och skaldjur i alla dess former.

”Mår du inte bra?”

”Va?” Fredrik tittade frånvarande på Ingela.

”Ja, du verkar så tankspridd och ser väldigt blek ut.”

”Jag är bara så himla trött.” Du skulle bara veta, tänkte han, men det senaste dygnets eskapader med Egon och de andra pensionärerna tänkte han inte berätta om.

Ingela la en sval hand på hans panna. ”Du har i varje fall ingen feber”, sa hon hurtigt.

”Bara för att jag inte har feber så behöver det inte bet...”

”Såja, ungdomar”, bröt Egon av. ”Nu tycker jag att vi tar och beställer istället för att prata sjukdomar.”

”Han är inte sjuk”, sa Ingela. ”Jag tror minsann att han fortfarande är bakis från i fredags.” Hon log retsamt mot sin bror.

”Jag håller med Egon, nu beställer vi.” Fredrik fällde demonstrativt upp menyn och studerade den noga.

”Vad sägs om att dela en trälåda med rökta räkor till förrätt?” sa Ingela.

”Den stora lådan får det bli”, sa Fredrik bestämt. ”Jag har inte ätit sedan frukost och är vrålhungrig.”

Till huvudrätt enades alla tre om att ”Hälleflundra med pilgrimsmusslor som halstrats med nyplockade minitomater och vitlök” var bästa valet.

Egon slog på stort och valde en flaska vin från vinlistan som kostade mer än vad som var rimligt. Fredrik, som lovat sig själv en vit månad, såg sig nödgad att skjuta upp den en dag till. Det var synd och skam att äta en så god middag och bara dricka vatten till.

”Men hallå där,” sa Ingela. ”Du skulle ju ta det lite lugnt med drickandet nu. Efter vad som hände i fredags, menar jag. ”Jag dansar aldrig nykter” har verkligen fått dess rätta innebörd.”

Egon tittade oförstående på Ingela. ”Men Fredrik dansar väl aldrig.”

”Inte nykter i alla fall”, fnissade Ingela.

”Man ska aldrig börja på en söndag”, sa Fredrik och höjde glaset. ”Skål kära familj.”

29

Morgonbadet

Måndag morgon den 17 juni,
hemma hos borgmästaren och vid Falsterbo brygga

Borgmästaren smög ut ur sovrummet och hörde att Margit fortfarande sov och andades tungt. Han stängde dörren ljudlöst efter sig. Denna ritual hade fortlöpt i tjugosju års tid. Margit var den som en gång i tiden fått för sig att de skulle morgonbada tillsammans. Hon hade varit med två veckor, sedan hade skilsmässan varit nära förestående. Första veckan hade Margit mest gnällt om att det var kallt i vattnet och andra veckan hade de på grund av Margit blivit försenade och kommit ner till bryggan först efter utsatt badtid. Margit tyckte inte att några minuter hit eller dit spelade någon roll, men borgmästaren hade envisats med att halv sju gick han i vattnet och kvart i sju var han klar med sitt morgondopp.

Han och några granngubbar hade ett inrutat och väl fungerande badsystem med femton minuter reserverade för var och en i total ensamhet. Tidigare år hade han badat naken men sedan han tillträtt som borgmästare tyckte han inte att det passade sig. Han hävdade att han inte ville stoltsera i pressen i bara mässingen. Det fanns garanterat paparazzi i Falsterbo och ett mittuppslag med honom naken i Kvällspressen skulle nog få folk att gå man ur huse i Vellinge kommun och vallfärda till närmaste tidningskiosk. När saken kom på tal hade Margit fnyst åt honom och sagt att han var paranoid.

Borgmästaren stack ner handen i brevlådan. Han tittade upp mot de mörka regntunga skyarna och drog badrocken tätare om sig. Vädret påminde mer om en kall novemberdag än den strålande sommardag som den käcka meteorologen på TV4 hade utlovat kvällen innan. Ur brevlådan plockade han upp morgontidningen och hejdade sig precis när han skulle släppa locket på brevlådan. I botten låg ett ofrankerat vitt kuvert med texten "till borgmästaren" skrivet med svart tusch. Han tog upp det och tittade på kuvertet som snabbt blev prickigt av regnet. Borgmästaren hoppades att det var vägföreningens svar på hans förslag om att bygga en bastubåt. Han skyndade in mot värmen och det väntande morgonkaffet.

Han blåste försiktigt på den varma drycken som han drack ur en blå Höganäskopp och läste bestört på Sydsvenskans förstasida: "Sven Silfverstolpes plötsliga död förbryllar polisen".

Han bläddrade snabbt fram till mittuppslaget som dominerades av en stor bild på Silfverstolpe i jaktmundering och honom själv med borgmästarkedjan kring halsen. Han läste noga om allehanda teorier om Silfverstolpes plötsliga död. Pressen hade nu börjat skriva om investerarna på golfklubben och om de havererade kasinoplanerna och kallade det för den största byggfloppen i Falsterbos historia. Till borgmästarens stora förfäran nämndes hans namn inte mindre än sju gånger i reportaget. Pressansvarig på Vellinge kommun måste se till att få ett stopp på skriverierna snarast. Borgmästaren visste inte vad som oroade honom mest, hans eget politiska rykte eller Silfverstolpes plötsliga död. Han skulle aldrig ha gett sig in i det där vansinniga projektet, men Silfverstolpe hade varit väldigt övertygande och pratat om att det skulle stärka moderaternas ställning ytterligare i kommunen. Nu var han rädd för att hans politiska karriär var över och väntade bara på att de skulle ringa från Stockholm.

Hela helgen hade han grubblat på om det fanns något samband mellan de stupade kasinoplanerna och Silfverstolpes död och skulle man tro spekulationerna i tidningarna kunde det mycket väl vara så. Han rös vid tanken. Stämningen på klubben hade visserligen blivit hätsk och utfallet hade inte blivit det bästa, men tanken på att någon skulle gå så långt som att ta livet av Silfverstolpe kunde han inte förlika sig med.

Borgmästaren slängde en snabb blick på väggklockan i köket. Fem över sex. Han vek undan den grönvitrandiga gardinen som prydde köksfönstret och såg till sin besvikelse att regnet tilltagit. Dåligt väder hade aldrig stoppat hans morgonbad och skulle inte göra det denna morgon heller, även om han kände sig allmänt olustig.

Han tog på de nya badbyxorna som Margit inhandlat till honom. Först hade han varit tveksam till både de grälla färgerna och det i hans ögon vågade mönstret. Han föredrog lite mer diskreta färger på badbyxor. Blå, grå eller gröna och då företrädesvis enfärgade eller möjligtvis randiga. Margit hade övertalat honom och enligt kvinnan i affären var stormönstrade badbyxor mest populära. Det kunde inte förnekas att de satt väldigt bra, Margit kunde sin sak. Sedan den dagen de blev ett par var det hon som valde hans kläder. På senare år hade det blivit så att hon köpte alla hans kläder eftersom han varken hade tid eller lust att gå i affärer. Det var ett arrangemang som passade dem båda utmärkt.

Just som han var på väg ut kom han att tänka på kuvertet. Nog för att det kunde anstå till efter morgonbadet, men han var nyfiken på vägföreningens beslut. Han sprättade raskt upp det med höger pekfinger. Det gick inte att ta miste på vad brevskrivaren ville få sagt. Han läste orden flera gånger och vek sedan med darrande händer ihop brevet och gömde det i mitten av morgontidningens B-del.

Tjugo över sex låste han dörren till huset och stoppade som vanligt ner nyckelknippan i höger ficka på den blårandiga badrocken. Han gick med oroliga steg längs med Sjögatan ner mot stranden. Museet på vänster sida och Falsterbo kyrka som skymtade mellan träden såg nästan spöklika ut under de gråtunga molnen. Han kände sig iakttagen men kunde inte se någon.

Där asfalten övergick till sand stannade han för ett ögonblick och knöt badrocken hårdare om sig med två rejäla knutar. Han sneglade över staketet in till Cronas gigantiska villa. Hans eget betydligt modestare hus hade han och Margit köpt på sjuttiotalet för 280 000. En svindlande summa då. Värdet nu antog han låg kring fyra miljoner. Cronas villa, eller rättare sagt två mer herrgårdsliknande kolosser med strandtomt, var enligt vad han hört ryktas värderad till drygt fyrtio miljoner.

Han stod ett femtiotal meter från bryggan och väntade på att Uno skulle lämna den. I det muntliga avtalet mellan de morgonbadande männen var det bestämt att man aldrig beträdde bryggan innan föregående badare lämnat den. Tofflorna man tog av sig och ställde vid bryggans början var ett tecken på att den var upptagen. Borgmästaren fick återigen den obehagliga känslan av att vara förföljd och kisade upp mot sanddynerna. Andhämtningen blev tung och han kände hur oron rev tag i honom.

Uno och borgmästaren passerade varandra på några meters avstånd.

”God morgon!” hojtade Uno för att höras i vinden och nickade åt borgmästaren. ”Sjutton grader.” Han viftade med badtermometern som han höll hårt i ena handen. Borgmästaren nickade stelt tillbaka och klämde fram ett motvilligt ”God morgon”. Han hade sedan länge slutat ta med sin termometer eftersom Uno alltid förkunnade badtemperaturen när de möttes på morgnarna. Han retade sig något oerhört på detta eftersom statistik var något av en hobby som han kunde ägna timmar åt. Under tolv års tid hade han dagligen noga bokfört temperaturen i havet och gjort små prydliga diagram. Men sedan Uno ärvt huset på Sjögatan av sin far och glidit på en räkmacka rakt in i Sjögatans badklubb, ja då hade han slutat föra statistik.

Borgmästaren tog av sig Falsterbotofflorna och ställde dem vid bryggans början. Stranden som kunde vara så härligt solklädd och full av glada barnfamiljer var helt oigenkännlig. Havet såg inte lika inbjudande ut som han önskat, men bada skulle han. Han kastade en blick ner i det mörka vattnet. I vanliga fall avtecknade sig havsbotten tydligt, men inte denna morgon. Illa till mods klev han ut på badbryggan som hade färgats mörk av regnet.

30

Förhör med förhinder

Måndag förmiddag den 17 juni, på polisstationen

”Är du helt säker?” sa Lisa förvånat.

”Helt säker. Jag har gått igenom allt bildmaterial och alla inregistreringar i entrén och borgmästaren var inte på kasinot den aktuella tiden, det vill säga under fredagskvällen och natten mot lördagen.”

”Kan det vara så att kasinot missat att registrera honom?”

”Nej, alla gäster går utan undantag igenom samma rutiner. Först görs en ID-kontroll och i samband med den registreras besöket. Vi fotograferar alla kasinots gäster och dessa rutiner gör att säkerheten är hundraprocentig. Vi för register över alla som någon gång besökt kasinot och där noteras besökarens namn, personnummer och postadress.”

”Kan du se när han var på kasinot senast?”

”Jadå, jag har tagit fram uppgifter för de senaste tolv månaderna och han har varit en frekvent besökare med i snitt två besök i veckan. Sist han var här var förra tisdagen, den elfte.”

”Skulle du kunna maila över listorna till mig? Jag har ett förhör om en timme och jag skulle behöva dem då.”

”Det kan jag tyvärr inte göra, det är sekretessbelagt.”

”Detta gäller en mordutredning”, sa Lisa vädjande.

”Egentligen får jag inte göra så här, men jag gör ett undantag den här gången. Jag ska se till att du har listorna i mailen inom en kvart.”

De avslutade samtalet och Lisa kände sig både nöjd och överraskad över utfallet. Då hade borgmästaren alltså ljugit två gånger. Hon såg fram emot att ställa honom till svars.

Hon ville gärna sitta en stund för sig själv och fundera före förhöret med borgmästaren. Trots att hon gått igenom samtliga vittnesmål kunde hon inte hitta någon mening eller anledning för borgmästaren att mörda Silfverstolpe, men likväl pekade mycket på honom. Ingen hade sett borgmästaren lämna klubben på kvällen, däremot hade Delon sett honom köra därifrån på morgonen. Hon tittade ut genom fönstret mot kyrkan med dess trappstegsliknande siluett och naturröda taktegel. Kyrkan var väldigt vacker och Lisa älskade utsikten från sitt kontor. Hon återvände till sina noteringar. Det kändes närmast osannolikt att borgmästaren skulle vara mördaren, men samtidigt rörde det sig om stora summor pengar och det kunde säkert få den mest oskyldiga att utföra de mest vansinniga saker. Fast en borgmästare som mördare, där gick väl ändå gränsen.

Holmgren påstod att det med all sannolikhet rörde sig om mer än en gärningsman och att Silfverstolpe inte bragts om livet på kontoret. Frågan var vilka av männen som hade samarbetat om mordet. Delon och Sandén hade visserligen lämnat golfklubben tillsammans, men Axel hade gett Sandén alibi. Axel hade förvisso inte varit helt säker på tiden, men Lisa höll det som föga sannolikt att Sandén kallblodigt skulle hinna slå ihjäl Silfverstolpe tillsammans med Delon och sedan släpa in honom till kontoret och arrangera ett fingerat självmord. Detta utan att någon av de övriga männen märkt något. För att därefter cykla hem och sjunka ner i tv-soffan bredvid sonen.

Archie och Crona hade enligt uppgift lämnat klubben tillsammans runt klockan ett. De skulle mycket väl ha kunnat slå ihjäl Silfverstolpe innan de gick hem. För Cronas del spelade pengar ingen roll, men däremot var det en prestigeförlust att inte få bygga kasinot. Var detta ett motiv tungt nog för att Crona skulle mörda Silfverstolpe? Archie hade inte investerat några pengar i projektet, men hade haft förhoppningar om att kunna tjäna bra med pengar när kasinot väl var igång. Även här var motivet svagt. Återstod Silfverstolpes änka Sophia. Hon var den av makarna som var den välbeställda, så pengar var knappast motivet. Sophia var gravid och Silfverstolpe kunde omöjligt vara pappa till barnet, såvida han inte ljög om att han låtit sterilisera sig. Om det nu var så att han inte var pappan, vem var det då och kunde i så fall den blivande pappan och Sophia tillsammans haft ihjäl Silfverstolpe?

Hon reste sig upp och öppnade fönstret för att släppa in lite frisk luft. Hon skruvade på radion och rattade in Radio Malmöhus som spelade en gammal låt med Ted Gärdestad.

”Fan, det är något som inte stämmer.” Lisa knäckte blyertspennan i ren frustration.

”Hallojsan”, sa Mårten och klev in på Lisas kontor. ”Vad är det som inte stämmer?” sa han glatt och sjönk ner i den väl tilltagna soffan.

”Jag får inte ihop motivet. Om det är två gärningsmän borde det vara några av männen som samarbetat, men ingen av dem känns rätt”, sa hon fundersamt. ”Jag har lyssnat igenom alla mina förhör och gjort utskrifter, men kan inte hitta något som sticker ut. Vi kan väl gå igenom dina utskrifter nu, det kan vara så att vi hittar något där”, fortsatte hon förhoppningsfullt. "Kom, vi sätter oss vid konferensbordet." Hon tittade på klockan. "Vi har en halvtimme på oss innan borgmästaren kommer."

Mårten slog sig motvilligt ner vid konferensbordet. Den trasiga mobilen hade han stoppat ner i skrivbordslådan och hade inte ens försökt att rädda det bandade förhöret med rutiga paret. Däremot hade han kvar kaffefiltret och systembolagskvittot och han hade förstorat upp ett antal bilder på familjen Sandéns golfbagar. Allt detta la han nu högtidligt på konferensbordet.

"Vad är det där?" sa Lisa förvånat.

"Några förhör och Sandéns golfbagar", sa Mårten nöjt.

"Sandéns golfbagar", sa Lisa förbryllat. "Varför har du bilder på dem?"

"Jag letade efter Silfverstolpes försvunna järnfemma", förklarade Mårten pedagogiskt. "Och när jag förhört Axel tog jag mig en liten runda i huset och hittade inte mindre än tre golfbagar i grovköket."

"Jaha", sa Lisa föga imponerad. "Och vart vill du komma med detta?"

"Silfverstolpes klubba fanns inte där. Jag gick igenom alla deras klubbor och jag hittade totalt tre järnfemmor, dock inte Silfverstolpes. Jag fotograferade dem för säkerhets skull", sa han med en nickning mot bilderna på bordet. "Jag sökte igenom Delons lägenhet också i jakten på järnfemman, men där hittade jag inga golfklubbor alls", fortsatte Mårten.

"Det kan bero på att han inte spelar golf", inflikade Lisa torrt. "När jag pratade med Archie så sa han att det bara var Silfverstolpe, Crona och Sandén som spelar."

"Nu kommer jag till Crona", fortsatte Mårten oberört. "Cronas hus var för stort för att genomsöka, så jag frågade Gun om deras klubbor och hon berättade att de förvarade sina bagar i ett bagskåp på klubben."

"Och där lär vi inte hitta Silfverstolpes järnfemma", sa Lisa kort. "För det första saknar Crona hållbart motiv och för det andra är det knappast troligt att Crona skulle gömma mordvapnet i sin egen bag på golfklubben", avslutade hon.

"Det var i alla fall ett försök", sa Mårten förnärmat. Han hade väntat sig att Lisa skulle bli imponerad över hans spontana jakt på Silfverstolpes klubba, men där hade han tydligen överskattat henne. "Och just det, Gun bekräftade att Crona kom hem strax efter klockan ett. De två hade suttit uppe en halvtimme och pratat och då hade Crona berättat om de grusade kasinoplanerna."

"Och jag pratade med Louise", fortsatte Lisa, "och hon bekräftade att Sandén låg och sov i soffan när hon kom hem från Strandbaden. Hon hade haft sällskap hem med Fredrik och berättade att hon kom hem strax efter klockan tre."

"Det innebär att de enda som saknar alibi är borgmästaren och Delon", funderade Mårten, men tankarna avbröts av snabba steg i trappan.

"Nu kommer borgmästaren", sa Lisa och tittade spänt på Mårten.

In på Lisas kontor steg Margit. Hennes andhämtning var snabb och det såg ut som om hon gråtit. Lisa kikade ut i hallen för att se om borgmästaren kom efter.

"Sätt dig ner, Margit, och berätta varför du är så upprörd. Har det hänt något?"

Margit tittade oroligt på Lisa. "Jag vet inte var han är, han är borta."

"Vem är det som är borta?"

"Lars. Jag vet inte var han är."

”Vad menar du med borta? Han är kallad till förhör och borde vara här nu.”

”Jag har inte sett honom på hela morgonen.”

”Vadå inte sett honom?” sa Mårten förvånat.

”Lars, jag har inte sett honom i dag. Sist jag såg honom var i går kväll när vi gick och la oss för natten.”

”Backa bandet nu är du snäll.” Mårten kliade sig i nacken.

”Bandet?” Margit tittade frågande på honom.

”Han menar, berätta från början vad som hänt”, förklarade Lisa.

Margit snöt sig i den broderade näsduken hon plockat upp ur handväskan.

”Jo, det är så att Lars alltid morgonbadar, det har han gjort så länge jag kan minnas. Han har en rutin som han alltid följer, men i morse när jag vaknade var han inte hemma. Han går alltid hemifrån tjugo över sex och sedan brukar han vara hemma tio i sju. Han sätter på kaffe innan han går, dricker en kopp och häller resten på termosen. Sedan väcker han mig klockan sju och då äter vi en gemensam frukost.”

”Men vänta nu, är du säker på att han morgonbadat, han kanske bara kört en sväng innan han skulle hit”, sa Mårten lugnande.

”Bilen stod kvar på uppfarten och kaffekokaren stod på. Han häller alltid upp det på termos, så något är fel.”

”För att han glömt att hälla upp kaffet på termosen?” sa Mårten tvivlande.

”Jag kan min mans rutiner. Han skulle aldrig låta kaffekokaren stå på när han går hemifrån. Hans badrock och Falsterbotofflor är borta, så han måste ha gått iväg till sitt morgonbad och sedan har kanske någon haft ihjäl honom precis som de gjorde med Silfverstolpe”, sa Margit upprört.

”Var brukar han morgonbada?” frågade Mårten försiktigt.

”Nere vid bryggan, nära där vi bor, Sjögatan och rakt ner förbi Falsterbo museum.” Margit torkade näsan igen.

”Jaha, där Crona bor?”

”Crona, ja just det. De bor på höger sida, bryggan är rakt ner och till vänster.”

”Har du varit nere vid bryggan och tittat efter om han är där?”

”Jag gick ner och tittade men såg bara hans trätofflor vid bryggkanten”, sa Margit och bet sig i läppen. ”Något måste ha hänt honom.”

Lisa drog med sig Mårten ut i hallen och stängde dörren till kontoret. ”Vi behöver åka dit och kolla vid bryggan.”

”Ja, det måste vi, men vi kan inte lämna henne ensam, ska vi ta med henne?”

Lisa såg att Margits bil stod parkerad på Kyrkogatan utanför muren till kyrkan.

”Vi kan göra så här att Margit kör dig hem till henne. Jag tar cykeln och kommer efter. Vi kan inte ha henne här på församlingshemmet. Hon kommer att skrämma slag på de andra pensionärerna om hon berättar att borgmästaren är försvunnen.”

”Du kan väl också åka med”, sa Mårten.

”Jag tar cykeln istället, jag behöver titta till Linnea på vägen”, ljög hon. Sanningen var den att hon avskydde att vara beroende av andra, och körde Margit dem dit kunde hon inte snabbt nog ta sig tillbaka till polisstationen. Både hon och Mattias hade haft MC-kort och det gav en helt annan frihet än att köra bil. I samband med flytten ner till Skanör hade hon sålt sin Harley-Davidson till förmån för en tjugoväxlad cykel, men hon saknade sin HD och letade så gott som dagligen på Blocket efter en ny.

31

Bryggan

Måndag förmiddag den 17 juni, badbryggan i Falsterbo

”Jag tror att borgmästaren har lämnat landet.” Mårten skakade fundersamt på huvudet och spanade ut mot havet. ”Han har blivit helt knäckt av medias massiva bevakning av de stupade kasinoplanerna och Silfverstolpes död och helt enkelt stuckit.”

Lisa vände blicken mot Mårten. ”Du menar att han gick ner för att morgonbada och satte tofflorna vid bryggans början.” Hon nickade mot tofflorna som stod kvar där borgmästaren klivit ur dem. ”Och sedan lämnade han landet?”

”Ja, det är väl inte helt otänkbart.”

”Du menar att han lämnade landet iklädd badbyxor och badrock och simmade till Tyskland?” Tanken på en simmande borgmästare på väg till Tyskland fick henne att fnissa.

”Lägg av, du vet vad jag menar”, sa Mårten stött.

Lisa la band på sig och tittade intresserat på honom. ”Nej, det vet jag inte, vad menar du? Om han nu skulle bada borde han väl ha tagit av sig badrocken. Margit hävdade bestämt att den var borta, så den måste han haft på sig.”

”Jag menar att detta kan vara en skenmanöver. Han lämnade sina trätofflor här för att få det att se ut som om han försvunnit vid bryggan. Margit sov när han lämnade hemmet. Han var kanske stressad och glömde bort att han skulle lämna badrocken här. Eller …" Mårten tvekade lite.

Lisa slog sig ner på bryggkanten. "Eller vad?" Hon väntade otåligt och pillade på en träflisa som var på väg att lossna från bryggan.

"Eller så är det borgmästaren som haft ihjäl Silfverstolpe." Mårten slog sig ner bredvid Lisa. "Han skulle ju in på förhör och så försvinner han samma dag, det tycker då jag är ett märkligt sammanträffande."

"Det håller jag med dig om", sa Lisa eftertänksamt. "Men om han nu planerat att försvinna i dag, borde han ha haft kläder på sig under badrocken och sedan lämnat badrocken ute på bryggan."

"Ja, det är något som inte stämmer", sa Mårten frustrerat.

"Det finns en möjlighet till", sa Lisa dröjande.

"Att även han är död", konstaterade Mårten.

"Silfverstolpe och borgmästaren hade fått i uppdrag att köpa en tomt i anslutning till Falsterbo Golfklubb, men istället köpte de tomten i Håslöv", fortsatte Lisa. "I går pratade vi med de övriga tre investerarna och det var inte någon av dem som direkt jublade över den investeringen."

"Det kan jag verkligen förstå", sa Mårten. "Det är onekligen lite skillnad på läget vid golfklubben och någon tomt längst ute på vischan."

"Men", fortsatte Lisa, "Crona har inget motiv och han har alibi. Då återstår Delon och Sandén, men de gick hem först. De kan omöjligt ha slagit ihjäl Silfverstolpe utan att Archie och Crona märkt något."

"Vi har missat något, frågan är bara vad. Och om nu någon

av männen på golfklubben har slagit ihjäl Silfverstolpe har de kanske kidnappat borgmästaren för att förmå honom att häva köpet av tomten i Håslöv", sa Mårten energiskt. "Eller så har de helt enkelt slagit ihjäl honom också."

"Det är inte säkert att Silfverstolpes död och borgmästarens försvinnande har med varandra att göra. Jag menar att det kan finnas en logisk förklaring. Han kanske gick hem till någon av de andra morgonbadarna och glömde sina trätofflor på stranden."

Mårten slog ut med handen. "Det är ju klart som korvspad att det hänger ihop. Det behöver man inte vara polis för att konstatera."

"Snälla Mårten, kan vi för en gångs skull se på detta med helt öppna ögon. Inga förhastade slutsatser, inga hjältefasoner och inga egna konspirationsteorier. Från och med nu delger vi varandra allt vi kommer fram till och allt nytt som dyker upp. Du tar inga egna beslut, som när du åkte hem till Sophia och berättade att Silfverstolpe var död. Från och med nu jobbar vi som ett team." Lisa sträckte fram handen.

Mårten tvekade en sekund och tänkte att han missat när Lisa blivit befordrad till att leda utredningen, men höll god min. Han kunde hålla med Lisa om att han borde ha väntat på henne innan han stressade hem till Sophia, men det hade ju löst sig på bästa sätt. Han tog bestämt Lisas hand. "Teamwork ska det bli."

De satt på bryggan en stund under tystnad, var och en i sina tankar. Lisa funderade så intensivt att hon började få en lätt molande huvudvärk. Hon visste inte om det var det intensiva tankearbetet de senaste dagarna eller om det var väderomslaget. Det hade regnat kraftigt på morgonen, men nu hade det torkat upp och värmen hade klättrat upp emot gårdagens temperatur. Mörka moln borta vid horisonten tornade upp sig och hotade med nya regnskurar. Det var folktomt på stranden och hade inte Mårten varit där skulle hon ha varit i vattnet i bara mässingen.

Mårten hade svårt att samla sina tankar. Han satt och tänkte på Frugan och ungarna och kom på sig själv med att redan sakna dem. Han undrade vad de gjorde nu. Förmodligen satt de i bilen eller så hade Frugan fallit till föga för ungarnas tjat och stannat vid någon snabbmatskedja längs med vägen. De borde vara framme snart. Han övervägde om han skulle ringa, men kom fram till att risken var att Frugan släppte koncentrationen på vägen när hon svarade och för övrigt gick telefonen av någon anledning inte att ringa ut på. Något sms kunde han inte heller knappa in eftersom flera av tangenterna var lösa och inte fungerade som det var tänkt. Han fick helt enkelt tåla sig tills Frugan ringde. Han kontrollerade att ljudet var på och stoppade ner mobilen i fickan igen och bestämde sig för att skaffa en ny så snart som möjligt.

”Mårten, hallå, ska vi ta tag i dagen. Vi har en hel del att göra. Jag måste ringa Holmgren och kolla en sak.”

”Javisst”, sa Mårten förvirrat. ”Då kikar jag omkring så länge.”

På avstånd hörde han hur Lisa förklarade läget för Holmgren. Att hon var irriterad kunde han se på hennes kroppsspråk.

Han tog en sista grundlig titt i vattnet och kollade fotspår där brygga och strand möttes. Det var helt omöjligt att se något vettigt, det vimlade av fotspår och regnet på morgonen hade gjort att de var otydliga och svåra att urskilja. Han böjde sig ner och plockade upp trätofflorna och la dem i en plastpåse. Han tittade ut mot bryggan och såg att Lisa avslutat sitt samtal.

”Nå, vad sa han?” ropade Mårten och släntrade ut på bryggan igen.

”Holmgren sa att de inte kommer ner eftersom det inte föreligger någon brottsmisstanke.” Lisa lät besviken. ”Stänga av stranden är inget alternativ, då får vi en massa problem med badfolket när de får vända hemåt. Fast i dag tror jag inte att det är någon risk att det kommer ner så värst många badgäster. Holmgren sa att om vi hittar blodspår kommer de ner på en gång, annars avvaktar de.”

32

Måndagsbingo

Måndag den 17 juni,
Sjögatan i Falsterbo och på polisstationen

”Jag är så orolig, Lars har inte varit sig själv den senaste tiden.”

Mårten lyssnade uppmärksamt på Margit och tog en klunk av sitt kaffe. Han hade stor erfarenhet av snutkaffe efter sina många år inom Malmöpolisen. Kaffet Margit bjöd på smakade ännu värre. Trots att han spetsat kaffet med mjölk och fyra sockerbitar hjälpte det inte. Han undrade för sig själv om detta var kaffet borgmästaren glömt i kaffebryggaren innan han lämnade huset i morse.

”Nu ska du inte oroa dig i onödan.” Mårten hörde själv hur dåligt det lät när han sa det.

”Men Lars är så ordningsam. Han skulle aldrig bli borta utan att meddela mig.”

Mårten slog diskret ut sitt kaffe i vasken. ”Hade han några fiender?”

”Fiender?” Margit tittade bestört på honom.

”Ja, jag menar i egenskap av sitt ämbete som borgmästare för kommunen”, förtydligade Mårten.

”Det finns säkert de som kan irritera sig på en man i hans

position", sa Margit tveksamt. "Det händer ofta när vi är ute privat och handlar eller äter en bit mat att någon kommer fram för att prata politik eller klaga på något."

"Det kan jag tänka mig är jobbigt för er", sa Mårten förstående. "Har du lagt märke till om han varit orolig den senaste tiden?"

"Som jag sa har han verkat pressad och lättirriterad. Moderaterna har tappat väljare i kommunen och så har han det där projektet med kasinot ovanpå allt. Jag tror helt enkelt att det är för mycket för honom nu."

Mårten tittade ut genom köksfönstret på borgmästarens Mercedes Benz som stod på uppfarten.

"Ny bil eller?"

"Ja, det är Lars ögonsten."

"Det förstår jag. Hade inte haft något emot att ha en sådan själv, men de är snordyra."

"Jag blev faktiskt överraskad när Lars kom hem med den för någon månad sedan och berättade att han äntligen köpt sin favoritbil."

"Fast en borgmästare tjänar säkert bra."

"Jo visserligen, men jag blev ändå väldigt förvånad och smått chockerad när Lars visade kvittot på att han köpt bilen kontant. Han var så stolt."

"Va?" Mårten trodde inte sina öron. "Köpte din man en bil för över miljonen kontant?"

"Jag trodde först att Lars var från vettet men han hade tydligen fått förskott från några nya styrelser som han blivit invald i."

"Oj, det var inte dåligt", utbrast Mårten spontant. "Vilka styrelser är det?"

Margit fyllde på sin kaffekopp och höll upp kannan mot Mårten som tackade nej till en påtår.

”Jag vet inte vad det är för styrelser. Jag frågade men fick inget klart besked. Han sa bara att han hittat ett bra extraknäck.” Hon såg ut att tänka efter. ”Jo, han kallade det så. Sedan var det en sak till. När jag lämnade en av hans kavajer till kemtvätt förra veckan tömde jag som vanligt fickorna. Då hittade jag ett kvitto på en klocka. En Rolex i guld. På prislappen stod det 204 500 kronor.”

”Det var som tusan.” Mårten visslade till. ”Frågade du honom om klockan?”

”När jag nämnde det för honom blev han väldigt upprörd och slet åt sig kvittot. Han sa att det var feltryck och att klockan kostat 20 450 kronor. Men bara det tycker jag är en hiskelig summa för en klocka.”

Det höll Mårten med om. Han tittade ner på sin egen Casio sportklocka i plast som han fyndat för 249 kronor. Extraknäck och kontant betalning för miljonbelopp. Borgmästaren hade tydligen kommit på grön kvist den senaste tiden. Frågan var om pengarna kom från de påstådda styrelseuppdragen eller om det var pengar från kasinoprojektet.

”Jag tänkte gå iväg och prata med de övriga i badklubben nu. Den där badlistan som du nämnde tidigare, kan jag få låna den?”

Mårten stod i ösregnet utanför Unos hus med badlistan i näven.

Dörren öppnades och Mårten förklarade sitt ärende. Uno bjöd in honom i hallen.

”Men vad säger du, är borgmästaren försvunnen?

”Ja alltså, det vet vi inte riktigt än. Men såg du honom i morse? Enligt listan jag har så badar du tiden före honom.”

”Jo, det stämmer. Vi har våra fasta tider i Sjögatans badklubb.”

”Hur var det i morse? Såg du borgmästaren nere vid bryggan?”

”Jadå, vi hälsade på varandra som vanligt. Sedan Lars blev borgmästare har vi inte haft mycket kontakt. Tidigare var han alltid med på våra vägfester men det är längesen nu. Integritet hör väl till när man är borgmästare, kan jag tänka.”

Mårten kände hur hans genomvåta kläder klistrade sig kalla mot huden. Han bannade sig själv att han inte lånat paraplyet som Margit erbjudit honom.

”Du märkte inget ovanligt i morse, eller såg du någon annan på stranden?”

Uno tittade beklagande på Mårten. ”Nej tyvärr, det var folktomt. I morse var inte ens de morgontidiga hundägarna ute trots att det var ett riktigt hundväder”, skrockade han.

Mårten ignorerade skämtet och bad Uno höra av sig om han kom på något som kunde vara till nytta för utredningen. Han stack ett skrynkligt visitkort i Unos hand och lämnade huset.

”Ta filten i baksätet och sätt dig på den så du inte blöter ner.”

Mårten tittade på Bertil som krånglat in sig i förarsätet till sin lilla Fiat. Tutan ljöd ilsket. ”Jäkla tutande, sedan jag passerade etthundratjugo kilo stöter magen i ratten varje gång jag ska in och ut ur bilen”, pustade Bertil.

Mårten skrattade. Han och Bertil brukade springa på varandra på församlingshemmet. Speciellt när det vankades fika. ”Jättesnällt att jag kan åka med dig tillbaka.”

Bertil la i ettan och bilen ryckte till och rullade motvilligt iväg.

”Ingen fara Mårten, tjänster och gentjänster. Jag kör dig till polisstationen och du håller i dagens aktivitet på församlingshemmet.”

”Deal.” Mårten var nöjd som slapp gå till Skanör i ösregnet. ”Enligt badlistan har du tiden efter borgmästaren. Såg du honom i morse?”

”Nej, jag badar aldrig när det regnar. Borgmästaren badar enligt vad jag hört året runt. När jag såg vädret i morse kröp jag tillbaka ner i bingen igen. Fördelen med att vara pensionär är att man slipper passa en massa tider och måsten.”

Mårten tittade på hastighetsmätaren som visade åttio och hastighetsskylten de passerade som visade femtio. Han knackade lätt på instrumentbrädan. ”Behöver jag påminna om att du har en polis i bilen?”

”Ivar tjugotvå … Ivar tvåa tvåa …”

Lisa slutade med det hon höll på med och reste sig från stolen.

”Olof sjuttiofyra … Olof sjua fyra …”

Jag hoppas att jag hör fel, tänkte hon, men gick nyfiket nedför trappan och vidare in i stora salen på församlingshemmet. Men hon hade dessvärre inte misstagit sig. Framför ett tjugotal pensionärer satt Mårten fullt engagerad och snurrade hjulet med de små numrerade bollarna.

”Ursäkta mig Mårten, men vad gör du?” sa hon förvånat.

”Hej Lisa”, sa Mårten glatt. ”Vill du vara med på måndagsbingo?”

”Alltså, vi har lite annat att göra, kan du komma nu?”

”Det går tyvärr inte, jag hoppade in som ersättare för Margit”, sa han beklagande. Men när han såg Lisas bistra min la han till: ”Men jag är snart klar.”

”Kom upp när du lekt färdigt, tack!” sa Lisa irriterat och blängde på Mårten.

”Men kära vän, slå dig ner en stund”, sa en av damerna och

klappade på stolen bredvid sig. "Du kan få en av mina bingobrickor, så ska jag visa dig hur det går till."

"Jag är ledsen, men jag har ett mord och ett försvinnande att utreda, så jag hinner tyvärr inte", sa Lisa onödigt stramt.

"Men kära hjärtanes, du kan inte jobba hela tiden. Du ser Mårten, han är så social och trevlig och dig har jag inte sett mycket av här nere i församlingshemmet."

"Hur har det gått?" Mårten slog sig ner på stolen mitt emot Lisa.

"Vad håller du på med? Borgmästaren är försvunnen. Silfverstolpe är död och du sitter och drar bingobollar." Lisa satte irriterat händerna i sidorna och blängde surt på Mårten.

"Jag vet, men jag bytte tjänster med Bertil. Det ösregnade och jag …"

"Du behöver inte berätta, jag vill inte veta", avbröt Lisa som själv cyklat till polisstationen i ösregnet. "Hur gick det på Sjögatan?"

"Uno som har tiden före borgmästaren hälsade på honom vid bryggan men märkte inget ovanligt. Bertil som har tiden efter hoppade över sitt morgonbad och de andra på Sjögatan har inte stött på honom. Däremot borde du lyssna på detta. Borgmästaren verkar ha tjänat bra med extrapengar senaste tiden."

"Berätta", sa Lisa nyfiket och Mårten berättade nöjt om den kontantinköpta bilen och kvittot i kavajen. Lisa kunde minsann inte klaga på att han låg på latsidan. Verkligen inte.

"Det kan ju vara så att han har vunnit pengarna på spel", sa Lisa dröjande. "På Casino Cosmopol berättade de att han var en frekvent besökare och det skulle kunna vara spelvinster. Det borde vi nog kolla upp."

Glädjedödare, tänkte Mårten förargat. Varför kunde hon inte bara ge honom det. ”Visst, kolla du det”, sa han stött, ”men jag håller på att det är pengarna från kasinoprojektet. Hur har det gått för dig?”

”Mest skrivbordsjobb. Ringt och beställt samtalslistor för Silfverstolpes mobiltelefon och hans hem. Rotat runt i Silfverstolpes förflutna. Han har varit gift inte mindre än tre gånger tidigare. Två av hans tidigare fruar är hundratals mil härifrån och har fullgoda alibin. Men kan du gissa var hans tredje exfru befinner sig?”

Mårten slog ut med armarna. ”Inte en aning. Hur ska jag kunna gissa det?”

”Du ska få en ledtråd.” Lisa pekade rakt ner i golvet.

Mårten for upp ur stolen. ”Va? Är hon här på församlingshemmet?”

”Nej kloker, men hon är faktiskt här i Skanör”, sa Lisa skrattande.

”Bor hon här?” Mårten satte sig på kanten av skrivbordet.

”Detta är helt galet. Jag pratade med hennes och Silfverstolpes gemensamma son Carl-Magnus som befann sig i hemmet i Frankrike. Han berättade att hans mamma, Madeleine Kleebe, är i Skanör på semester. Hon bor hos en god vän som är hästuppfödare.”

”Men vad fan, detta är ju lysande. Äntligen börjar det röra på sig.” Mårten höll upp en hand i luften. ”Hög fem”, sa han och kände sig upprymd. Lisa daskade till hans hand med sin.

”Det behöver inte betyda något, men jag håller med om att det börjar hända saker i utredningen”, sa Lisa och fortsatte. ”Jag har pratat med Holmgren och Pettersson och de har lovat oss en fullständig rapport direkt efter midsommar. Tyvärr kan de inte ge oss något tidigare. Billund ringde för en stund sedan och jag tog upp frågan om vi ska efterlysa borgmästaren. Det ville inte Billund", sa Lisa med en suck. "Han menar att om vi går ut med en efterlysning kommer media och press att vara över oss som blodtörstiga vargar. Han vill att vi sköter utredningen diskret. Han undrade också var Fredrik höll hus. Har du sett till honom, förresten?"

"Nej, men han har väl vett nog att hålla sig hemma i detta busväder. Fast jag undrar hur mycket han tillför utredningen egentligen. Vi klarar detta bra, du och jag."

Lisa log mot Mårten. "Jo, men Billund är vår chef och hans ord gäller. Trots allt har jag aldrig jobbat med en mordutredning tidigare och det har väl inte du heller?"

Mårten skakade på huvudet. "Nej, men jag är säker på att vi klarar det. Hur svårt kan det vara?"

"Ganska skönt att kunna luta sig mot Fredrik då. Han har ju många års erfarenhet."

"Bakom skrivbordet ja", fyllde Mårten småsurt i.

"Sluta nu muttra. Tre hjärnor är bättre än två. Vi fortsätter jobba som vi gjort hittills och Fredrik hakar på när han dyker upp."

33

Bärnstensletaren

Tisdag morgon den 18 juni, Stenudden i Ljunghusen

”Schysst att du kunde köra, Fredrik”, sa Mårten uppskattande och ålade sig in i bilens baksäte.

”Så lite så. Om jag nu inte kan tillföra utredningen något, kan jag åtminstone tjänstgöra som privatchaufför så att näsets cykelburna poliser får lite avlastning”, sa Fredrik och gäspade stort.

Lisa tittade på klockan på instrumentpanelen som visade 06.40. Än en gång hade hon fått dra upp Linnea i ottan. Fredrik hade först hämtat upp Lisa och Linnea och sedan hade de släppt av Linnea hemma hos Egon.

Hennes dotter stortrivdes tillsammans med Egon, och Lisa visste att det var ömsesidigt. Mårten hade de plockat upp sist och som vanligt hade de fått vänta på honom. Han hade kommit utsläntrande med håret på ända, tuggande på en macka. Han hade försvarat sig med att han inte kunde jobba om han hoppade över frukosten. Det störde Lisa som själv fått ge sig iväg hals över huvud utan att få något i sig.

”Är det inte helt otroligt?” sa Mårten uppspelt. ”Här händer absolut ingenting och så går Silfverstolpe och blir mördad och kort därpå dyker nästa lik upp. Två mord på mindre än en vecka, det är grejer det."

"Det där vet vi inget om", bet Lisa av. "Det är inget som tyder på att det ligger ett brott bakom."

"Klart att det är mord", fortsatte Mårten ivrigt. "Frugan pratar ofta om sin kvinnliga intuition och i det här fallet går jag helt på min manliga magkänsla. Jag slår vad om att det är vår kära borgmästare som återvänt från sitt morgondopp."

"Om det nu är som du säger kan jag och Linnea vinka farväl till vårt sommarlov tillsammans, då lär vi få fullt upp", sa Lisa med en suck.

"Ja, och jag kan vinka farväl till min sjukskrivning", sa Fredrik uppgivet. "Det kändes som om jag precis var på väg att närma mig ett normalt avslappnat livstillstånd när jag plötsligt blev inkastad i mordutredningen."

"Jamen, kan ni två vara lite positiva nu. Jag är evinnerligt trött på att sitta och vända papper på kontoret, äntligen får vi något värdigt att hugga tag i. Det här är anledningen till att jag blev polis. Jag blir svettig bara jag tänker på allt vi kommer att få stå i. Positivt svettig menar jag då så klart, inte som när jag cyklar", fortsatte Mårten exalterat. "Jag undrar hur han blivit mördad? Vad tror du Fredrik?"

Mårten tittade förväntansfullt på Fredrik, men innan Fredrik hann komma med någon teori bröt Lisa in.

"Mördad? Du har inte tänkt på att det kan vara en drunkningsolycka. Det kan vara vem som helst. Det är inte ens säkert att det är borgmästaren."

"Vad du är stingslig i dag, Lisa. Har det hänt något?"

Lisa fick lite dåligt samvete. Det var ju knappast Mårtens fel att Billund ringt om den ilandflutna kroppen.

"Förlåt Mårten, det var inte meningen att bli irriterad. Jag hann inte äta frukost och mitt blodsocker är i botten."

"Du kan få den här", sa Mårten generöst och räckte fram sin halvätna macka mot Lisa. "Det är lingongrova med leverpastej, bacon och lök. Min egen variant av dyrelegens natmad."

"Tack, det är bra. Det tar nog inte så lång tid på stranden och jag kan vänta till vi är klara där. Vi kanske kan stanna till på Annas bageri och köpa en bulle sedan", föreslog hon.

"Är du säker på att du inte vill ha?"

"Ja, helt säker."

Mårten stoppade in resten av mackan i munnen och Lisa kände doften av rå lök. Hur han kunde äta sådant så tidigt på morgonen var en gåta för henne. Mårten verkade kunna stoppa i sig vad som helst, när som helst.

Bilen svängde höger vid trafikljusen in mot Storvägen och passerade Ljungenskolan som låg på vänster sida. Parkeringen var tom så när som på ett fåtal bilar. Förmodligen några som utnyttjat platsen som pendlarparkering och sedan tagit bussen vidare mot Malmö. Skolan låg öde och en sommarlovskänsla hade infunnit sig. "Här gick jag i årskurs fem och sex", upplyste Mårten dem om.

"Oj, jag trodde inte att skolan var *så* gammal", sa Lisa med ett skratt.

"Kul", mumlade Mårten och försvann in i gamla minnen om kulspel, tafatt och dunkgömme på skolgården.

Fredrik svängde höger vid Stjärnplan och fortsatte Parkvägen rakt ner.

"Bärnstensletaren som hittade kroppen skulle möta oss på parkeringen", sa Lisa.

"Märkligt att leta bärnsten nu", sa Mårten fundersamt. "På sommaren brukar det inte vara mycket bärnsten. Men vinden har i och för sig varit sydostlig de senaste dagarna, så det finns kanske en liten chans att hitta något ändå."

"Där, det måste vara bärnstensletaren", sa Lisa ivrigt och pekade mot en hopsjunken man som satt på ett lågt staket där parkeringen övergick i sand.

"Börje Löfgren", sa mannen och sträckte fram en grov näve. De presenterade sig och följde sedan efter Börje, som visade sig vara en man i sjuttioårsåldern med en stor passion för bärnstenar. Enligt egen utsago hade han varit aktiv bärnstensletare sedan barnsben och de gyllengula stenarna upphörde aldrig att fascinera honom. Han förklarade för dem att han förvarade sin utrustning i en närliggande badhytt. Börje gick, trots att han bar vadarstövlar, med spänstiga steg ner mot stranden och de andra fick småspringa för att hänga med honom.

"Jag har varit här tusentals gånger", sa han upprört. "Jag har aldrig någonsin varit med om något liknande. Visst har det ibland förekommit en och annan död knubbsäl och någon svan då och då, men aldrig en människa." Han höll hårt i sin kratta som han berättat att han använde för att kratta fram bärnstenar med.

"Nej, det hör väl inte till vanligheterna att det flyter iland kroppar", sa Mårten klumpigt. Mannen tittade bestört på honom.

"Nej, det gör väl inte det, tack och lov."

"Var hittade du honom?" inflikade Lisa snabbt.

"Borta vid Stenudden, ett par hundra meter härifrån, västerut. Jag bor vid en av tvärgatorna till Storvägen och brukar cykla ner till Storvägens parkering. Sedan går jag en morgonrunda antingen bort mot golfbanan eller åt andra hållet mot kanalen till."

”Golfbana?” sa Lisa förvånat. ”Finns det en golfbana här vid stranden?”

”Ja, Ljunghusens Golfklubb löper parallellt med stranden”, upplyste Börje henne om.

Det kunde väl inte vara ännu ett golfbanemord, tänkte Lisa förbryllat.

”Där ligger kroppen.” Börje pekade ett tiotal meter bort mot vattenbrynet.

Det var ingen tvekan om vem det var.

”Där har vi vår försvunne borgmästare”, konstaterade Mårten.

Börje stannade en bit ifrån, medan de andra tog de sista stegen bort mot kroppen. Den blårandiga frottébadrocken omslöt kroppen som en våt filt. Fredrik gick motvilligt fram för att kontrollera pulsen och konstaterade det som alla redan visste. ”Han är död.”

Bärnstensletaren såg chockad ut. ”Borgmästaren?” sa han tvivlande. ”Vad är det som händer i vår kommun? Jag läste om mordet på Sven Silfverstolpe, fruktansvärd historia.” Han tittade förskräckt på poliserna. ”Tror ni att borgmästaren också blivit mördad?”

Lisa och Mårten förstod båda vikten av att hålla utredningen väldigt tajt. ”Det är mycket möjligt att borgmästaren inte utsatts för något brott. Det kan vara en drunkningsolycka.”

Mannen tittade lättat på henne. ”Ja, jag hoppas att du har rätt. Två mord i sommaridyllen, det är två för mycket. Risken är att inga turister vågar sig ner nu”, sa han med en suck.

”Vart tar kriminalteknikerna vägen?” sa Mårten och tittade irriterat på klockan.

”Jag pratade precis med Billund”, sa Fredrik. ”Johanna och solstrålarna Holmgren och Persson borde vara här när som helst.”

De stod alla fyra och betraktade borgmästaren som låg och

skvalpade i vattenbrynet. Runt de kraftiga, ljust lilafärgade benen slingrade sig blåstång. Huvudet låg vänt åt sidan och såg fridfullt ut med slutna ögon.

”Ska vi verkligen låta honom ligga så där”, sa Börje uppbragt. ”Han kanske flyter iväg.”

”Vi har fått uttryckliga order om att inte flytta honom”, sa Lisa.

”Han lär inte flyta iväg heller”, sa Mårten. ”Det är pålandsvind”, la han till. ”Har du förresten hittat någon bärnsten?” Mårten vände sig mot Börje.

”Bara några små.” Han stoppade ner handen fickan och visade morgonens fynd. ”Jag hittade en gång en riktig klump på 1,8 kilo, men det är väldigt ovanligt att hitta så stora”, sa han stolt. ”Oftast blir det bara lite småplock. De bästa stenarna har jag hittat precis i vattenbrynet där vågorna rullar in. Bärnsten har en densitet på 1,05, vilket gör att de flyter på ytan ihop med pinnar och sådant. Lätt som en plätt att fånga in dem med håven. Men det gäller att vara tidigt ute för vi är många om dem.”

”Men vad gör du med alla dina bärnstenar?” undrade Lisa nyfiket.

”Jag är samlare, så de flesta behåller jag själv. Förvarar stenarna i stora glasburkar och placerar dem i fönstret, när solen skiner på dem är det otroligt vackert. Och så tillverkar jag ibland smycken åt hustrun och hennes väninnor.”

”Säljer du dem aldrig?” ville Mårten veta.

”Jo, det händer väl. Leif Brost som driver bärnstenssnideri i Kämpinge köper in en del av mig. Visste ni förresten att Falsterbobukten och Kämpingebukten kallas Bärnstensbukten? På hösten anordnar jag ibland bärnstensvandringar längs med kusten och de är väldigt uppskattade.” Börje slukades upp helt av sina berättelser kring bärnstensfynd och verkade för tillfället ha glömt allt om den döde borgmästaren.

Holmgren och Persson hade satt upp ett vitt tält kring borgmästaren och var i full fard med att spärra av stranden med plastband. Johanna som kommit samtidigt med de båda teknikerna var sysselsatt med att fotografera kroppen inne i tältet.

”Har han en guldklocka på vänster handled?” sa Mårten och tittade in genom tältöppningen.

”Ja, hur visste du det?”

”Jag pratade med hans fru i går och hon nämnde att han nyligen köpt en Rolex i rent guld. Värd så där tvåhundratusen.”

”Tvåhundratusen för en klocka?” sa Johanna förvånat. ”Jo, det stämmer, han har en Rolex på sig.”

”Kan du se hur han dog?” undrade Mårten nyfiket.

”Nej, det är omöjligt att avgöra så här tidigt. Men det jag kan säga är att han har ett sår vid vänster tinning.”

Mårten hajade till. ”Ser märket likadant ut som det Silfverstolpe hade?”

”Det är för tidigt att uttala sig om. Jag har redan sagt för mycket.”

”Nu låter du precis som Holmgren”, sa Mårten otåligt. ”Något mer kan du väl säga?”

”Jag kan säga att han förmodligen inte varit död i mer än tjugofyra timmar.”

”Det kan jag också räkna ut”, sa Mårten och himlade med ögonen. ”Han försvann ju i går morse.”

Längre kom han inte innan konversationen dränktes av ett smattrande oväsen. Han tittade bestört upp mot helikoptern som cirklade ovanför dem.

”Satan! Pressen är här.” Han såg hur Persson fäktade med armarna för att mota iväg helikoptern och Holmgren som ilsket sträckte upp båda långfingrarna i luften och svor en lång ed över tabloidpressens totala respektlöshet.

34

Pressen ökar

Tisdag förmiddag den 18 juni, hemma hos Margit, på polisstationen och hemma hos Egon

”Lars, min älskade Lars.” Margit höll hårt i fotoramen och tryckte den mot bröstet. Bilden såg ut att vara femton år gammal och föreställde en solbränd och avslappnad man. Den man som flutit iland vid Stenudden hade inte många likheter med mannen på bilden.

”Det är så här jag minns min Lars. Den här bilden togs på vår båt i Skanörs hamn sommaren innan han träffade den där hemske Sven Silfverstolpe”, sa Margit med tårar i ögonen.

Lisa kramade om henne och sa försiktigt: ”Vad hände när Lars lärde känna Silfverstolpe?”

”Lars var veterinär och hade hästar som sin specialitet och drev under många år Falsterbo Hästveterinär som hade ett nära samarbete med Falsterbo Horse Show.”

”Veterinär? Det hade jag ingen aning om att han varit”, sa Lisa.

”Lars har alltid varit väldigt hästintresserad. Han växte upp på en hästgård och visste redan från barnsben att det var hästveterinär han skulle bli.” Tårarna rann nerför Margits kinder och Lisa kände att de trängde sig på i sorgen.

”Jag förstår att det är väldigt jobbigt att prata om Lars”, sa Lisa försiktigt. ”Vill du att vi avbryter?”

”Nej, det är jobbigt, men samtidigt känns det skönt att prata om honom som han var förr”, sa Margit med eftertryck. ”Jag vill att ni ska veta allt om Lars så att han kan få upprättelse och jag får klarhet i hur han dog.”

”Hur kommer det sig att han började engagera sig politiskt?” frågade Mårten nyfiket.

”Lars har alltid varit engagerad med olika politiska uppdrag vid sidan om sin veterinärpraktik, men det var mer på hobbynivå.”

”När bestämde han sig för att bli borgmästare?”

”Det gjorde han egentligen aldrig, det var helt och hållet Silfverstolpes verk. Lars och Silfverstolpe träffades under en VIP-fest på Falsterbo Horse Show och då hade Silfverstolpe precis flyttat hem från Frankrike och startat sin byggfirma. Han hade problem med att få bygglov och Lars med sina kontakter kunde hjälpa honom.”

Margit fortsatte sin berättelse och en helt annan bild av den borgmästare Lisa och Mårten träffat på lördagen växte fram.

”Så du menar att det var Silfverstolpe som såg till att han blev borgmästare”, sa Lisa förvånat. ”Hur kan det komma sig?”

”Silfverstolpe insåg att Lars skulle vara till ännu större nytta om han blev kommunalråd. Lars var omtyckt av alla och därför seglade han snabbt upp som förstanamn på moderaternas valsedel och tillträdde som kommunalråd för snart tio år sedan. För några år sedan fick han även hederstiteln borgmästare. Silfverstolpe var nöjd och kunde på så sätt styra och ställa som han ville genom att utnyttja Lars position”, sa Margit bittert.

”Vad hände med hans veterinärklinik?” frågade Mårten intresserat.

”Den hade han allt mindre tid för och till sist fick han lägga ner verksamheten”, sa Margit sorgset. ”Det var efter det som vi började förlora varandra allt mer. Han var stressad och satt i eviga möten om ämnen som inte intresserade honom. Han blev allt mer olycklig och pengar och status blev plötsligt viktigt för honom. Det senaste året eskalerade det när han gick in i någon form av projekt med Silfverstolpe och några andra lokala näringsidkare. Jag förstod att något var galet när han inte kom hem, det sa jag till dig i går.” Margit tittade anklagande på Mårten. ”Jag förklarade att något inte stämde, men du verkade mer intresserad av bilen, styrelser och badklubben.”

Mårten blev så paff att han inte kom sig för att säga något.

Grannfrun som kommit över la armarna om Margit och kramade henne. ”Det blir bra ska du se”, tröstade hon.

Blir bra, tänkte Lisa som av egen erfarenhet visste att det tog tid innan det blev bättre. Och bra blev det väl aldrig. Det blev så lätt plumpt när någon skulle försöka trösta. Lisa harklade sig. ”Vi beklagar verkligen sorgen. Är det något vi kan hjälpa dig med?”

”Hur dog han?” snyftade Margit. ”Jag vill veta hur Lars dog.”

”Det där vet vi inte riktigt än”, sa Lisa mjukt. ”Han hittades som vi sa på stranden i Ljunghusen och vi vet inte om han har drunknat eller vad som annars kan ha hänt.”

”Han blev väl inte mördad precis som Silfverstolpe?” sa Margit oroligt.

Lisa tog hennes hand. ”Jag är helt ärlig när jag säger att vi inte vet än, men vi kommer att göra allt som står i vår makt för att ta reda på det. Så fort vi vet är du självklart den första som får veta.”

”Tack”, sa Margit med sprucken röst.

”Vi skulle behöva låna Lars mobiltelefon. Vet du var den är?”

”Den ligger säkert inne i hans arbetsrum. Ett ögonblick så ska jag gå och se efter.”

Hon återvände med mobilen och räckte över den till Lisa.

”Tack, vad bra.” Lisa tryckte igång den och konstaterade besviket att det krävdes pinkod. ”Vet du vad han har för kod?”

”Ingen aning”, sa Margit urskuldande.

”Fanns det något årtal som betydde extra mycket för honom? Det är vanligt att man använder ett nummer som betyder något för en när man väljer koder till mobil, bankkort, hemlarm och sådant”, förklarade Lisa.

”1978, det var året vi gifte oss.”

Lisa provade, men det fungerade inte.

Margit såg besviken ut. ”Vi har alltid haft den koden till allt och jag trodde att den betydde lika mycket för Lars som för mig.” Margit hade tårar i ögonen.

”Vilken dag gifte ni er?” avbröt Mårten.

”Vad har det med saken att göra?” sa Lisa irriterat.

”Vi gifte oss på självaste julafton. Det var Lars idé, han har alltid varit tokig i julen och menade att med det datumet skulle han aldrig glömma bort vår bröllopsdag.”

”Knappa in 2412”, uppmanade Mårten.

Lisa gjorde som han sa och mobilen låstes upp. ”Hög fem”, sa Mårten nöjt och smackade till Lisas hand.

Mårten ryckte upp dörren till förarplatsen så hårt att Fredrik var nära att trilla ur bilen. ”Förlåt, väckte jag dig?”

”Jag tog bara en powernap”, sa Fredrik yrvaket.

”Jaha du. Somliga har det bra, medan andra får jobba och slita.”

”Det är ni som är poliser, jag är bara chaufför. Gick det bra hos Margit?”

”Hon blev så klart väldigt ledsen och var orolig att även Lars mördats”, sa Lisa.

”Men borde inte någon av er stanna hos henne?” sa Fredrik bekymrat.

”Grannfrun är hos henne och har lovat att stanna så länge det behövs.”

”Vad bra. Vart får jag köra mitt herrskap nu då?”

”Mot polisstationen”, sa Mårten ivrigt. ”Nu ska det jobbas.”

”Så där ja, nu var vi framme”, sa Fredrik och körde in till kanten. ”Närmare än så här kommer ni inte.”

”Kanon Fredrik, tack. Du har möjligtvis inte vägarna förbi Bauhaus i dag?” sa Mårten ivrigt.

”Bauhaus?”

”Ja, de säljer ut takpapp till halva priset och har du inget annat för dig kanske du skulle kunna köra mig till Bauhaus?”

”Fredrik är redan tingad”, sa Lisa snabbt. ”Han ska passa Linnea. Och du ska jobba med mig, Mårten.”

”Om jag nu måste jobba hela dagen så kan Linnea följa med Fredrik. Det kan säkert vara kul för henne att komma ut på en utflykt.”

”Kallar du Bauhaus en utflykt?” sa Lisa skeptiskt.

”Ja, det finns väl inget trevligare än en heldag på Bauhaus”, sa Mårten saligt.

”Jag kan tänka mig många ställen som är roligare för Linnea än Bauhaus. Stranden till exempel.”

”Jag håller med”, sa Fredrik. ”I den här värmen är det stranden som gäller.”

”Säkert att det inte är för mycket besvär?” sa Lisa.

”Nej då, det är lugnt. Jag avlöser Egon och tar hand om Linnea. Ni två lär ha fullt upp i dag. Gå nu in och jobba med er.”

”Tack, du är en pärla”, sa Lisa och gav honom en snabb kram.

Fredrik betraktade roat Egon som kröp runt på alla fyra med Linnea på ryggen. ”Hoppla pållen, hoppla pållen”, ropade Linnea och smackade med läpparna. Egon gav upp ett ljud som förmodligen skulle låta som en gnäggande häst. Det lät mer som ett bräkande får. Han kröp glatt vidare med en skrattande och bubblande glad Linnea på ryggen.

Fredrik tittade på dem och tyckte att det var fantastiskt att båda hade lika roligt trots en åldersskillnad på sjuttiofem år.

”Highway to hell” skrällde igång och Fredrik tog upp telefonen och tittade på displayen. Billund.

Han övervägde en kort stund att låta bli att svara. Men han visste att Billund var en envis jäkel som aldrig gav sig och för att slippa ha honom i hasorna hela dagen bestämde han sig för att ta samtalet.

”Hallå, det är Fredrik.”

”Hej Fredrik, det är Billund här. Jag behöver din hjälp nu.”

Fredrik funderade på att föreslå att Lisa eller Mårten skulle hjälpa till istället, men frågade ändå motvilligt ”Med vadå?”

”Jo, det är så att efter Silfverstolpes död har pressen jagat mig konstant och jag försöker vara lite ledig här i Båstad.”

Ja, och jag försöker vara sjukskriven i Falsterbo, tänkte Fredrik trött.

”Det blev ju inte lugnare när borgmästaren försvann och nu flutit iland död. Det spekuleras rejält i media och därför har jag kallat till presskonferens i eftermiddag på polisstationen i Skanör”, fortsatte Billund. ”Jag är ju som sagt i Båstad och kan tyvärr inte vara med på presskonferensen, men du kan få all information från Lisa och Mårten och du är redan väl insatt i utredningen. Jag vill att du tar hand om presskonferensen och att du ..."

Fredrik utstötte ett skorrande läte. "Nu hör ...ag dig lit... då.igt."

"Hallå Fredrik, hör du mig?"

"Det ver...ar bryt...s hör di. Väld..t dålig." Fredrik tryckte bort samtalet och stängde snabbt av mobilen. Egon tittade förvånat på honom.

"Telefonförsäljare", sa Fredrik och slog ut med armarna.

"Nå Linnea, vad säger du om att vi sticker till stranden i dag. Vi kan ta en glass i hamnen och sedan går vi ner och badar."

Linnea hoppade av Egons rygg och kramade Fredrik hårt. "Ja, det gör vi."

Lisa la på luren och tittade på Mårten. "Det var Billund. Du och jag ska hålla i en presskonferens klockan tre."

"Va? Presskonferens, var och varför?"

"För att pressen tydligen jagar Billund med blåslampa. Han kan själv inte medverka och Fredrik verkade omöjlig att få tag i. Han vill därför att du och jag håller i presskonferensen, här på församlingshemmet om ..." Lisa tittade på väggklockan. "... en och en halv timme."

"Presskonferens, jag vet inte det", sa Mårten och skruvade oroligt på sig.

"Alltså, jag har inte fått någon direkt medieträning, det där är nog inte riktigt min grej."

"Du som skulle bli väderuppläsare i TV. Då är väl en presskonferens bra träning för dig", sa Lisa retsamt.

"Det är inte samma sak", sa Mårten förnärmat. "Väder kan jag allt om, men den här utredningen känns lite spretig, tycker jag. Vad ska vi säga till pressen?"

”Vi ska bara berätta att vi inte kommit så långt i utredningen. Prata runt det hela, som Billund beskrev det. Jag tänkte att vi skulle kunna göra ett pressmeddelande som vi läser upp.”

”Hur många är det egentligen som kommer?” Mårten torkade sig i pannan.

Lisa tittade ner i sina anteckningar från samtalet med Billund.

”Det är Sydsvenskan, Skånska Dagbladet, Kvällsposten, Trelleborgs Allehanda, eventuellt Aftonbladet och någon lokal tidning. Plus Radio Malmöhus och ytterligare tre mindre radiostationer. Från TV kommer tydligen TV4 och Sydnytt, det är väl SVT?”

Mårten nickade stumt och svalde.

Lisa blickade förvånad ut över rummet. Församlingshemmets stora sal var fylld till bristningsgränsen. De tre första raderna upptogs av reportrar och fotografer. Uppskattningsvis ytterligare tio rader fylldes av välbekanta ansikten från församlingshemmet. Till och med församlingens kyrkoherde var på plats. Vad Lisa inte visste var att kyrkoherden på eget bevåg hade ringt in församlingens trognaste medlemmar för att i samband med presskonferensen hålla en spontan minnesgudstjänst för Silfverstolpe och borgmästaren. Pressfolket hade med glädje minglat och fikat med pensionärerna innan alla intagit sina platser på de framställda trästolarna.

Lisa försökte en sista gång få tag på Fredrik och Mårten. På bådas telefoner gick telefonsvararen igång direkt. Hon visste att Fredrik var med Linnea, men Mårten hade hon inte sett röken av sedan han hjälpt kyrkoherden att sätta ut alla stolarna till presskonferensen. Jäkla Mårten, tänkte Lisa förargat. Hon slängde en sista blick i spegeln i entrén och rättade till håret. Med bestämda steg gick hon in i salen och satte sig längst fram bakom det lilla bordet. Hon tittade sig omkring och möttes av fotoblixtar, TV-kameror och en handfull mikrofoner. Hon kände ett starkt stöd från alla pensionärerna som log uppmuntrande mot henne.

”Välkomna till Skanörs polisstation och församlingshem. Jag heter Lisa Stark och tillsammans med mina kollegor polisinspektör Mårten Lind och kammaråklagare Fredrik Hjort, som båda dessvärre har fått förhinder, ansvarar jag för utredningen av de två dödsfallen som tragiskt inträffat i vår kommun. Presskonferensen är initierad av länspolismästare Billund, som tyvärr även han fått förhinder att närvara.”

Ett muntert sorl utbröt i lokalen och en manlig reporter med TV4-mikrofon sträckte upp handen för att få ordet. ”Med tanke på att kommunens borgmästare och en välkänd näringslivsprofil båda brutalt mördats, är det väl lite märkligt tycker jag att två landsortspoliser och en utbränd åklagare håller i en så här stor och viktig utredning.” Reportern, som hade en kraftig överkamning och ett BMI som passerat trettio, tittade överlägset på Lisa.

”För det första har vi alla tre blivit tillsatta av länspolismästare Billund och vi har hans fulla stöd och förtroende att leda utredningen.” Lisa blängde på reportern och stärkt av de spridda applåderna från bakre raderna fortsatte hon.

”För det andra handlar det än så länge bara om ett mord. Att Sven Silfverstolpe bragts om livet råder det ingen tvekan om, men inget tyder i dagsläget på att borgmästare Lars Andersson blivit mördad. Vi har satt ihop ett kort pressmeddelande som jag kommer att läsa upp och det kommer att finnas tillfälle att ställa frågor, men jag kommer inte att ha möjlighet att ge separata intervjuer. Utskriften av pressmeddelandet delas ut av kyrkoherden efter presskonferensen.”

35

Nygammal kärlek

Tisdag kväll den 18 juni,
hemma hos Elisabeth och i Skanörs hamn

Egon var utom sig av oro över Ragnar som han inte sett till på två dagar. Med tanke på att det gick en mördare lös som kanske kände till att han och Ragnar flyttat på Silfverstolpe, beslöt han sig motvilligt för att gå över till Elisabeth och höra om hon visste var Ragnar befann sig.

”Jaha, här står du på min veranda, vad förskaffar mig den äran att få besök av favoritgrannen?” sa Elisabeth sarkastiskt och avfyrade ett blixtrande leende.

”Du behöver inte göra dig till, Elisabeth. Har du tid en liten stund?”

”Visst, slå dig ner för all del.” Hon nickade mot den blåvitrandiga gungsoffan i hörnet av verandan. Egon satte sig ner och sköt fart med fötterna. Det slog honom att alla barn älskade att gunga och det hade han själv också gjort, men det var säkert sjuttio år sedan sist. Han skulle minsann införskaffa en gunga och hänga upp i tallen bakom sitt hus. Inte en sådan pensionärsgunga som Elisabeth hade, utan en riktig gunga, en sådan där som han hade haft i sin barndom. Linnea kunde också ha glädje av den och om någon undrade kunde han säga att det var för hennes skull han köpt den.

Elisabeth tog tag i kedjorna och avbröt Egons gungande. Hennes mörka hår saknade, precis som Egons, gråa stänk och var uppsatt i en elegant chinjong. Läpparna var rödmålade och i öronen gnistrade diamanter. Egon misstänkte nästan att hon väntat honom.

"Jaha, vad ville du?" sa hon och satte sig bredvid honom med tillbakalutat huvud och blundade som man gör när man njuter av solens strålar i ansiktet.

Det var bara det att hennes veranda alltid låg i skugga, eftersom hon själv i alla år envist vägrat att bekosta nedsågningen av fyra enorma björkar som upptog en stor del av trädgården. Den kostnaden tyckte Elisabeth absolut att vägföreningen eller Vellinge kommun borde stå för.

Egon ville ha bort björkarna eftersom det under hösten blåste in massor av löv på hans tomt som korkade igen stuprör och missprydde hans gräsmatta. På vårkanten var det än värre eftersom det blåste in mängder av frömjöl som la sig som en gul hinna över hans utemöbler och inte minst på hans fönsterrutor. Egon var pollenallergiker och hade själv spenderat en halv förmögenhet för att få samtliga björkar på sin tomt nedsågade och bortforslade. Han trodde att det gått så långt att Elisabeth lät sina stå kvar av rent jäkelskap. Han hade i vrede för något år sedan bankat in kopparspik i hennes björkar men det hade inte hjälpt. Ett tag övervägde han att helt enkelt såga ner dem, men risken att de skulle falla över hans eget hus fick honom att avstå från de planerna. Han funderade på saltsyra. Han hade läst att det tog kål på det mesta, men han hade ingen aning om var man kunde köpa det.

”Jo, jag undrade om du har sett till Ragnar?”

Elisabeth öppnade ena ögat och kisade mot Egon. ”Har jag kanske.”

”Kanske? Vad menar du med kanske? Vet du var han är?”

”Jag vet kanske var han är.”

Detta var så typiskt Elisabeth. Hon skulle alltid hålla på och jäklas med honom.

”Kan du sluta upp med det nu. Vet du var Ragnar är eller vet du det inte?”

”Jag vet var han är.” Elisabeth log. ”Men det kostar en koltrast.”

”Va?” Egon tittade förvånat på henne. ”Vad menar du?”

”Ja, om du vill veta får du först vissla som en koltrast.”

”Driver du med mig?” Egon reste sig hastigt ur soffan, knöt näven i byxfickan och gick fram och tillbaka på verandan.

”Nå Egon, får man höra en liten koltrast?”

Egon tittade förargat på henne. ”Du menar att om jag visslar som en koltrast berättar du var Ragnar är?”

”Ja, precis så menar jag.” Elisabeth hade svårt att hålla sig för skratt.

Jävla kärring, tänkte Egon, men insåg att om han skulle få reda på var Ragnar var, ja då var han tvungen att förnedra sig och göra som hon sa. Han tog ett djupt andetag och började vissla.

En koltrast, en bofink och en talgoxe senare stod en rasande Egon och tänkte att om han behövde låta som en enda fågel till skulle han ta krattan som låg på gräsmattan och trycka ner den i halsen på Elisabeth.

”Ragnar är i hamnen.”

”I hamnen?”

”Ja, i hamnen. Han är där med min syster.”

Egon satte sig bredvid Elisabeth.

”Är Ragnar med Märta i hamnen? Vad sjutton gör de där?”

”Har picknick tror jag. Märta hade packat en picknickkorg.”

”Picknick”, fnös Egon. ”Ragnar har väl aldrig varit på picknick.”

”Bättre sent än aldrig då.” Elisabeth blinkade till Egon.

Egon blängde på henne. ”Du, jag minns hur det gick senast. Det tog år för Ragnar att komma över henne. Sättet Märta lämnade honom på var inte särskilt vackert. Gift var hon dessutom.”

”Jo, men det visste Ragnar. Tro inte att jag är så nöjd med det som sker. Märta hinner inte mer än komma hem förrän hon faller i hans armar igen. Det är nog som det sägs. Gammal kärlek rostar aldrig.”

”Äh, det där är bara trams. Jag tycker bara inte om när Ragnar är förälskad. Jag kan inte påstå att det hänt ofta i hans liv, men han blir som en förälskad yngling som verkar glömma bort sina vänner.”

”Sina vänner”, fnissade Elisabeth. ”Du menar hans enda vän. Dig.”

Egon svarade inte på det. Han tyckte det var okänsligt sagt av Elisabeth.

”Men du då, om Märta bara ska svansa runt efter Ragnar. Vad tycker du om det? Då lär inte du se så mycket av henne.”

”Det är i och för sig trist, det håller jag med om. Men jag är ju van vid att hon inte är hemma, hon har bott utomlands i så många år. Dessutom har jag ju fler vänner i motsats till dig.”

Egon tittade förvånat på henne eftersom han visste att Elisabeth inte hade någon större vänskapskrets och det var inget som förvånade med tanke på hennes personlighet. ”Jaha, vem då?”

”Jag har ju till exempel dig.”

Egon cruisade i makligt tempo Hamnvägen ner. Han vevade ner fönstret och sommarvinden fläktade behagligt. En vilsen fluga gjorde en snabbvisit i Bentleyn innan den surrade vidare ut mot friheten. På fotbollsplanen som han passerade på vänster sida pågick en match, och med tanke på att några av barnen sprang med armarna i luften var det uppenbart att det ena laget precis gjort mål. Längre fram på höger sida stod badhytterna på rad. Han hade alltid tyckt att dessa var lite märkligt placerade med tanke på att de låg en bit från havet. Han föredrog själv badhytterna på södra sidan om hamnen, speciellt de som var placerade uppe i sanddynerna. För många år sedan hade han och Ragnar transporterat dit en egen badhytt. Den fick stå i tre veckor innan en vresig och uppblåst badkärring ringde kommunen och anmälde den som svartbygge. Kommunen hade gått på hennes linje och forslat bort badhytten och det hade inte blivit av att skaffa någon ny.

I och för sig hade Egon nu för tiden inte något större behov av en badhytt och om han mot förmodan behövde en kunde han utnyttja Kruses. Harald Kruse var en gammal skolkamrat till Egon och Ragnar. På sjuttiotalet hade han börjat intressera sig för aktier och ville gärna ha med Egon i sitt nystartade bolag. Egon, som var uppvuxen med att pengar skulle förvaras i en byrålåda i hemmet, tyckte att Harald var helt ute och cyklade som började prata om värdepapper, aktier och investeringar. På åttiotalet hade Harald varit en av de mest framgångsrika börsmäklarna på Wall Street och hade tjänat ofantligt mycket pengar som han bland annat investerat i hyresfastigheter i New York. Egon hade till sin förvåning och glädje läst om Haralds stora framgångar och sett honom figurera i dagspressen titt som tätt. Varje gång Harald och hans familj varit hemma på gästspel i Falsterbo hade de träffats och Egon hade alltid räknat honom som en av sina närmsta vänner. Harald och hans hustru hade på senare år blivit filantroper och rest runt i tredje världen och engagerat sig i diverse välgörenhetsprojekt. Under en av dessa resor för ett par år sedan hade Harald fått malaria och hastigt gått bort. Nu var det sonen Adam, Egons gudson, som arbetade vidare i faderns anda. Adam och hans familj hade sällan tid att tillbringa någon längre tid i Falsterbo, men några veckor per år brukade det bli. Det hade blivit så att Egon passade Kruses hus och höll bilarna i körskick, ett arrangemang som passade Egon förträffligt.

Han saktade in i god tid, blinkade som sig bör och svängde in till höger och parkerade Kruses välpolerade Bentley från -58 vid Fiskhuset. Som vanligt drog bilen till sig en del nyfikna och beundrande blickar och det var inget Egon hade något emot. Tvärtom. Han steg stolt ur bilen och betraktade några ungdomar som skrattande jagade varandra ute på den välbesökta bryggan norr om hamnen. Att fara upp och ner på en brygga var inte riktigt Egons stil. Han var hellre på stranden, men det blev inte alls lika ofta nu för tiden. Han kom på sig själv med att nästan smyga längs med muren och ut mot piren. Det var redan fullt med båtar i hamnen trots att det bara var i mitten av juni. Masterna stod tätt och det var nästan omöjligt att se vilken mast som tillhörde vilken båt. En båt var han dock säker på, det var Kruses.

Han knixade sig fram i de smala gångarna bland fiskehoddorna, stannade och satte upp handen i pannan för att se båten bättre i motljuset.

”Vad i helvete”, utbrast han. På Kruses båt satt Ragnar och Märta tätt hopkrupna. Han vill inte bli påkommen med att spionera, men kunde inte låta bli att smyga närmare för att bättre kunna se vad som försiggick. Han såg dem båda höja sina glas och skåla. Egon såg att Ragnar hade på sig sin ljusblåa kostym med tillhörande väst. Den hade Ragnar bara på sig vid ytterst exklusiva tillfällen. Sist var, om Egon mindes rätt, 1967 när Beatles gästade Falsterbohus.

Egon kom att tänka på Paul McCartneys och George Harrisons autografer som han hade liggande därhemma i någon låda på vinden. Dem skulle han minsann damma av och ge till Fredrik. Sådana autografer var riktiga rariteter numera, det visste han.

Egons tankar avbröts av att han hörde musik som verkade komma från Kruses båt. Till sin stora förfäran såg han Ragnar buga djupt för Märta och ta hennes hand. Hon ställde sig upp och Ragnar drog henne intill sig. De började dansa. ”Men vad i helvete.” Egon trodde inte sina ögon. Ragnar stod på en båt tätt omslingrad med Märta och dansade.

Det var som han befarat. Ragnar och Märta hade återupptagit sin sedan många år avbrutna romans och denna gång skulle inget stoppa Ragnar, det visste Egon dessvärre alltför väl.

36

Mobilen

Onsdag förmiddag den 19 juni, på polisstationen

Lisa satt på kontoret och ögnade trött igenom vittnesförhören utan någon större framgång. Hon hoppades att de skulle få de utlovade samtalslistorna under dagen och att samtalen till och från Silfverstolpes mobil skulle öppna nya dörrar i utredningen. Hon tittade på den gula post-it-lappen som var fastsatt på skrivbordslampan. Hon hade enträget ringt numret flera gånger om dagen sedan i lördags morse. Det var något märkligt med Silfverstolpes försvunna mobil. Flera gånger hade Lisa hamnat i hans mobilsvar, men vid ett par tillfällen hade hon blivit borttryckt och det hade sedan tutat upptaget. Lisa hade bett Sophia leta igenom huset efter mobilen, vilket hon gjort, dock utan framgång. De hade även genomsökt Silfverstolpes bil och kontor men mobilen var som bortblåst. Ändå var det tydligt att den fortfarande var igång. Hon hade kontrollerat med Telia Spårning och det både ringdes och togs emot samtal för fullt i telefonen.

Lisa gick ner på nedanvåningen och kikade in i församlingshemmets stora sal där det förbereddes för bridge. Ett gäng glada pensionärer flyttade runt på stolar och bord utan, vad Lisa kunde se, någon vidare logik.

”Hej Lisa!” ropade Elisabeth glatt. ”Hoppar du in i dag om vi blir ojämna par?”

”Tyvärr, jag har fullt upp i dag”, sa Lisa och skakade beklagande på huvudet.

”Vad synd. Tror du Mården har tid?” Elisabeth tog upp en stol som någon annan precis satt ner.

”Nej, och gör mig en tjänst, Elisabeth. Fråga honom inte, han kommer bara att säga ja och vi har massor som ska göras. Han har inte tid att spela bridge.”

”Jag förstår det, med tanke på alla skriverier och spekulationer. Tack för i går förresten, det var en trevlig tillställning den där presskonferensen. Synd bara att Mårten blev sjuk och missade den, men jag såg honom nu på morgonen och han såg ut som hälsan själv.”

”Ja, han återhämtade sig mirakulöst”, sa Lisa och himlade med ögonen. Hon fortsatte ut i köket.

Hon tog ett glas ur skåpet, vred på kranen och lät vattnet rinna en stund.

Under tiden plockade hon fram sin mobil och tryckte återuppringning till Silfverstolpes nummer. Det gick fram ett par signaler innan upptagettonen började ljuda. Lisa kramade sin mobil hårt. ”Fan då.” Den som hade Silfverstolpes mobil hade än en gång tryckt bort henne.

Hon drack ett glas vatten och skulle just fylla på ett till när det slog henne. Att hon inte tänkt på det, kanske skulle det fungera. När hon ringt hade hennes nummer så klart synts i Silfverstolpes mobil. Hon knappade in fyrkant trettioett fyrkant följt av Silfverstolpes nummer och ringde upp. Det gick fram några signaler innan en irriterad man svarade.

”Vart fan tog du vägen? Du skulle komma hit och hjälpa till med borden och stolarna. Nu går jag själv här och sliter med ett gäng kacklande kärringar. Se till och masa dig hit med detsamma.”

Lisa trodde inte det var sant. Hon klickade bort samtalet och gick ut och ställde sig i hallen så att hon såg in i salen där bridgen förbereddes. Hon slog numret anonymt igen och möttes av ännu mer irritation i andra änden.

”Vad håller du på med”, röt han. ”Vad menar du med att trycka bort mig?”

”Se till att pallra dig upp på mitt kontor,” sa Lisa bestämt.

”Va? Vem är det? Vilket jävla kontor?”

Rolf Storm sjönk ner i stolen mitt emot Lisa och hon noterade roat att Mårtens beskrivning av honom som en badboll stämde väl. Rolf Storm var påfallande kort och satt och armarna stod ut en bit från kroppen. Han var högröd i ansiktet och svettdroppar pärlade i hans breda panna. Om det berodde på det pinsamma i situationen eller den hastiga förflyttningen uppför trappan visste inte Lisa.

”Kan du vara snäll och förklara för mig.”

Rolf Storm skakade på huvudet. ”Förklara vad?”

”Hur förklarar du att du går runt med Silfverstolpes telefon och dessutom använder den?” Lisa höll en lugn ton.

”Silfverstolpes telefon? Hur skulle jag kunna veta att det var hans. Det stod inte någonstans att den tillhörde honom”, sa han vresigt.

”Om du tittat i hans telefonbok eller bland meddelanden hade du kanske upptäckt det.”

”Jag har inte snokat runt i mobilen, jag har bara använt den lite grand”, svarade Rolf Storm avmätt.

Lisa var nöjd med att äntligen fått något konkret att ta tag i gällande utredningen och bestämde sig för att gå rakt på sak.

”Hur har du fått tag på telefonen?”

”Jag hittade den.” Rolf såg besvärad ut och den självsäkra smått aggressiva attityden var som bortblåst.

”Var då?”

”På Falsterbo Golfklubb i lördags”, sa han kort.

”Okej.” Lisa tittade strängt på honom. ”Då tyckte du helt enkelt att du kunde ta den och göra den till din eller vad menar du?”

Rolf tittade skamset ner i bordsskivan och trummade nervöst på knäna med sina korta knubbiga fingrar. ”Jag har bara haft en Nokia knapptelefon tidigare. Plötsligt låg det en iPhone i gräset och bara väntade på att bli upplockad. Jag har aldrig haft en sådan här fin telefon tidigare. Det var inte meningen att behålla den”, ljög han.

Lisa tittade på Silfverstolpes iPhone. Om det funnits fingeravtryck på mobilen, hade Rolf definitivt fingrat bort dem. Men förhoppningsvis hade han inte raderat något i telefonen.

”Vad är koden?”

”Koden?” Rolf såg uppriktigt förvånad ut. ”Vilken kod?”

Hon sträckte sig efter Silfverstolpes mobil. Den hade inget kodlås. Äntligen lite flyt. Lisa tittade uppmanande på Rolf. ”Har du raderat något i telefonen?”

”Nej”, bedyrade han. ”Jag har bara ringt och tagit emot samtal.”

Lisa tryckte vant på mobilen och kollade snabbt senast uppringda och mottagna samtal. Hon konstaterade nöjt att det fanns samtal kvar sedan slutet av maj.

Efter ett förmaningstal om rätt och fel sa hon beskt: ”Då kan du återvända ner till bridgen. Vi lär ses här i huset om vi behöver prata vidare.” Rolf lommade tillplattad ut från Lisas kontor.

Lisa höll precis på att avsluta sitt samtal med Holmgren som lovat att ta itu med både borgmästarens och Silfverstolpes mobiler, när Mårten smånynnande klev in på hennes kontor. Han stängde av radion som stod och skvalade i bakgrunden och slog sig ner på besöksstolen mitt emot Lisa.

”Nu har jag äntligen fått mejlet från TK”, sa han belåtet och la upp fötterna på Lisas skrivbord. ”Nu ska det granskas.” Han nonchalerade Lisas irriterade blick.

”TK? Granska?” sa Lisa och la på luren. ”Vad menar du? Och var snäll och ta ner fötterna från mitt skrivbord.”

”Telefonkontrollen”, sa Mårten nöjt och tog lydigt ner fötterna. Han hade precis lärt sig att det var så sektionen på underrättelsetjänsten som hanterade bland annat telefonavlyssning kallades och var inte sen att briljera med sin senaste kunskap. ”Telia har skickat en fil med både samtals- och sms-trafik till och från Silfverstolpes mobiltelefon.”

”Vad bra”, sa Lisa med ett leende. Nu börjar det äntligen röra lite på sig i utredningen. Då har vi att göra i dag.”

”Jepp, nu ska jag gå igenom telefonlistorna”, sa Mårten energiskt.

”Apropå telefonlistor, kan du gissa vems telefon detta är?” sa Lisa och höll nöjt upp Silfverstolpes mobiltelefon.

Mårten kände ett sting av avundsjuka och sneglade på mobilen i hennes hand. ”Skojar du med mig? Har du fått en ny jobbtelefon av Billund och jag ska ta över din eller vad?”

Lisa skrattade. ”Ännu bättre, det är Silfverstolpes.”

”Va, är det sant? Var fick du tag på den?”

”Rolf Storm hade tydligen hittat den på golfbanan och bestämt sig för att behålla den.”

”Rolf Storm har ju jag förhört och han sa ingenting till mig om att han hittat någon telefon. Vi borde sätta dit honom för

stöld eller undanhållande av bevismaterial under utredning."
Mårten funderade kort om Siv Storm nämnt något om den upphittade mobiltelefonen i sin långa monolog, men insåg att han inte kom ihåg något från det röriga förhöret.

"Jag har pratat med Rolf Storm. Han hade ingen aning om att mobilen var Silfverstolpes och han har bett om ursäkt. Nu fokuserar vi på rätt saker så vi kommer vidare i utredningen."

"Jag håller med", sa Mårten snabbt. Han ville inte att Lisa skulle fråga efter utskrifterna från förhöret med paret Storm eftersom det helt enkelt inte fanns några sådana. "Du förresten, förlåt att du fick ta presskonferensen ensam i går", sa han och såg uppriktigt ångerfull ut. "Jag fick lite krångel med magen."

"Det är lugnt Mårten, men nästa gång så tar vi den tillsammans. Billund kanske kan skicka dig på en kurs i medieträning", sa hon med ett skratt.

"Det tror jag inte den snåle fan gör. När jag stationerades i Skanör kunde han inte ens bekosta en tjänstecykel utan jag fick plocka ut en från hittegodsavdelningen i Malmö och själv måla om den", sa Mårten surt.

"Men du, apropå presskonferens så har jag ringt och kollat med Crona, Delon och Sandén om de har alibi för morgonen då borgmästaren försvann."

"Precis vad jag skulle föreslå", sa Mårten.

"Eller hur Mårten Lind, bingobollarnas okrönte konung."

"Hur gick samtalen?" sa Mårten och ignorerade Lisas sarkasm.

"Delon befann sig på Kastrup där han tog emot sin pojkvän som anlände från Frankrike, så han har alibi. Sandén vaknade klockan åtta och åt frukost med Louise och det har jag fått bekräftat att det stämmer. Crona berättade att han gick upp först vid tiotiden och han var ensam hemma. Hans hustru Gun befann sig i Tyskland på någon mässa, så han saknar alibi."

"Det var ju typiskt att det är Delon som har alibi och inte Crona den här gången", sa Mårten frustrerat. "Crona har pengar som gräs, och även om han saknar alibi så känns motivet svagt."

"Jag håller med dig", sa Lisa. "Delon är den av de två som har starkast motiv med tanke på att han har belånat sin andel av vinslottet i Frankrike."

De hade delat upp jobbet mellan sig och på Lisas lott föll att göra en ordentlig bakgrundscheck på borgmästaren för att se om han hade några lik i garderoben.

Ett par timmar senare kunde hon besviket konstatera att han hade levt ett tämligen alldagligt liv och hon kunde inte hitta något skvaller när det gällde honom. Inga barn från tidigare relationer, inga hemliga kärleksaffärer och inga skandaler. Näst på tur stod att granska både borgmästarens och Silfverstolpes bankkonton, men det hade visat sig vara svårare än hon trott att få tillgång till dem. En mer erfaren kollega vid Malmöpolisen skulle bistå henne med detta. Med tanke på den stundande midsommarhelgen kunde det dröja till veckan därpå innan det skulle bli gjort. Persson hade lovat att skanna in dokumenten de hittat i Silfverstolpes kassaskåp och skulle maila dem när de gått igenom allt. Mårten hade fått i uppdrag att gå igenom samtalslistorna från Silfverstolpe och de båda mobiltelefonerna. Samtalslistor från borgmästarens mobil var beställda, men precis som när det gällde bankkontona skulle de troligen få vänta med svar till efter helgen. Lisa suckade irriterat. Det gick för långsamt.

”Du kan aldrig gissa vems nummer jag hittade i Silfverstolpes samtalslistor”, utbrast Mårten triumferande.

Lisa var snabbt borta vid hans skrivbord. ”Vems?” sa hon ivrigt.

”Jag har hittat alla männen från klubben, Sophia, en kemtvätt i Höllviken, Gästis, Falsterbo Golfklubb, Dormy …”

”Snälla Mårten”, avbröt Lisa otåligt. ”Vems nummer är det?”

”Jag hittade samma nummer i borgmästarens mobiltelefon”, fortsatte Mårten retsamt.

”Kom igen, säg det nu.”

”Madeleine Kleebes”, sa han nöjt.

”Va? Madeleine Kleebe?”

”Jepp.”

”Men, henne ringde jag i måndags och då påstod hon att Silfverstolpe och hon inte hade haft någon kontakt alls på tjugofem år”, sa hon ivrigt. ”Hon visste inte ens att han bodde i Falsterbo.”

”Det konstiga är att hon ringt till borgmästaren också. Hur känner hon honom?” sa Mårten konfunderat.

”Ingen aning, men det ska vi ta reda på. Vi måste plocka in henne till förhör. Har du provat att ringa?”

”Ja, det har jag, men hennes mobiltelefon är avstängd.”

37

Älgen

Onsdag natt den 19 juni, Skanörs borgruin

”Märta berättade att du var hos Elisabeth i går för att du var orolig för mig”, sa Ragnar retsamt. ”Njut nu ordentligt av att du får träffa mig.”

”Njuta?” fräste Egon. ”Det är minsann ingen njutning att gå runt med dig när du bolmar som värsta lokomotivet. Vad säger förresten Märta om att du röker?”

”Hon gillar det. Hon tycker att jag liknar Humphrey Bogart”, sa Ragnar stolt.

”Humphrey Bogart, nu får du ge dig.” Egon tryckte ilsket till med pekfingret på den lilla knappen på armbandsuret och kvadraten med digitalsiffror tändes. 23.47. Hemma hade han en klocksamling med tjugotalet olika modeller som alla var resultatet av gediget hantverk. Det var Ragnar som propsat på att de skulle ha likadana sådana här digitala åbäken. För att som Ragnar sa, synka tiden. Varför i herrans namn de skulle göra det förstod inte Egon. De skulle skjuta en älg, inte råna en bank. Ragnar hade även påpekat att de skulle kunna urskilja siffrorna i mörkret. Där hade han onekligen en poäng, det kunde Egon inte förneka.

Hålla på att smyga så här i mörkret, tänkte Egon förargat, och viftade bort några insekter med ena handen samtidigt som han med den andra nervöst fingrade på geväret som vilade tungt i sin bärrem. Enda fördelen med att det var beckmörkt var att ingen såg dem. Men å andra sidan såg de heller ingen älg.

”Varför är det bara jag som ska släpa på geväret?” sa Egon surt. Han flyttade lite på bärremmen som skavde mot axeln och blängde åt det som han förmodade var Ragnar.

”Tyst.” Ragnar höll upp ett krokigt pekfinger framför sin mun. ”Jag tror den är i närheten nu.” Han skruvade upp ljudet på den vänstra hörapparaten. Den högra hade han fortfarande inte fått lagad.

”Det har du sagt den senaste timmen”, väste Egon ilsket tillbaka. ”Hur kan du lova Märta något så korkat? Du lovade henne att du skulle ta hand om älgen, men sedan när det kommer till kritan är det jag som gör allt.”

”Jamen”, suckade Ragnar tungt. ”Det var ditt korkade förslag att vi skulle skjuta älgen, jag föreslog att vi skulle sätta stängsel runt era tomter. Och förresten undrar jag varför älgen lufsar runt i era trädgårdar men inte i min när vi praktiskt taget bor grannar?”

”Jag vet väl inte hur en älg tänker, den gillar nog inte dina morötter helt enkelt. Jag hade gärna haft en mur mot Elisabeths tomt, men jag har Fredrik på andra sidan”, fortsatte han buttert. ”Kan inte du bära lite på geväret nu? Jag har ont i axeln.”

”Det har jag ju förklarat”, sa Ragnar tålmodigt. ”Jag är inte så glad i skjutvapen, men det vet inte Märta. Du skjuter och så säger vi att det är jag som gjorde det. Då kommer Märta att bli så stolt över mig.”

”Så du menar att du ska ta åt dig äran när det är jag som får släpa på geväret och dessutom ska skjuta fanskapet”, muttrade Egon och traskade vidare.

”Då struntar vi i det”, sa Ragnar stött. ”Då lämnar vi älgen åt sitt öde. Jag har fått nog av det här smygandet. Nu är det mörkt och jag fryser och jag vill hem till Märta. Hon har lovat mig en pilsner och en rostbiffsmörgås. Jag sätter upp ett stängsel till dem i morgon istället”, la han till.

”Då ska jag berätta för Märta vilken vekling du är”, sa Egon elakt. Han hoppades i hemlighet att hon skulle tycka det och återbörda Ragnar till honom igen.

”Där!” Ragnar satte sig stelt på huk och drog med sig Egon ner i det decimeterhöga gräset. ”Där, ser du den?”

”Nej, var?” viskade Egon.

”Där, rakt fram och lite till höger. Ser du?” Ragnar pekade.

Egon kisade för att se bättre och förbannade sig att han glömt glasögonen hemma på byrån. ”Nej, jag ser inte ett dugg.”

”Jag visste väl att jag har bättre syn än dig”, raljerade Ragnar och ålade sig stelt framåt i det fuktiga gräset.

Egon hade ingen aning om att Ragnar över huvud taget kunde komma ner på alla fyra. Han teg och ålade sammanbitet efter med geväret i beredskap.

”Nu ser du väl ändå?” viskade Ragnar.

”Ja minsann”, flämtade Egon. ”Herregud, där är ju älgen!”

”Sikta nu noga och fäll den.” Ragnar log segervisst mot Egon.

Egon tog sakta upp geväret och siktade mot den stora älgen som stod helt stilla bara några meter ifrån dem.

”Det var ju väldigt vad du skakar”, väste Ragnar och tog resolut tag i gevärspipan och stödde den mot det vita staketet som var lägligt placerat bara en knapp halvmeter framför dem.

Egon hade inte ens noterat staketet eftersom han haft fullt upp med att koncentrera sig på älgen.

Han kramade sakta avtryckaren och kände hur skottet smällde av och trycktes iväg med full kraft i älgens riktning. Egon kände hur det knakade till i höger axel av den kraftiga rekylen och han tappade geväret som landade i gräset framför honom. Mitt i denna våg av smärta hörde han ett frustande läte följt av en kraftig duns när älgen dråsade omkull.

Sedan blev det alldeles tyst.

Egon och Ragnar låg helt stilla och tittade på varandra.

"Där satt den! Vi fick älgen." Ragnar daskade till Egon med knuten hand på hans högra axel. "Bra jobbat, vilken fullträff!"

"Aj, vad det gjorde ont", stönade Egon och masserade axeln.

"Tusan vilken skytt du är, Egon", sa Ragnar imponerat.

"Man var ju regementsmästare på LV4 en gång i tiden", sa Egon blygsamt.

De stod båda två bredvid den nyskjutna älgen och begrundade den tankfullt i mörkret.

"Det var mig en rejäl bjässe", sa Ragnar till slut. "Men brukar de inte ha horn?"

Egon böjde sig ner över djuret han nyss fällt och konstaterade med förtvivlan i rösten: "Herre min Gud. Det är ju ingen älg. Jag har skjutit en häst."

38

Hästen

Onsdag natt den 19 juni, på Berndt Hummels mark

Fredrik hade sedan han blev utbränd haft stora problem med sömnen, så stora att han till sist motvilligt gått med på att få utskrivet sömntabletter. I kväll hade han provat dem för första gången. Enligt läkarens ordination skulle han ta en tablett trettio minuter före sänggåendet. Han hade bestämt sig för att gå i säng tidigt och hade tagit en tablett redan klockan nio. Vid elvatiden hade han fortfarande inte lyckats somna. Han konsulterade FASS på nätet och där stod att han kunde ta två tabletter vid behov. Propavan kunde sänka reaktionsförmågan och det skulle man tänka på vid tillfällen som krävde skärpt uppmärksamhet, som vid bilkörning till exempel. Eftersom han inte hade några planer på att köra bil bestämde han sig för att ta en extra tablett.

När Egon ringde och väckte honom vid halv ett var han inne i en djup och drömlös sömn som han inte upplevt på många år. Till en början hade han inte förstått vad Egon pratade om, men så gick det upp för honom. Egon och Ragnar hade skjutit en häst. Han hade inte fått klart för sig varför, men att de behövde hans hjälp framgick tydligt. Han hade kastat på sig kläderna och tagit en Coca-Cola från kylen som han snabbt halsat för att piggna till. Han antog att det inte var någon bra idé att sätta sig bakom ratten i det skick han var, men kände att han inte hade något val.

Han körde in till vägkanten och ringde Egon.

”Kan ni ge någon form av beskrivning av var ni är? Jag har kört runt på måfå i en kvart nu och hittar er ingenstans”, sa han uppgivet.

”Det är grönt högt gräs och ett vitt staket”, upplyste Egon honom.

”Ja, du har sagt det”, sa Fredrik otåligt. ”Men finns det inget annat kännetecken?”

”Jo, jag ser kyrkan på avstånd.”

”Falsterbo kyrka?”

”Nej, Skanörs så klart.”

”Sa du inte att ni var i Falsterbo?” sa Fredrik förvånat. ”Jag trodde att ni var i hagarna vid Falsterbo Horse Show.”

”Jag sa att vi började vår vandring i Falsterbo, men där hittade vi ingen älg och …”

”Jaja, jag kör mot Skanör nu”, sa Fredrik och kvävde en rejäl gäspning.

”Borgruinen,” utbrast Egon exalterat. ”Vi är nära borgruinen.”

”Varför sa du inte det från början”, sa Fredrik och tryckte bort samtalet.

Fredrik pekade bort mot hästen. ”Hur lyckas ni? Kan ni inte bara bete er som helt vanliga pensionärer? Spela bridge, kasta lite bouleklot, gå på stadsvandringar eller vad nu andra normala människor i er ålder har för sig.”

Egon tittade sorgset först på hästen och sedan på Fredrik. ”Förlåt. När man är åttiotvå år är inte mörkerseendet det bästa”, försvarade han sig. ”Vi var båda helt säkra på att det var en älg.”

”Ja, vi trodde det var älgen som klampat runt i Elisabeths och Egons rabatter och gnagt på deras äppelträd”, fyllde Ragnar i.

”Jag skiter i vad ni trodde”, sa Fredrik upprört.

”Men käre Fredrik, som du säger. Håll med om att det påminner om en älg. I alla fall om man ser till storleken”, sa Egon och pekade med geväret mot hästen.

Fredrik ryckte geväret ur hans händer. ”Sluta stå och vifta med det där. Jag åker och hämtar Mårten.”

”Mårten”, flämtade Egon. ”Du kan väl inte blanda in Mårten i det här. Han är ju polis och vi har skjutit en häst.”

”Ja, jag vet väl att han är polis. Men nu är det så att ni två har tagit fel på en älg och en häst och förmodligen skjutit en av Berndt Hummels hästar eftersom ni, tro det eller ej, befinner er på hans ägor. Ni är tamejfan inte riktigt kloka. Vi kan inte låta en död häst ligga kvar här.”

Ragnar tände uppgivet en cigarill. ”Men kan vi inte klara detta utan att blanda in Mårten?”

Fredrik pekade mot sin bil som stod slarvigt parkerad utanför hästhagens staket.

”Vi kan omöjligt få in hästkraken i bilen, den ryms inte i bagageluckan och vi har inte en chans att få upp den på taket. Jag har dragkrok och Mårten är den enda jag känner som har ett släp.”

”Men”, stammade Egon. ”Vad säger han när du berättar att vi behöver låna hans släp för att flytta en död häst?”

”Jag kommer inte att tala om vad vi ska ha släpet till. Jag får väl improvisera. Jag kör och hämtar Mårten och släpet nu.”

”Det räcker väl med att du hämtar hans släp?” föreslog Egon försiktigt.

”Tror ni verkligen att vi tre själva kan baxa upp en död häst på ett släp?” Fredrik drog argt igen dörren och snart syntes bara bilens baklyktor i mörkret.

”Fy farao vad kallt det är”, gnällde Egon. ”Ont i axeln har jag också.”

”Ja”, huttrade Ragnar, ”och nu har vi väntat i en evighet. Men titta, där kommer de ju.” Ragnar pekade bort mot grusvägen som slingrade sig längs med staketet.

”Himla tid det tog.” Egon pillade på digitalklockan. 01.34.

Mårten slog sig för pannan, pekade på hästen och skrek. ”För in i alla glödheta hästhovar, är ni helt galna, vet ni vem detta är?”

”Det är väl en häst”, sa Egon försiktigt.

”Det är för helvete Black Arne. Ni har skjutit Black Arne!”

”Vem är Black Arne?” sa Fredrik.

Mårten gestikulerade vilt och sparkade hårt i gräset.

”Det är Sveriges mest avlade tävlingshingst. Hästen som sprungit in mest pengar i norra Europa. Läser ni inte tidningen? Om ett par veckor ska Black Arne visas upp under Falsterbo Horse Show. Ni har skjutit en häst som är värd hur mycket pengar som helst.”

”Lugna ner dig, Mårten.” Fredrik la händerna på Mårtens axlar. ”Titta på Egon och Ragnar, tror du att de skulle skjuta en häst med flit? De trodde att Black Arne var en älg.”

”Älg! Han är för helvete ingen älg!” röt Mårten. ”Jag är polis och kan absolut inte se mellan fingrarna med detta. Det blir anmälan i morgon bitti.”

Fredrik drog bestämt iväg med Mårten utom hörhåll för Egon och Ragnar.

En kort stund senare var de tillbaka.

”Så”, sa Fredrik, ”nu flyttar vi hästkraken, eller hur Mårten?”

”Jepp”, sa Mårten, ”det gör vi.”

Egon tittade förvånat på Mårten. ”Men det där med anmälan i morgon bitti då?”

”Nej”, sa Mårten, ”det blir inget med det. Jag hjälper er med hästen och sedan pratar vi aldrig mer om det som hänt.”

Egon och Ragnar förstod ingenting.

”Här är staket hela vägen och grinden verkar vara ända borta vid hästgården.” Mårten tittade oroligt över grässlänten och insåg att de aldrig skulle orka släpa Black Arne hela den vägen för att få ut honom ur hagen.

”Jag fixar det, jag har en såg i bilen”, sa Fredrik triumferande.

”Detta vägrar jag att vara med om. Vi kan inte såga itu Black Arne för att få ut honom ur hagen. Är du helt från vettet!” Mårten stirrade förfärat på honom.

Fredrik höll upp sågen i luften. ”Jag är väl ingen barbar heller, vi sågar av staketet så klart så kan jag backa in med släpet.”

39

Black Arne

Torsdag morgon den 20 juni, på polisstationen

Lisa var i full färd med att gå igenom vittnesmålen för att se om hon missat något när hon hörde någon vråla från nedanvåningen.

”Hallå, är där någon polis i huset?” Den tyska brytningen var distinkt.

Hon la undan förhörsutskrifterna och lutade sig ut mot hallen. ”Här uppe på andra våningen.”

Hårda steg klampade i trappan och in stormade en man i en klädsel som fick Lisa att tänka på Napoleon. Fast utan hatten då förstås.

”Jag heter Berndt Hummel och vill göra en polisanmälan”, sa mannen med andan i halsen. En skarp odör som Lisa förmodade var stalldoft fyllde rummet och hon lutade sig tillbaka i stolen och öppnade diskret fönstret ut mot Kyrkogatan.

”Varsågod och sitt”, sa hon och visade med handen att han gärna fick slå sig ner på stolen mitt emot.

”Nej tack, jag står. Jag vill göra en anmälan eller det är kanske mer en efterlysning. Jag är orolig för Arne. Kan du se till att spärra hamnen i Trelleborg och stänga bron till Köpenhamn med det snaraste."

"Men vänta nu lite." Lisa sträckte sig efter penna och papper. "Arne säger du? Är det en släkting som är borta?"

Berndt Hummel drämde handen i bordsskivan. "Driver du med mig, kvinna? Jag är för Scheisse inte släkt med min häst!"

"Förlåt, jag förstår inte. Är Arne en häst?"

"Ja, känner du inte till Black Arne?"

"Nej tyvärr. Borde jag det?"

Till Lisas stora förvåning plockade Berndt Hummel fram en stor affisch som han vecklade ut och la över hennes skrivbord. "Detta är min häst, Black Arne." Berndt Hummel såg gråtfärdig ut.

Lisa begrundade tankfullt den svarta hästen på affischen och visste inte riktigt vad hon skulle säga till den upprörde hästägaren. Hennes egna kunskaper om hästar var ytterst begränsade. Islandshästar kände hon till, men hon förstod att Arne inte klassades som en sådan. "Det var en ståtlig häst", sa hon och hoppades att det var ett svar som skulle falla Berndt Hummel på läppen.

"Ståtlig", utstötte Berndt Hummel upprört och var uppenbart inte nöjd med Lisas kommentar. "Det är en av norra Europas mest värdefulla hingstar. När Arne betäcker ett sto fakturerar jag tvåhundrafemtiotusen kronor och då tillkommer ändå våra resor och uppehälle. Förstår du då hur mycket Black Arne är värd?"

Lisa trodde först att han drev med henne och bara väntade på att Mårten skulle sticka in huvudet och avslöja sitt practical joke. Men hon insåg när hon såg Berndt Hummels allvarliga och oroliga blick att han menade allvar.

"När försvann Arne?" Lisa fyllde i de formella papperna

om försvunna personer. Hon hade inte hittat någon blankett för försvunna djur så hon strök diskret över ordet person och ersatte det med häst.

”Jag tittade till Arne vid niotiden i går kväll och när jag kom ut i morse var han försvunnen.” Berndt Hummel vandrade oroligt fram och tillbaka på Lisas kontor.

”Jag förstår att han är ovärderlig för dig”, sa Lisa medkännande. ”Vad är en sådan där avelshingst värd? Han måste ju inbringa enorma summor om ett samlag kostar tvåhundrafemtiotusen.”

”Det heter betäckning”, svarade Berndt Hummel kort. ”Arne är försäkrad för trettio miljoner.”

Lisa gapade. ”Trettio miljoner?”

”Ja, och då kanske du förstår allvaret i att Arne är försvunnen. Jag är väldigt orolig för att de tagit Arne för att sälja honom vidare.”

”Men vem skulle köpa en så dyr häst? Jag menar, den marknaden måste vara väldigt begränsad”, sa Lisa fundersamt.

”Mycket riktigt, men det finns de som har obegränsat med pengar och skulle göra vad som helst för att få tag på en hingst av Arnes kaliber”, sa Berndt Hummel och såg sammanbiten ut.

”Men som jag förstått det är Arne unik”, sa Lisa, ”och det går väl inte att sälja honom på öppna marknaden? Det måste vara som att försöka sälja en stulen Picasso. Det är inte direkt något man lägger upp på Blocket.”

”På Blocket”, sa Berndt Hummel upprört. ”Min Arne ska inte säljas på Blocket. Det är nog snarare någon arabisk prins eller rysk affärsman som skulle köpa honom.”

”Med tanke på att det är en värdefull häst är väl risken större att han blivit kidnappad? Det kan ju vara så att någon hör av sig och begär en lösensumma.”

”Jag skulle betala vad som helst för att få tillbaka mein Liebling.” Berndt Hummel såg förkrossad ut.

”Är det vanligt att hästar blir kidnappade? Jag har aldrig hört talas om det tidigare.”

”Det händer”, sa Berndt Hummel kort. ”Stackars Arne. Bara de inte transporterar honom i flygplan. Han är väldigt flygrädd.”

”Va?” Lisa tittade frågande på honom. ”Är Arne flygrädd?”

”Ja, han gillar inte att åka flygplan. Han blir orolig och jag ger honom alltid lite lugnande. Tänk om kidnapparna fraktar bort min Arne med flygplan till andra sidan jorden.”

Lisa kände att det här ärendet var för avancerat för henne och bestämde sig för att det var dags att inviga Mårten i Black Arnes försvinnande. Med en så dyrbar häst gällde det att agera snabbt och efterlysa den internationellt. Om man nu gjorde det. Hon var inte säker på hur sådant gick till och hon hade ingen lust att ringa och fråga Billund. Det här skulle de minsann klara av själva.

Hon gick iväg för att hämta Mårten. Han satt inne i sin glasbur med hörlurar på och antecknade frenetiskt. Han var orakad, håret var som vanligt ostyrigt och skjortan han hade på sig var skrynklig. Han såg sliten ut, precis som hon själv. Utredningen av Silfverstolpes och borgmästarens dödsfall tog hårt på dem båda. Som en tyst överenskommelse hade det bestämts att utredningen skulle skötas lokalt från polisstationen i Skanör, med viss assistans från Malmö. Hur det blev nu visste inte Lisa, men hon hoppades innerligt att Malmöpolisen inte skulle ta över deras utredning. Både hon och Mårten hade sina motiv för att visa framfötterna.

Lisa knackade försiktigt på glasrutan, men Mårten reagerade inte. Hon knackade lite hårdare och öppnade samtidigt dörren.

”Oj vad du skräms”, sa Mårten. ”Jag hörde inte att du kom.”

”Har du tid ett ögonblick?”

”Kan det vänta lite? Jag lyssnar igenom förhören med Crona och Delon som du bandat.”

”Ledsen Mårten, men det här kan inte vänta. Vi har ett försvinnande. Förmodligen rör det sig om kidnappning.” De sista orden tog skruv, för Mårten slet av sig lurarna och for upp ur sin stol.

”Vem är det nu som har försvunnit? Kan ge mig den på att det är en av de där investerarna på klubben”, sa han och gnuggade nöjt händerna.

”Det är Arne som har försvunnit”, sa Lisa.

”Arne?” sa Mårten frågande. ”Jag har gått igenom alla förhör nu och jag kan inte påminna mig om att det fanns någon Arne bland dem.”

”Det är en häst. Black Arne är hans fullständiga namn. Och det här är Berndt Hummel, hästens ägare”, sa Lisa och pekade på mannen bredvid sig.

Det var tur att Mårten redan var så blek, för då märktes det inte när färgen försvann från hans ansikte. ”Helvete.”

”Helvete?” Lisa tittade förvånat på honom.

Mårten fann sig snabbt. ”Jag menar helvete vad tråkigt att Black Arne försvunnit.”

Det höll Berndt Hummel med om och det bestämdes att de alla tre omgående skulle bege sig till brottsplatsen, det vill säga till hästhagen bakom den gamla prästgården.

Berndt Hummel gick före och visade vägen. Han verkade lite lugnare nu än på polisstationen. Förmodligen för att det var två poliser som engagerat sig i Black Arnes försvinnande.

”Han är försäkrad för trettio miljoner”, sa Lisa lågt till Mårten. ”Kan vara ett försäkringsbedrägeri.”

Mårten hickade till. ”Trettio miljoner för en häst?”

”Ja, det är tydligen en väldigt unik häst, ett samlag med Arne kostar en kvarts miljon”, upplyste Lisa om.

”Det heter inte samlag”, sa Mårten, ”det heter betäckning. Men en kvarts miljon?” sa han chockat och ångrade bittert att han gått med på den vansinniga idén att transportera iväg den döde Black Arne. Men nu var saker som de var och allt som återstod var att göra bästa möjliga av situationen. Framför allt gällde det att hålla Billund utanför det här om han ville ha kvar sitt jobb vid polisen. Och det ville han.

”Här är det”, sa Berndt Hummel upprört. ”De har till och med sågat upp staketet för att komma åt min stackars Arne.”

Lisa böjde sig ner och plockade upp två cigarillfimpar med en pincett. ”Den eller de som har tagit Arne har förmodligen rökt.” Hon stoppade ner fimparna i en bevispåse. ”Där är spår av blod i gräset”, fortsatte hon, ”och det finns gott om både fotspår och hjulspår. Vi får be Holmgren komma ner och undersöka platsen.”

”Det kan vi fixa själva”, sa Mårten snabbt. ”Det finns ingen anledning att koppla in rättsteknikerna för en sådan här sak.”

Lisa tittade tvivlande på honom. ”Jag hoppas du vet vad du gör.”

”Lita på mig”, sa Mårten lättat. Han skulle se till att förstöra samtliga spår och sedan fick han fundera på fortsättningen. Men det löste sig säkert. Det brukade det göra, tänkte han belåtet.

Berndt Hummel satte sig på huk. ”Min stackars Arne, vart har de tagit dig?”

Lisa gick runt och betraktade spåren i gräset. ”De breda spåren kommer säkert från en bil och de lite smalare hjulspåren skulle kunna komma från ett släp eller en hästtransport.

Det upptrampade gräset med fotspår tror jag tyder på att de kört fast rejält och att de fått skjuta på ekipaget för att komma loss. Vad tror du, Mårten?"

Mårten var imponerad på ett märkvärdigt och samtidigt oroväckande vis.

"Jo, det stämmer nog. Men om det är så är de säkert långt borta, de kan ju ha hunnit lämna landet."

"Precis vad jag sa." Berndt pekade uppskattande på Mårten. "Här har vi en klok polis, honom ska vi lyssna noga på."

En lång slank kvinna kom gående bortifrån borgruinen. "Det är min väninna, Madeleine Kleebe", förklarade Berndt Hummel för dem. "Hon är lika förkrossad som jag."

Lisa hajade till. Madeleine Kleebe, det var ju Silfverstolpes exfru som hon pratat kort med i måndags och vars nummer sedan dykt upp i både Silfverstolpes och borgmästarens mobiltelefoner. Det här kunde inte vara en tillfällighet. Det måste finnas ett samband mellan Silfverstolpe, borgmästaren och Black Arne. Kanske var Madeleine den gemensamma nämnaren, funderade Lisa.

Mårten erbjöd sig tjänstvilligt att ta sig an fallet med den försvunna hästen. Berndt Hummel verkade nöjd med valet med tanke på Lisas skrala kunskaper om hästar. Madeleine följde motvilligt med Lisa upp till polisstationen för kompletterande förhör.

Den fräna stalldoften dröjde sig kvar på kontoret, så Lisa valde att låta fönstret stå öppet. Hon satte mobilen på inspelning och gick rakt på sak. "När vi pratades vid i måndags påstod du att du inte haft någon kontakt alls med Silfverstolpe på tjugofem år."

"Det stämmer", sa Madeleine kort. "Han lämnade mig och

Carl-Magnus för tjugofem år sedan och sedan dess har vi inte setts."

"Hur var din och Silfverstolpes relation?"

"Vad menar du?" Madeleine lät förvånad.

"Jag menar att jag vet att ni varit gifta och har en son tillsammans. Carl-Magnus. Har ni träffats och haft kontakt sedan ni skildes?"

"Vad är det för fråga? Jag sa till dig när vi pratade i måndags att vi inte setts på tjugofem år. Jag har inte haft någon önskan om det heller."

Madeleine tog upp en flaska nagellack och började nonchalant bättra på sina redan välmålade röda naglar. Lisa kände mycket väl igen den fräna, lite stickande doften av nagellack. Just så luktade det nästan varje kväll i badrummet på andra våningen på Mellangatan sedan Linnea blivit som tokig i att måla sina naglar.

"Jag har försökt att få tag på dig sedan i tisdags. Varför har du inte ringt tillbaka?" sa Lisa och tittade uppfordrande på Madeleine.

"Jag och Berndt har varit på västkusten med Black Arne. Han har betäckt ett sto i Varberg och vi kom hem i går."

"Vi har hittat ditt mobilnummer i Silfverstolpes telefon. Hur kan det komma sig?"

"Hur ska jag kunna veta det", sa Madeleine avmätt.

"Visste du att han bodde i Falsterbo?"

"Nej, det visste jag inte."

"Vi har fått samtalslistor från Silfverstolpes mobiltelefon och det finns ett samtal registrerat från din telefon som varar i", Lisa kastade en snabb blick ner i sina anteckningar, "tre minuter och fyrtiosju sekunder."

"Okej, vi pratade vid ett tillfälle." Madeleine stoppade undan nagellacket och riktade sin fulla uppmärksamhet mot Lisa. ”Vad vill du veta?”

”Samtalet inkom samma kväll som han dog. Varför ringde du?”

”Jag förstår att det verkar underligt, men du måste tro mig. Jag hade ingen aning om att Sven bodde i Falsterbo. Vi sprang på varandra av en händelse på Gästis vid lunchtid i fredags. Vi pratade kort och mer var det inte. Berndt var med och kan intyga det.”

”Hur kan det komma sig att du ringde honom?”

”Han gav mig sitt visitkort och bad mig ringa”, sa hon enkelt.

”Om du nu inte ville ha något med honom att göra, varför ringde du då?” undrade Lisa nyfiket.

”För Carl-Magnus skull”, sa Madeleine sammanbitet. ”Sven verkade ha hamnat på grön kvist och jag bad honom att föra över pengar till Carl-Magnus.”

”Vad svarade han på det?”

”Vi hann inte prata klart. Han var på något möte på golfklubben och hade inte tid att prata. Han lovade att ringa dagen därpå. Men det blev aldrig så.”

”Som bröstarvinge ärver väl Carl-Magnus honom”, funderade Lisa.

”Det har jag inte tänkt på”, sa Madeleine. ”Men så är det säkert.”

”Var befann du dig fredag kväll och natten mot lördagen?”

Madeleine drog efter andan. ”Du tror väl inte på fullt allvar att jag har haft ihjäl honom?” sa hon upprört. ”Jag var ute och red en runda på kvällen.”

”Var du ensam?”

”Nej, Arne var med, men nu är ju han borta och kan knappast ge mig något alibi.”

Lisa visste inte mycket om hästar, men så mycket förstod hon att ett alibi kunde de inte prestera. Prisbelönt avelshingst eller ej. ”När kom du tillbaka?”

”Vi red på stranden och det var mörkt när jag kom tillbaka till stallet. Klockan kan ha varit elva, kanske något senare”, sa Madeleine tveksamt. ”Jag hämtade vatten till Arne och sedan gick jag upp till stora huset och duschade. När jag var klar var klockan runt tolv och då kom Berndt hem. Han hade varit på möte med kommittén för Falsterbo Horse Show.”

”Du saknar alltså alibi fram till midnatt”, sa Lisa och tittade granskande på Madeleine. ”Vi kommer förmodligen behöva höra dig igen. Förresten, vem äger Black Arne?”

”Vi är tre delägare. Berndt äger femtio procent och jag och borgmästaren äger tjugofem procent var. Nu när borgmästaren är död förmodar jag att Margit ärver hans andel i Black Arne.”

När Madeleine Kleebe lämnat kontoret skrev Lisa ut förhöret. Hon lyssnade igenom det ett par gånger och blev mer och mer övertygad om att Silfverstolpes och borgmästarens dödsfall hängde ihop med Black Arnes försvinnande och att Madeleine Kleebe var den gemensamma nämnaren. Hon tittade på klockan och konstaterade att det var hög tid för lunch och att Mårten ännu inte kommit tillbaka. Han hade förstås fullt upp med spårningen av Black Arne.

40

Midsommar

Fredag den 21 juni, midsommarfirande i Skanör

”Mamma, kommer du nu?” sa Linnea otåligt.

”Jadå, jag kommer.”

”Varför låter du så irriterad?” Linnea tittade granskande på Lisa.

”Det gör jag väl inte.”

”Har du pratat med mormor?”

”Ja, hur visste du det?”

”Jag hörde det på din röst. Och så la du på luren utan att säga hej då”, la hon förnumstigt till. ”Det gör du ofta när du pratar med mormor.”

”Dig kan man inte lura”, sa Lisa och tittade ömt på Linnea. ”Ja, det var mormor. Hon var bara besviken på mig för att vi inte firar midsommar med henne.”

Lisa tog Linnea i famnen och blåste försiktigt i hennes nacke tills hon vred sig av skratt.

”Lägg av mamma, det kittlas”, flämtade Linnea mellan skrattattackerna.

Lisa strök henne över håret och konstaterade att det som vanligt var i behov av en rejäl omgång med hårborsten.

”Blev mormor sur på dig?”

”Inte sur, bara besviken. Hon hade hoppats att vi skulle komma till dem, men eftersom jag måste jobba så är det skönare att stanna här i Skanör.”

”Det tycker jag med”, sa Linnea nöjt. ”Annars hade jag inte fått träffa alla mina nya kompisar.”

”Nya kompisar?” Lisa tittade förvånat på Linnea.

”Ja, Elisabeth, Egon, Fredrik och Mårten så klart.”

”Ja, så klart”, sa Lisa leende, ”men så fort skolan börjar får du en massa kompisar i din egen ålder. Det blir väl kul?”

”Jag har redan en massa kompisar och de är i sin egen ålder och det tycker jag är precis lagom”, sa Linnea bestämt.

”Det har du helt rätt i, gumman”, sa Lisa när hon såg Linneas allvarliga uppsyn. ”Vad säger du, ska vi gå ner och köpa blommor på torget nu så vi kan binda våra midsommarkransar?”

När de klev ut genom den vita trädgårdsgrinden möttes de av musik och upprymda skratt på avstånd. När Lisa tänkte efter var det nog första gången hon hörde andra ljud än grannens radio eller gräsklippare.

Linnea skuttade ett par steg framför henne och ljudet tilltog när de kom fram till Östergatan. Till levande musik och glada tillrop från publiken marscherade sexmannalag på hemmagjorda träskidor Östergatan fram.

”Titta”, ropade Linnea. ”Alla i laget går på samma skidor.”

”Gåsaloppet”, upplyste en äldre gentleman med stråhatt dem om. ”De ska snabbast möjligt ta sig från hörnan vid apoteket och ner till rådhuset. Det går undan kan ni tro, rekordet ligger på 4,34 minuter och det innehas av Tandmästarna. Min tandläkare var med i det laget”, sa han stolt. ”Det rekordet lär vara svårslaget, vinnarna brukar gå i mål på runt sju minuter.”

Samtalet dränktes av sorlet från de tusentals människor

som gått man ur huse för att vara med och heja fram lagen. Lisa hade inte sett så många människor på en gång sedan hon flyttade till Skanör och var inte säker på om hon gillade det. Att dottern gjorde det var uppenbart. Hon klappade händer och hoppade jämfota av glädje och tittade upp på sin nyfunna kompis. ”Hur långt är det?” hojtade Linnea genom oväsendet.

”Det kan jag berätta för lilla fröken”, sa mannen i stråhatt och böjde sig ner mot Linnea. ”Det är exakt 1 052,3 gåsmeter.”

”Det finns väl inget som heter gåsmeter?” sa Linnea tvivlande.

”Jo du, här i Skanör räknar vi allt i gåsmeter”, sa mannen och blinkade till Linnea. ”Om man nu nödvändigtvis ska översätta det till människometer så är loppet 757,1 meter, men gåsmeter låter väl roligare?”

Det höll Linnea med om.

”Waldemarsson”, sa han och kysste till Linneas förtjusning både hennes och Lisas hand. ”Jag driver den lilla läkarmottagningen på Västergatan och är pappa till kyrkoherden”, berättade han stolt. Han skrockade glatt när han såg Lisas förvånade min. ”Jag blev egentligen folkpensionär för drygt tjugofem år sedan, men jag har kvar ett dussin patienter. Och du är den nya polisen har jag förstått”, sa han och tittade vänligt på Lisa.

”Jo, det är riktigt. Jag heter Lisa Stark och det här är min dotter Linnea.”

”Det var en trevlig tillställning i tisdags, den där presskonferensen menar jag. Det var rejäla och bra svar du gav och det var bra att du plattade till den där dryga journalisten”, sa han och gav Lisa ett uppskattande leende. ”Synd bara att Mårten inte var med, men du klarade det ju med bravur.”

Lisa och Linnea gick i riktning mot Rådhustorget och betraktade fascinerat de olika ekipagen. Flera av lagen var utklädda. Ett lag hade badkläder i gammaldags stil och färgglada badmössor prydde deras huvuden. Ett annat lag som kallade sig ”Havets frukter” var utklädda till räkor, musslor och fiskar i grälla färger.

”De tycker jag är finast”, fastslog Linnea. ”Eller de med midsommarkransarna.” Hon pekade mot ett lag med fnissiga tonårstjejer som alla hade vita tyllklänningar och midsommarkransar i håret.

”Du Linnea, apropå midsommarkransar är det nog bäst vi går bort till torget och handlar blommor innan de stänger.”

”Lite till kan vi väl titta, snälla mamma”, bad Linnea. Lisa kände sig otålig och ville vidare, men tvingade sig ner i Linneas tempo och försökte njuta som hon. När alla de tävlande lagen passerat ville Linnea absolut ner till rådhuset och titta på prisutdelningen.

Lisa tog ett par djupa andetag och följde motvilligt efter Linnea som glatt pladdrade på. Lisa hade sina tankar på annat håll. Hon tänkte på Mattias som hon saknade mer än någonsin. Samtalet med modern hade lockat fram gamla minnen och en sådan här dag kändes det tungt att han inte fick vara med och fira med Linnea. Vart hon än såg var det till synes lyckliga kärnfamiljer med mamma, pappa och barn. Hon fick dåligt samvete när hon tänkte på Sophia Silfverstolpe som var i precis samma sits som hon själv varit i sju år tidigare, det vill säga nybliven änka och gravid. Hon hoppades att Sophia skulle orka vara med en stund vid kvällens midsommarfest hos Elisabeth. Hon visste att Sophia blivit inbjuden, det hade Fredrik berättat, men frågan var om hon orkade komma. Lisa bestämde sig för att titta förbi med en bukett blommor efter utflykten till torget.

Sophia hade blivit både överraskad och glad när Lisa och Linnea kommit över med blommorna. Lisa kände sig nöjd över att ha lyckats övertala Sophia att vara med på midsommarfesten. Mindre nöjd var hon med alla taffliga försök att få ihop midsommarkransarna. Hon och Linnea satt vid det nötta trädgårdsbordet där de spridit ut alla blommorna de köpt på torget. Längs med husväggarna på Mellangatan samsades lavendel med ljuvliga rosor och luktärter i ljusa pastellfärger och Linnea hade varit ute och plockat ett fång av blommorna. Var hade inte Lisa vågat fråga med tanke på grannsämjan, men hon var tacksam över de extra blommorna eftersom hon lyckats massakrera de flesta av blommorna de köpt på Bäckatorget.

”Fan.” Hon kastade argt det som skulle föreställa Linneas krans på bordet. ”Det går inte” sa hon uppgivet.

”Jag kan försöka, mamma”, sa Linnea hjälpsamt och medan Lisa gick in för att packa picknickkorgen för midsommarfirandet i Stadsparken satte sig Linnea med kransarna.

Hembygdsgillet arrangerade traditionsenligt midsommarfirande i Stadsparken och midsommarstången var placerad mitt i gläntan. Glada musiker i folkdräkter såg till att barn och vuxna dansade och både Linnea och Lisa drogs med i firandet. Linnea hade lyckats fixa bådas kransar och Lisa var förundrad över resultatet. Hon gav Linnea en stor kram och sa högtidligt: ”Härmed dubbar jag dig, Linnea Viola Stark, till kransbindargeneral av översta rang.”

Linnea strålade nöjd tillbaka så att gluggen mellan framtänderna blev tydlig.

”Ja, det är nog bäst att du inte gör det fler gånger, mamma. Men du är bra på att blanda saft”, sa hon och sneglade mot picknickkorgen. De hittade en ledig plätt och slog sig ner med sin filt och packade upp fikan.

”Men goddagens vilka vackra flickor jag har äran att få träffa.” Lisa tittade upp och där stod Ragnar med Märta vid sin sida.

”Vad kul att se er här!” Lisa var glad över att träffa någon hon kände. Ragnar och Märta slog sig med viss möda ner på deras filt.

”Vi friskar upp gamla kära minnen”, sa Ragnar högtidligt och tittade kärleksfullt på Märta som var söt i blommig sommarklänning och en liten pillerburk på det silvervita håret. Ragnar lutade sig närmre Lisa och viskade: ”Jag har en överraskning till i kväll, ni kommer väl till Elisabeth?” frågade han förväntansfullt.

”Kära vänner, varmt välkomna till vårt traditionsenliga midsommarfirande på Kärleksstigen”, sa Elisabeth högtidligt och höjde det munblåsta champagneglaset. Hon hade köpt ett dussin av de vackra glasen i glashyttan på Skansen för närmare femtio år sedan. De hade inte kommit till användning så ofta som hon hoppats, men nu gavs ett ypperligt tillfälle till det.

”Vi har väl för tusan aldrig firat någon midsommar ihop förr”, muttrade Egon. ”Det är väl knappast någon tradition då.” Han hade inte alls haft någon lust att fira dagen med Elisabeth, men mordutredningen hade onekligen kastat om planerna för dem alla. Han betraktade de övriga i sällskapet som befann sig på Elisabeths veranda. Mårten, Lisa, Linnea, Ingela, Fredrik, Ragnar, Märta, Elisabeth, Sophia och till och med Elisabeths och Märtas uråldriga mamma Vera var på plats. Alla såg ut att trivas, till och med Sophia, men hon var väl glad över att vara av med den hemske Silfverstolpe, förmodade Egon. Han ångrade nästan att de flyttat på Silfverstolpe. Inte för att det skapat oreda i utredningen, utan för att han inte förtjänat att komma in på golfklubben. Mest nöjd i sällskapet såg Ragnar ut att vara. Han som aldrig gillade att delta i festligheter annars. Ragnar hade finkostymen på sig för andra gången på en vecka och det bådade inte gott.

”Sura nu inte, Egon”, sa Elisabeth glatt. ”Härmed inviger vi en helt ny tradition, varje midsommar framöver är ni alla hjärtligt välkomna hem till mig och Märta.”

”Och mig”, infogade Vera som med sina etthundratvå år var äldst i sällskapet.

”Jo, men nu bor du inte här längre, mamma. Du bor på Sankt Knuts äldreboende”, sa Elisabeth högt och tydligt så att modern skulle höra ordentligt.

”Jag bor på Kärleksstigen”, sa Vera envist. ”Det har jag alltid gjort. Och du behöver inte prata så högt”, sa hon förnärmat. ”Jag hör alldeles utmärkt.”

”Men mamma, de senaste femton åren har du bott på Sankt Knut, har du glömt det?”

”Klart jag inte har glömt det”, sa Vera tålmodigt. ”Men nu har jag sagt upp min plats.”

”Vad har du gjort?” sa Elisabeth och tittade förskräckt på modern.

”Skruva upp din hörapparat, unga dam”, sa Vera och tittade på Elisabeth.

”Men mamma, jag har väl ingen hörapparat”, sa Elisabeth och tittade på modern som om hon blivit skvatt galen.

”Det borde du kanske ha, du hör som en kratta”, sa Vera vasst.

Egon skrockade nöjt. Elisabeth kunde gott dras med sin gamla mamma.

”Men sagt upp din plats? Du kan inte mena allvar?”

”Jo, det är precis det jag gör”, sa Vera nöjt. ”Jag är alldeles för ung för att bo med alla dessa gamlingar.”

”Gamlingar? Men mamma, du är väl äldst av alla med dina etthundratvå år.”

”Jag är inte etthundratvå år”, sa Vera förnärmat. ”Jag är alldeles för ung för att bo där. Sist doktorn undersökte mig sa han att jag var sextiotvå.”

”Det var din vikt och inte din ålder han pratade om”, sa Elisabeth som varit med vid läkarundersökningen.

”Men om du nu har sagt upp din plats, mamma”, sa Märta försiktigt. ”Var ska du då bo?”

”Här”, sa Vera och slog ut med handen. ”På Kärleksstigen så klart.”

”Men mamma, det går inte. Märta har flyttat in nu och vi har inte plats. Det är öppen planlösning numera”, förklarade Elisabeth, ”och vi har bara två sovrum.”

”Märta kan bo hos mig”, föreslog Ragnar.

”Hos dig?” sa Elisabeth och Egon i kör.

Ragnar tog sig mödosamt ner på knä och fattade Märtas hand. ”Vill du göra mig den stora äran att bli min hustru, Märta?”

”Ja, hemskt gärna”, sa hon och tittade förälskat på Ragnar.

Egon satt som fastfrusen. Det här var värre än han anat. Mycket värre. Han tittade på Elisabeth som såg lika förfärad ut.

”Men det går inte”, sa Egon snabbt. ”Du kan inte gifta dig med Märta.”

”Varför i all världen skulle det vara ett problem”, sa Vera. ”Det är min dotter. Eftersom salig Erik inte är här, så är det jag som Märtas moder som bestämmer vem hon får gifta sig med.” Vera gjorde korstecknet och tittade upp mot himlen.

Ragnar hämtade sig snabbt och vände sig mot Vera.

"Kära Vera, får jag anhålla om er dotters hand?"

"Inget skulle göra mig gladare", sa Vera och log välvilligt mot Ragnar. "Då skulle jag kanske äntligen kunna få några barnbarn."

"Men mamma, du har två vuxna barnbarn, det vet du väl", sa Märta och tittade oroligt på modern.

"Du Mårten", sa Lisa och tittade granskande på honom. "Vad är det egentligen som hänt mellan dig och Billund?"

"Skämtar du? Du som är Billunds kronprinsessa borde väl veta det", muttrade han surt.

"Billunds kronprinsessa? Vad menar du med det?"

"Kan du förklara varför du bor i hans hus på Mellangatan och varför du har fått största kontoret på polisstationen?"

"Men Mårten, nu får du ge dig", sa Lisa bestört och tittade på honom. "Du hade ju redan ditt rum och detta var det som var över när jag kom till Skanör."

"Var över, ja så kan man också se på det. Jag fick sitta i glasburen medan du fick ett nytt totalrenoverat kontor."

"Är du avundsjuk för att jag har ett större rum än vad du har? I så fall är du välkommen att byta, om det får dig att må bättre", sa Lisa syrligt.

Mårten kände sig sugen att nappa på erbjudandet, men insåg att det nog inte var lämpligt trots allt. "Nej, förlåt. Klart du ska behålla ditt rum. Det var inte så jag menade."

"Vet du", sa Lisa och tittade stint på Mårten. "Det är inte jag som bett om några favörer och jag hade gärna varit utan dem. Anledningen till att Billund bryr sig om mig och Linnea är att han tar på sig skulden för Mattias död", sa hon stilla.

Hon lät så sorgsen att Mårten fick en klump i magen. "Jag

visste att han dog i tjänsten, men inte att Billund var inblandad."

"Nej, det är få som känner till det. Det gjordes en internutredning och då framkom det att Mattias och hans kollega nekats förstärkning trots att de var obeväpnade. De dog båda helt i onödan och jag tycker att det är väldigt jobbigt att prata om det."

"Förlåt", sa Mårten och såg skamsen ut. "När du kom till Skanör fick jag känslan av att Billund placerat dig här för att övervaka mig och det kändes olustigt."

"Övervaka dig", utbrast Lisa förvånat. "Varför i all världen skulle jag göra det?"

"På uppdrag av Billund så klart."

"Nej, knappast. Anledningen till att Billund föreslog tjänsten för mig var att han tyckte att jag och Linnea behövde komma bort från Malmö. Jag är som du vet nyexaminerad polis och Billund var rädd att det skulle hända mig något. Med tanke på det som hände med Mattias, menar jag. Men nu Mårten får du berätta vad det är mellan dig och Billund. Jag har förstått att det är något, men Billund och Fredrik har vägrat att berätta vad det är." Hon tittade nyfiket på honom. Mårten insåg att han inte skulle komma undan och berättade hela historien för en mycket förvånad Lisa.

Billund hade köpt en ny Lamborghini och bett Mårten hjälpa till att kontrollera så att bromsljusen fungerade. Mårten hade inte varit nödbedd. Han hade länge drömt om en riktig sportbil och insåg att detta var det närmaste han skulle komma att ratta en Lamborghini. Tanken var att han skulle vrida om startnyckeln och sedan trycka på bromsen. Men Mårten hade gjort lite mer än så. När han för en gångs skull satt i ett sådant här vrålåk ville han passa på att känna lite på växellådan och det var verkligen som att köra runt med en smörkniv i ett paket smör som stått för länge i solen. Med en härlig känsla gled växlarna in i läge. Detta var annat än hans gamla rostiga Opel.

Plötsligt hade Billund ropat till honom: ”Starta nu bilen för helvete.” När Mårten vred om startnyckeln hade han av misstag lämnat växelspaken i backläge, samtidigt som han i panik trampade ner gasen istället för bromsen. Billund som stått precis bakom bilen hade inte haft en chans. Han hade kastats upp på bilens tak och vidare ner på betongen i polishusets garage.

Summan av denna eskapad var att:

Ett: Billund fick flera komplicerade och svårläkta benbrott på båda benen och var rullstolsburen sedan dess. Två: Lamborghinin fick en intryckt bakdel och en buckla i taket. Tre: Två polismotorcyklar som stod parkerade i garaget blev totalkvaddade. Fyra: Mårtens körkort blev indraget på obestämd tid. Fem: Eftersom Billund inte hade möjlighet att avskeda honom förflyttades Mårten till det nyöppnade poliskontoret i Skanör.

”Så det är därför Billund sitter i rullstol”, sa Lisa förvånat. ”Han har alltid sagt att det var en trafikolycka. Men han kan väl inte dra in ditt körkort för en sådan sak?”

”Han är länspolismästare och då kan man tydligen göra sådant”, sa Mårten uppgivet.

”Men hur länge är kortet indraget?”

”Ingen aning, förmodar att det gäller så länge Billund sitter i rullstol. Jag har inte frågat och nu har jag ju cykel och nära till jobbet.”

Lisa bestämde sig för att ta ett allvarligt samtal med Billund. Så här kunde Mårten inte ha det. Men stanna i Skanör fick han gärna för Lisas del, för en roligare kollega kunde hon inte tänka sig.

”Hur fick du Mårten att hjälpa till med hästskrället”, sa Egon och tog en stor klunk av champagnen. Han höll helt med Churchill om att champagne ska vara kall, torr och gratis. Allra helst när Elisabeth bjöd.

”Ja du kära Egon”, sa Fredrik retsamt och tittade på sin farbror. ”Alla kan mutas, bara mutan är den rätta.”

”Muta”, sa Egon förskräckt. ”Du har väl inte mutat en polis, det är säkert olagligt.”

”Olagligt?” sa Fredrik med ett skratt. ”Vad kallar du det du och Ragnar ställde till med? Först stackars Silfverstolpe och sedan Black Arne.” Fredrik smuttade på champagnen och iakttog sin farbror.

”Silfverstolpe hade vi i alla fall inte ihjäl”, sa Egon sammanbitet. ”Honom hjälpte vi bara.”

”Hjälpte?”

”Ja, vi flyttade på honom, så att han skulle slippa ligga ute i en kall bunker. Fast nu ångrar jag det faktiskt.”

”Ser man på”, sa Fredrik. ”Det var ju ett friskhetstecken.”

Egon ignorerade Fredriks kommentar. ”Och hästkraken sköt vi visserligen, det medger jag. Men hade vi vetat att det var en häst hade jag självklart inte skjutit.”

”Nej, det får jag hoppas. Men även om det varit en älg så hade ni inte fått skjuta och det borde du veta. Man får inte skjuta i tättbebyggt område.”

”Tättbebyggt”, fnös Egon. ”Det var en hage.”

”Det är inte jaktsäsong”, fortsatte Fredrik.

”Jaja, jag lovar att inte göra om det. Men nu får du allt berätta hur mycket du betalade Mårten. Jag skriver självklart ut en check på beloppet till dig.”

”Bauhaus”, svarade Fredrik kort.

”Vadå Bauhaus? Har du köpt aktier i Bauhaus till honom?”

”Nej, jag lovade Mårten att köra honom fem valfria gånger till Bauhaus.”

Innan Egon hann fråga något mer slog sig Sophia ner vid bordet.

”Vad sitter ni två och viskar om”, sa hon nyfiket.

”Fredrik har mutat Mårten”, sa Egon utan att tänka sig för.

Sophia tittade förvånat på Fredrik. ”Mutat?”

”Egon skämtar”, sa Fredrik snabbt och tömde glaset.

”Jag förstod nästan det”, sa Sophia med ett skratt.

”Hur är det med dig? Du ser piggare ut i dag”, sa Fredrik.

”Tack, jag tar en dag i taget. Hur mår du själv?”

”Samma här, en dag i taget”, sa Fredrik med en grimas.

”Förresten”, sa Egon. ”Gratulerar till graviditeten Sophia, vad kul för dig. Jag ställer gärna upp som barnvakt och det gör väl du också, Fredrik?”

”Självklart”, sa Fredrik varmt. Både jag och syrran finns här för dig ska du veta.”

”Tack, jag är lyckligt lottad som har så fina vänner”, sa Sophia.

”Jag hörde att det inte är Silfverstolpe som är pappan. Vad skönt för dig”, hasplade Egon spontant ur sig.

41

Bröllopsdagen

Lördag den 22 juni, Ljungens Camping
och hemma hos Mårten i Skanör

”Förlåt för igår. Jag är hemskt ledsen, Sophia, det bara slank ur mig. Det var inte illa menat”, sa Egon och såg olycklig ut. ”Kan du förlåta mig?”

”Ja det är väl klart”, sa Sophia och la sin hand på hans. ”Jag förstår att du inte menade något illa, men Sven var ändå min man. Jag vet att du aldrig gillade honom, men han hade många goda sidor också.”

”Ja, det hade han säkert”, sa han välvilligt. ”Hur mår du, behöver du hjälp med något?”

”Ni är så omtänksamma allihop och jag vet inte hur jag skulle ha klarat mig utan er.” Sophia ställde ner kaffekoppen på köksbordet och tog en bit sockerkaka. ”Du har redan hjälpt mig massor, hela frysen svämmar över av alla bullar och kakor du kommit med.”

”Du måste ju äta för två, tös.” Egon hade god lust att fråga vem fadern till barnet var om det nu inte var Silfverstolpe, men eftersom han hade trampat rejält i klaveret kvällen innan lät han det bero. ”Är du säker på att du inte vill följa med och spela minigolf?” sa han istället.

”Det hade varit kul, men Ingela kommer över om en stund och hon har lovat att följa med och prata med kyrkoherden. Jag måste börja arrangera för Svens begravning”, sa hon sorgset. ”Hans sextioårsdag skulle ha firats nu på fredag, så jag ska försöka lägga begravningen den dagen när släkt och vänner ändå planerat att åka hit.”

Egon kände sig nöjd med att ha pratat med Sophia och visslade glatt när han fyra timmar före utsatt tid klev ur bilen på campingens parkering. För att förvissa sig om att ingen skulle lägga märke till att han var på plats så tidigt parkerade han bilen längst bort bakom en container. Kvällen innan hade Egon och Mårten diskuterat minigolf eller, som Mårten envisades att kalla det, bangolf. Egon hade råkat kläcka ur sig att han förmodligen kunde klå alla närvarande utan problem. Detta hade tagit sådan skruv att även Elisabeth, Fredrik, Lisa och Linnea antagit utmaningen. Med tanke på hur bra Egon var på riktig golf borde inte minigolf vara något större problem. Nöjt speglade han sig i Bentleyns glänsande lack. Han var mycket tillfreds med det han såg. Den mörkblå lediga Adidasoverallen gjorde verkligen hans kropp rättvisa. Han såg inte ut att vara en dag över sjuttio.

Egon visste att med noggranna förberedelser skulle han inte få några som helst problem att besegra de andra. Han hade förberett sig väl. Mårten, som han bedömde som det största hotet, hade han lyckats få i fyra koppar kaffegök kvällen innan. Själv hade han ätit en stadig frukost och även hunnit med en förmiddagsfika. Han hade tagit på sig lediga kläder för att få bästa möjliga rörlighet och tänkte tjuvträna ett par timmar innan de övriga dök upp.

Det var en strålande lördag förmiddag när Egon intog minigolfbanan. Han ställde sig vid hål ett och blickade ut över de filtbeklädda banorna. Borde inte vara några större problem att spika åtminstone tio av hålen, bedömde han vid en snabb överblick. Var det något han var bra på så var det att putta. Här slapp han bunkrar, vattenhinder och att kånka runt på sin golfbag, så det här skulle bli en enkel match. Han ryckte lite på axlarna och rullade med höfterna. "Så var uppvärmningen klar", mumlade han för sig själv. Några provsvingar var inte lönt att ge sig på. Det var ju trots allt bara minigolf.

Minigolfbanorna var enligt Egon helt feldoserade och därför gick första rundan så där. Han gick in i kiosken för att klaga på banornas beskaffenhet och passade på att ta en glass för att ladda om. Den mobilfibblande ynglingen i kassan verkade helt oinsatt i minigolf och påstod att banorna höll den standard de skulle. När Egon återvände ut såg han till sin bestörtning att campingfolket vaknat till liv. Det kryllade av barnfamiljer och det var ett himla ståhej. Egon hade räknat med att spela ostört, men ynglingen i kiosken förklarade att man inte fick spela ensam vid hög beläggning. Andra rundan gick han därför med en trebarnsfamilj från Skövde. De höll ut åtta hål innan de blev ovänner och till Egons belåtenhet lämnade banan. Tredje rundan gick han med fyra tatuerade bikers från Bromölla och detta var den trevligaste rundan. De bjöd generöst på öl och i värmen hann Egon med att klämma tre starköl på de tolv hålen. Stärkt av detta vågade han sig på en fjärde runda. Denna gång hamnade han med ett danskt medelålders par med tre bjäbbiga småhundar. Så fort Egon inte slog fick han snällt agera hundvakt medan makarna spelade och förde varandras protokoll. Hans protokoll var det minsann ingen som brydde sig om att föra och det gjorde detsamma, för bra gick det inte. Någon femte träningsrunda blev det inte tal om för Egons del, eftersom han fick hasta iväg innan de övriga i hans sällskap slöt upp.

Egon stod och tryckte bakom informationskiosken när de andra kom släntrande till minigolfbanan på utsatt tid. Han väntade tills de hämtat ut klubbor och bollar innan han gick fram från sitt gömställe. Hans fyratimmars träningspass hade gått riktigt dåligt och ovanpå det kände han sig lite småberusad. Det bådade inte gott inför tävlingen.

"Hallå där!" Egon gick fram mot de andra med klubban nonchalant över axeln. "Är jag sen eller?"

"Inte alls." Mårten sträckte fram näven. "Då ska det avgöras vem som är the champ på bangolf."

"Men Egon", fnissade Elisabeth, "har du bytt om till sportkläder? Du satsar för fullt eller?"

"Jag antog att minigolf var en sport, men tydligen inte." Egon betraktade de andras klädsel. Mårten hade ljusbruna chinos och en rödrutig kortärmad skjorta. Elisabeth och Lisa hade båda någon variant av blommig sommarklänning. Linnea hade en färgsprakande t-shirt och en kort volangkjol. Som vanligt var nog Fredrik den sämst klädda i församlingen. Vita nedslitna gymnastikskor, röda shorts och som pricken över i:et en av sina anskrämliga hårdrockströjor med texten Black Sabbath och fyra långhåriga drular som glodde på Egon.

"Förresten, var är Ragnar och Märta? Tyckte de sa i går att de inte ville spela men gärna tittade på."

"De kommer inte", sa Elisabeth. "Ragnar överraskade Märta i morse med att bjuda henne till Köpenhamn."

"Köpenhamn?" Egon kunde inte dölja sin förvåning. "För

det första överraskar Ragnar aldrig. För det andra har han aldrig varit utomlands. För det tredje är han så snål att Märta lär få stå för alla kostnaderna."

"Inte alls", sa Elisabeth muntert. "Jag hörde att han lovade henne en sväng på Tivoli och en trerätters middag i Nyhavn. Han hade med sig fyra ovikta tusenlappar som han bad Märta stoppa i handväskan."

"Tivoli. Trerättersmiddag. Fyra tusenlappar. Din syster verkar ha förvridit huvudet helt på min bästa vän. Jag känner inte igen Ragnar längre."

"Lägg av nu", sa Fredrik. "Ragnar är förälskad, det kan du väl unna honom."

"Var glad för deras skull", fyllde Lisa i och Mårten nickade instämmande.

"Men vad är detta?" sa Egon. "Har jag missat något? Är det alla civilklädda mot mannen i träningskläder, eller vad?"

Elisabeth log mot Egon. "Är du månntro lite svartsjuk på Märta?"

Egon vände på klacken och gick med raska steg mot bana ett. "Nu börjar vi."

En dryg timme senare stod de församlade kring Linnea som stolt höll i lappen med dagens resultat. Hon läste med hög och klar röst:

Mårten	21 slag
Lisa	42 slag
Fredrik	44 slag
Linnea	51 slag
Elisabeth	68 slag
Egon	69 slag

Alla applåderade Mårten som bugade djupt. ”Grattis”, sa Egon surt. ”Det var första gången jag spelade. Nästa match tar vi på Flommen, så kan jag visa er hur riktig golf går till.”

”Nu bjuder jag på glass”, avbröt Fredrik och pekade bort mot campingens lilla kiosk.

När alla väl var inne i kiosken tittade ynglingen i kassan ointresserat på sällskapet. ”Ni ska väl betala? Ska vi börja med dig?” Han pekade på Egon.

”Visst”, sa Egon och plockade upp en hundralapp ur träningsjackan.

”Hundra spänn räcker inte. Det blir tvåhundra, du har spelat fem rundor.”

”Fem rundor?” sa Mårten förvånat. ”Men vi har bara spelat en runda.”

Ynglingen suckade. ”Ja, ni andra har spelat en runda. Men han har spelat fem rundor. Han har varit här sedan klockan tio.”

”Jag betalar för alla”, sa Fredrik snabbt. Och för glassen, välj vad ni vill ha.”

De fick sina glassar och medan Egon lät sig väl smaka av dagens andra dajmstrut studerade han en tavla som hängde ovanför glassdisken. Han gick närmare för att kunna se bättre. Det där kunde bara vara Mårten, det röda håret och den gängliga kroppen och armarna som stolt sträckte upp en stor pokal i luften. ”Banrekord 1982 Mårten Lind 16 slag.” Bredvid tavlan hängde ett urklipp från Kvällsposten: ”Mårten Lind. Sveriges mest lovande junior. I helgen höll han för favorittrycket. Spelade överlägset hem SM-bucklan i Karlstad.” Och ännu en bild på en leende Mårten med en gigantisk prisbuckla i famnen.

”Vad i helskotta är det här?” Egon tittade förvånat på Mårten.

”Äh, det där är längesen, jag var bara sexton år då”, sa Mårten nonchalant.

Att Mårtens far dessutom var bangolfanläggare och byggt banan på campingen höll Mårten tyst om. Däremot bjöd han på stående fot hem alla på grillkväll. De hade ju haft så trevligt så de kunde likaväl fortsätta kvällen hemma hos honom. Han ville helst inte sitta ensam på självaste bröllopsdagen.

Mårtens mockabruna sjuttiotalsvilla vid Hagarondellen såg inte mycket ut för världen. Speciellt inte i jämförelse med kåkarna hans vänner kring bordet bodde i. Bottenvåningen hade han varsamt renoverat, medan ovanvåningen aldrig tycktes bli klar. Han hade lovat Frugan i så många år att han skulle ta tag i det att det blev komiskt bara det kom på tal. Numera tog Frugan inte upp ämnet längre. Hon hade deklarerat att hon trivdes bra med att bo i ett enplanshus. Det hade varit bättre om han rev ut hela ovanvåningen för då skulle de i alla fall få högt i tak. Familjen fick snällt tränga ihop sig på nedre plan eftersom Mårten alltid åtog sig andra roligare projekt, som att bygga kaninbur och hjälpa grannen att lägga takpapp. För att inte tala om anläggningen av uterummet. Var det något han var stolt över var det just familjens nybyggda uterum. Där hade han lagt ner åtskilliga månader på att såga och snickra.

”Välkomna till min enkla boning. Vad roligt att ni kunde komma hit i kväll.” Mårten tittade nöjt på gästerna som slagit sig ner kring bordet i uterummet. Det var samma gäng som hade spelat bangolf. ”Som ni vet firar jag bröllopsdag i dag, eller rättare sagt jag och Frugan firar bröllopsdag. Tjugo år som gifta.”

Egon började spontant applådera och de andra hängde på.

”Tack”, sa Mårten och rodnade. Det där med att hålla tal var inte riktigt hans starka sida. Han harklade sig och fortsatte. ”Eftersom familjen är i Dalarna så får vi fira på distans. Det kan inte hjälpas. Jag har köpt en present till Frugan." Han pekade mot en stor otymplig sak som stod i hörnet med en filt över sig. "Min plan är att Frugan ska sitta med här vid bordet via Skype. Vi har kommit överens om att jag ska ringa upp henne klockan sju. Hon hade tydligen en överraskning till mig med", sa Mårten förväntansfullt. "Jag tänkte att vi överraskar henne med att ni är här och så får hon se på när jag avtäcker hennes bröllopspresent." Mårten kånkade upp sin stationära dator på matbordet och kopplade in routern och alla sladdarna.

"Menar han allvar?" viskade Fredrik till Lisa.

"Jag tror det." Lisa småskrattade. "Det är ju ändå lite gulligt. Han saknar ju så klart Frugan."

"Jaha", sa Fredrik förvånat. "Jag trodde att han tyckte det var skönt att vara ensam hemma."

Mårten gjorde tummen upp. "Koppla nu på stora leendet allihop så anropar jag Dalarna."

Alla stod samlade runt Mårten och hörde kopplingstonerna gå fram.

Plötsligt såg de Frugan stå med ryggen vänd mot kameran iklädd ett rött raffset. Fastkilat mellan golvet och taket var något som var inslaget i silverblått presentpapper. Frugan åmade sig och slet av pappret. "Detta Mårten", sa Frugan fortfarande bortvänd från sin dator, "är något du tjatat om i många år. Nu är tiden inne. Jag har köpt en strippstång." Frugan hoppade runt ett halvt varv och tittade förväntansfullt på sin dataskärm. Hon såg Mårten och hans inbjudna vänner chockade stå och titta på henne via Skype.

Frugan försvann snabbt ur bild. De hörde henne säga: "Mårten, din idiot", och sedan bröts uppkopplingen.

"Mamma, vad är en strippstång?" frågade Linnea intresserat.

Lisa tittade roat på Mårten. ”Det är en stång som man dansar runt. Eller hur Mårten?”

”Ja, just det.”

”Som en midsommarstång?” undrade Linnea.

”Ja ungefär, fast utan blommor. En dansstång”, sa Lisa.

”Dansstång är exakt vad det är. Det är liksom en sorts träning. Vissa gillar gym och andra gillar att dansa runt en stång, friskvård kan det också kallas. Strippstång?” fnös Mårten. ”Vet inte var Frugan fått det uttrycket ifrån.”

Fredrik skrattade högt. ”Friskvård? Kanske ska ni ha en strippstång på polisstationen så ni håller er friska.”

”Strippstång är kanske något för dig också, Elisabeth”, skrockade Egon.

”Ja, kanske det”, svarade hon glatt. ”Men då skulle man säkert ha dig rännande utanför fönstret hela tiden.”

”Jaha, då tycker jag att vi sätter oss till bords”, avbröt Mårten och lyfte bort datorn från bordet. ”Vi har ju kvar kvällens andra stora händelse. Dags för avtäckning av min bröllopspresent till Frugan.”

Mårten gick fram, ryckte av filten och förkunnade stolt. ”Tada! En Weber Spirit Original. En gedigen gasolgrill med tre brännare i rostfritt stål och stor stekyta. Tjugofem års garanti.”

”Du låter ju som om du ska sälja grillen till oss. Jag trodde precis att du köpt den”, sa Egon roat.

”Har du köpt en grill till din fru i bröllopspresent?” sa Elisabeth förvånat.

”Ja, vadå då”, sa Mårten helt oförstående. ”Jag har också bröllopsdag och jag har spanat länge på den här grillen.”

Gemensamt dukade de fram maten som skulle inviga grillen. Premiären bestod av lax, tre olika sorters korvar, tomater, lökringar och champinjoner. Mårten hade svängt ihop en potatissallad som enligt de övriga smakade gudomligt. Elisabeth och Egon hade bakat. Dock inte tillsammans. Elisabeth hade gjort en fantastisk äppelpaj efter ett gammalt familjerecept och Egon briljerade med en fransk chokladtårta. Lisa och Linnea hade med sig hemmagjord fläderblomssaft och kanderade äpplen. Fredrik i sin tur hade med sig ett par flaskor gott rödvin och ett halvt dussin Nils Oscar God Lager, som han visste var Mårtens favoritöl. Mårten saknade så klart Frugan och ungarna, men var trots det mycket nöjd med hur bröllopsdagen avlöpt.

42

Färdtjänst

Söndag den 23 juni, hemma hos Lisa

”Du, hur gick det med den där strippstången förresten?” sa Lisa och fyrade av ett stort leende mot Mårten.

”Inget nytt. Sedan Frugan stängde av Skype i går har hon knappt pratat med mig. Jag trodde hon skulle tina upp lite när jag berättade om grillen, men det blev faktiskt motsatt effekt”, sa Mårten besviket.

”Vad konstigt”, sa Lisa och himlade med ögonen.

”Vadå då”, sa Mårten förnärmat. ”En Weber grill är väl inte fy skam. Hon började prata om spa och en weekend i London, men det är ju förgängligt. Den här grillen har tjugofem års garanti.”

”Berättade du det för Frugan”, fnissade Lisa.

”Ja, så klart”, sa Mårten sårat.

”Inte konstigt att hon inte vill prata. Du får ge henne lite tid, sedan kan du ta med dig något fint till henne när du ska till Dalarna. När är det du åker upp?”

”Andra helgen i juli”, sa Mårten med en suck. ”Har inte alls lust att åka dit, men jag vet inte hur jag ska slingra mig ur det.”

”Äh, det blir säkert kul.”

”Utan dusch, med utedass och hela Frugans släkt? Jag tror inte det.” Mårten tog två jordgubbar från kartongen han haft med sig och stoppade njutningsfullt in dem i munnen. ”Fast om morden på borgmästaren och Silfverstolpe inte är lösta kan jag inte åka upp”, konstaterade han.

”Vi ska väl lösa de morden på ett kick. Men glöm inte den försvunne Arne”, la Lisa till. ”Och apropå Arne, har du hört något mer från Malmö? Hur gick det med efterlysningen av honom, blev det gjort?”

”Jo, det är fixat”, sa Mårten och bytte snabbt spår. ”I morgon får vi obduktionsprotokollet och Holmgrens rapport skulle visst också vara klar. Jag kan ge mig den på att det är samma gärningsmän bakom båda morden.”

”Ja, det verkar nästan så”, sa Lisa. ”Johanna avslöjade visserligen inte mycket i tisdags, men att även borgmästaren hade ett sår vid vänster tinning var i alla fall solklart. På samma sida som Silfverstolpe, med andra ord. Det som är lite underligt är att Silfverstolpe hittades på Falsterbo Golfklubb och hade sand på kläderna och i håret och att borgmästaren hittades på stranden rakt nedanför Ljunghusens Golfklubb. Sand och golf tycks var en gemensam nämnare”, sa Lisa fundersamt. ”Kan det betyda något?”

”Ja, de där morden måste hänga ihop. Frågan är bara hur borgmästaren hamnade på stranden”, sa Mårten och rynkade pannan. ”Han hittades i Ljunghusen, men varför lämnade han i så fall trätofflorna vid Falsterbo brygga? Jag undrar om även hans kropp är flyttad. Fast det verkar helt ologiskt att mördaren skulle ha ihjäl dem på en plats för att sedan flytta kropparna. Kanske för att försvåra utredningen.”

”Och hur hänger Arne ihop med det här?” Lisa gick bort till kylen och tog ut en stor flaska Ramlösa. ”Vill du också ha ett glas, Mårten?”

”Jag tar nog hellre en kopp kaffe om det går för sig.”

”Absolut, går det bra med bryggkaffe? Jag dricker inte kaffe själv så jag har inte skaffat någon sådan där avancerad automat”, sa hon urskuldande.

”Det blir perfekt, finns inget som går upp mot gammalt hederligt bryggkaffe”, sa Mårten nöjt. ”Latte och espresso och sådant trams är inget för mig.”

”Jag tror att Madeleine Kleebe är den gemensamma beröringspunkten”, sa Lisa medan hon mätte upp kaffepulver. ”Hon har varit gift med Silfverstolpe och är väldigt bitter över sättet han lämnade henne på. Det kan man knappast klandra henne för. Borgmästaren och hon är delägare i samma häst, så de känner varandra. Jag förstår bara inte vad Madeleine tjänar på borgmästarens död, det borde vara Margit som ärver honom. Arnes försvinnande skulle kunna vara ett försäkringsbedrägeri. Jag menar, trettio miljoner är väldigt mycket pengar.”

”Jag tror inte att Arnes försvinnande har med de andra två dödsfallen att göra”, sa Mårten och hällde nervöst upp en kopp kaffe åt sig. ”Jag satsar nog på att det är någon av männen på klubben. Vi får helt enkelt klämma åt dem ordentligt. Delon saknade alibi för natten när Silfverstolpe mördades och Crona hade inget alibi när borgmästaren försvann.”

”Jag håller inte riktigt med dig där Mårten, jag tror att Arnes försvinnande hänger ihop med Silfverstolpes och borgmästarens dödsfall och jag tänker gräva mer i det. Men det får anstå tills i morgon. Du, jag behöver snart ge mig iväg.” Lisa tittade på klockan. ”Jag ska träffa Ingela och Louise borta vid kyrkan om en kvart.”

”Jag förstår inte att ni orkar springa i den här värmen. Jag blev svettig bara av att hämta morgontidningen och slänga soporna i morse. För att inte tala om cykelturen hit."

"Det är inte så farligt, vi får se till att dricka mycket. Supergulligt att du vill passa Linnea", sa Lisa tacksamt.

"Gör jag så gärna. Var befinner sig den lilla damen?"

"Hon sitter inne på sitt rum och ritar. Farmor kommer senare i dag och hämtar henne och Linnea skulle rita något fint som present."

"Jag tog med ett Sverigepussel som ungarna älskade att lägga när de var i Linneas ålder, så vi kan förena nytta med nöje. Alltid lär man sig något nytt", sa Mårten och plockade nöjt fram pusslet han haft med sig.

Det var strålande väder och solen stod högt på himlen. Trion vände vid det gamla stationshuset i Ljunghusen och på tillbakavägen längs banvallen stannade de till vid en träbänk för att dricka av det medhavda vattnet. Att det kallades banvallen kom sig av att det tidigare gått en järnväg från Malmö till Falsterbonäset, men denna hade av någon anledning lagts ner i början av sjuttiotalet. Varför visste inte Lisa. Banvallen var grusad och joggare, flanörer, cyklister och en och annan hurtbulle som for fram på rullskidor samsades om utrymmet. Till hennes stora förvåning användes banvallen även som ridstråk. På den inhägnade marken intill gick ett femtiotal får slött runt och betade i värmen.

"Måste vara stekhett med all den ullen", pustade Lisa.

"Ja verkligen", sa Ingela. "Inte mycket till skugga de små stackarna har."

Plötsligt, som på en given signal, började alla fåren springa mot andra sidan av hagen. En liten skällande hund hade lyckats ta sig in bland fåren. En lång blond kvinna klättrade över staketet. Ropande och med kopplet i högsta hugg satte hon av efter sin hund.

”Hur svårt kan det vara att hålla hunden kopplad”, sa Lisa kritiskt.

”Ja, hundägare är ett släkte för sig”, sa Louise skrattande. ”Jag talar av egen erfarenhet. Vi har en beagle som jämt är på rymmen.”

”Honom har jag varit med och jagat några gånger”, sa Ingela med ett skratt och drack upp det sista av sitt vatten. Hon bytte samtalsämne. ”Jag var med Sophia hos kyrkoherden i går. Hon är igång och planerar för Svens begravning. Hon har tänkt hålla den nu på fredag, samma dag som han skulle ha fyllt sextio år.”

”Så sorgligt”, sa Lisa. ”Så fort livet kan vända.”

”Vi var bjudna på festen”, sa Ingela, ”och nu blir det begravning istället.”

”Vet man något mer om hur han dog?” sa Louise och vände sig mot Lisa.

”Det får jag tyvärr inte uttala mig om, men det jag kan säga är att obduktionsprotokollet ska vara klart i morgon, så då får vi veta.”

”Och borgmästarens dödsfall då”, sa Ingela nyfiket. ”Hänger de ihop?”

”Vi jobbar förutsättningslöst”, sa Lisa kort. ”Vad säger ni, ska vi ta slutspurten hemåt nu? Någon som vill stanna på fika? Jag bjuder på jordgubbar med glass och vetelängd, om nu inte Mårten och Linnea satt i sig allt”, la hon till.

”Jag måste tyvärr hem. Våra grannar kommer över på grillning i kväll och jag har inte handlat än”, sa Louise beklagande.

”Glass och jordgubbar låter toppen”, sa Ingela. ”Vi får hålla tummarna för att det finns lite kvar till oss.”

”Wow. Har ni studsmatta?” Sist Mårten provat en sådan var för flera år sedan när Frugan och barnen tvingat med honom till ett vedervärdigt lekland i närheten av Tomelilla. Enda behållningen den dagen hade enligt honom varit just studsmattorna. Frugan hade surat i bilen hela vägen hem och beklagat sig över att hon fått dra runt med barnen själv, medan han hade roat sig kungligt med att hoppa studsmatta. Det enda han bidragit med enligt Frugan var att svänga ihop grillad korv med bröd på den medhavda engångsgrillen.

”Ja, visst är den jättefin.” Linnea klättrade vant uppför den lilla stegen och började studsa runt i full fart.

”Du, var nu lite försiktig så du inte skadar dig.”

Mårten tittade imponerat på konstruktionen. Han tog tag med båda händerna i kanten och ryckte lite i den. Det var en stabil skapelse, konstaterade han nöjt. Han funderade på om inte Bauhaus hade sådana där rör. Tänk om han själv skulle bygga en studsmatta och överraska Frugan och barnen när de kom hem från semestern. Det hade varit något.

”Varför är det nät runt den?”

”För att man inte ska ramla av så klart”, sa Linnea.

Mårten hade bestämt sig. Han tog upp sin mobil och ägnade en bra stund åt att fotografera studsmattans samtliga delar. När han ändå var i farten passade han på att fotografera ett ensamt sommarmoln som passerade över Skanör omgivet av en knallblå himmel. Han stoppade nöjt ner mobilen i fickan.

”Får jag prova att hoppa lite?” Han trampade av sig sina bruna lädersandaler och klev upp på studsmattan.

”Hallå där! Nu får du ta och svara i din jävla mobil.”

Fredrik tittade yrvaket på den enorme mannen som stod lutad över honom. Mannen var endast iklädd badbyxor och de var så små att det såg ut som om han tagit fel och råkat få på sig sin frus bikiniunderdel.

”Din jävla telefon har ringt i flera minuter. Antingen svarar du eller så stänger du av skiten. Annars kastar jag ut den i havet.”

Fredrik insåg att han hade somnat på stranden.

”Förlåt”, mumlade han, sträckte sig efter sin mobil och tryckte snabbt bort samtalet. Han tittade efter mannen som ilsket sjönk ner i sin för längesedan uttjänta solstol några meter bort. Han hörde mannen säga till sin fru: ”Jävla turist. Har han åkt hit för sova kan han lämna telefonen hemma. Han är säkert engelsman, han är ju helt skållad på framsidan.” Fredrik såg sig omkring men kunde inte se någon på stranden som passade in på beskrivningen ”skållad engelsman”.

”Helvete.” Han kände hur det brann i huden. Han tittade ner på magen och benen och konstaterade till sin förfäran att han var illröd. Han kastade ett öga på klockan på mobilen. Tio över två. Han förstod att han måste sovit i nästan tre timmar. Fjorton missade samtal från Mårten. Han tryckte återuppringning till Mårtens telefon, men redan efter två signaler dog mobilen. Batteriet slut. Han reste sig stelt från handduken och vandrade ut i det svalkande havet.

Lisa och Ingela svängde vänster vid kyrkan och spurtade sedan sista sträckan nerför Mellangatan. På håll såg Lisa att Linnea satt på trappan utanför huset. ”Linnea, vad gör du här ute? Var är Mårten?”

”Han ligger på gräsmattan.”

”På gräsmattan? Vad gör han där?”

”Mårten har ont i benet. Han ligger och vilar”, sa Linnea.

När de öppnade terrassdörren hörde de hur han jämrade sig.

”Men Mårten, vad har hänt, är du skadad?” Lisa satte sig

bekymrat på huk bredvid honom.

”Det gör ont så in i helvete i benet. Kom lite fel när jag hoppade på studsmattan.”

Ingela, som var allmänläkare på vårdcentralen i Vellinge, konstaterade efter att ha tittat på benet att Mårten behövde komma in på sjukhus och få det röntgat.

”Jag är visserligen inte ortoped, men med tanke på svullnaden tror jag att benet är brutet.”

Mårten grimaserade ynkligt.

”Jag springer hem och hämtar min bil och sedan kör jag dig in till akuten i Trelleborg”, sa Ingela.

”Nej. Ge mig två Alvedon och linda benet. Jag ska inte till akuten, jag ska till Bauhaus med Fredrik”, vrålade Mårten.

Lisa tog med sig Linnea in i huset. ”Vi kommer snart”, sa hon till Mårten.

”Det är lugnt”, gnällde han. ”Jag går ingenstans.”

Lisa satte sig på en köksstol och tog upp Linnea i knät.

”Vad hände på studsmattan?”

”Mårten sa att han var jättebra på att hoppa. Han kunde studsa jättehögt.”

”Sedan då? Vad hände?”

”Han sa att han skulle försöka göra en volt.”

”Gjorde han en volt?”

Linnea fnissade till. ”Ja, han gjorde en jättehög volt. Han snurrade över nätet och landade på gräsmattan med en smäll.”

Det ringde på dörren. ”Öppna du, Linnea. Jag går ut till Mårten så länge.”

”Mamma, det var farmor som kom.” Linnea höll farmor i ett bestämt grepp i handen när de klev ut i trädgården.

”Hej. Åh, vad jag har saknat dig.” Mattias mamma och Lisa hade tillsammans tagit sig igenom sorgen efter Mattias och stod varandra väldigt nära. ”Men kommer du redan? Jag trodde det var i kväll.” Lisa kramade henne länge.

”Ja, det blev lite tidigare än beräknat. Jag kunde inte vänta. Men käre pojk, du ser inte ut att må så bra. Vad har hänt?”

”Jag trillade ner från studsmattan”, gnällde han ynkligt. ”Jag är Lisas kollega.”

”Åh, är det du som är Mårten. Lisa har talat så varmt om dig. Du är hennes favoritkollega.”

Mårten log ett förvridet leende. ”Inte svårt att aspirera på det. Jag är ju hennes enda kollega.”

”Nu är jag här igen”, sa Ingela hurtigt. ”Så Mårten, nu ska vi till akuten i Trelleborg. Jag har ringt och berättat att vi kommer.”

”Fan”, stönade han när Ingela och Lisa hjälpte honom upp. ”Fredrik har lovat att köra mig till Bauhaus, kan inte detta vänta? Eller kan vi inte ta akuten i Malmö? Då kan vi snabbt svänga in om Bauhaus. Det är sista dagen de har halva priset på takpaaaaaapp.” Han avslutade meningen skrikande eftersom han råkade stöta emot benet i terrassen.

Sju timmar senare sjönk Mårten helt utmattad ner i sin soffa och knäppte på tv:n. Med hjälp av båda händerna fick han upp det gipsade högerbenet på soffbordet. Högt, sa doktorn att man skulle hålla benet. Den där doktorn som kommit med förslaget att sjukskriva Mårten. ”Sjuk”, hade han svarat, ”jag har brutit benet, jag är inte sjuk!”

Han summerade dagen som inneburit två negativa händelser. Ingen billig takpapp hade inhandlats och han hade brutit benet.

Men dagen hade också innefattat två positiva. Han hade ett

dokument i handen med beviljad färdtjänst och slapp därmed att cykla. Dessutom hade han en fullgod ursäkt för att slippa åka till Dalarna.

43

Hjärtat

Måndag förmiddag den 24 juni, på polisstationen

Mårten var precis på väg att ringa efter en taxi när färdtjänst dök upp trettiofem minuter efter utsatt tid. Chauffören, en satt man som stank av vitlök och svett, gjorde ingen ansats att hjälpa honom in i bilen. Mårten damp irriterad ner på det galonklädda sätet och drog igen skjutdörren efter sig. Två äldre kvinnor i rullstol som han kände igen från församlingshemmet gjorde honom sällskap. De upplyste honom om att de var med i kyrkans syförening och skulle till församlingshemmet för att väva damast. Mårten svarade kortfattat på deras bekymrade frågor kring benet och satt sedan med slutna ögon de sista minuterna av den korta färden till polisstationen. Natten hade varit hemsk eftersom han vaknat flera gånger av smärtan i benet. Frugan hade inte alls låtit förstående när han ringt henne på småtimmarna och förklarat att det tyvärr inte kunde bli någon resa till Dalarna för hans del. Det lät nästan som om Frugan trodde att han hade brutit benet med flit. Mårten fnös. Som om han skulle göra något sådant med flit, han som hade så låg smärttröskel och avskydde allt vad sjukhus hette. Då hade hon förklarat för honom att eftersom han inte körde bil utan åkte tåg skulle han utan problem klara resan till Dalarna. När Mårten motsatt sig detta hade hon helt sonika brutit samtalet och sedan behållit mobilen avstängd. Mårten hade gjort några försök nu på morgonen att ringa henne för att försonas, men med samma nedslående resultat.

Lisa tittade ut genom fönstret som vette mot Kyrkogatan i samma ögonblick som den svarta minibussen från färdtjänst körde in och parkerade vid trottoarkanten. Hon öppnade fönstret och spanade efter Mårten som inte anlände fullt så ståndsmässigt som han hade hoppats på. Rampen fälldes ner och för ett ögonblick trodde Lisa att det var Mårten som rullades ut i rullstol, men det var två äldre kvinnor med silvergrått hår. Efter dem linkade Mårten med en krycka i vardera handen. Lisa ropade hej och Mårten besvarade hälsningen genom att lyfta båda kryckorna i luften.

”Jag kommer ner och hjälper dig upp.”

”Äh, jag klarar mig”, sa Mårten ynkligt.

Men Lisa hade redan lämnat kontoret och var på väg nerför trapporna.

”Din stackare”, sa hon och tittade medlidsamt på Mårten. ”Hur länge ska du ha gipset?”

”Sex veckor, och jag får ha färdtjänst hela tiden”, sa Mårten. ”Och så jag slipper jag att åka till Dalarna”, la han till med ett belåtet leende. ”Men jag ska prata med min handläggare på försäkringskassan om att jag behöver egen bil. Ska vi på utryckning kan jag knappast ta bussen runt med ett gäng pensionärer i släptåg. Hur skulle det se ut?”

”Det vore en syn det”, fnissade Lisa och erbjöd sig på stående fot att ringa och prata med Billund om hur Mårtens transport kunde lösas för sommaren. Privatchaufför kom förmodligen inte på tal, men om Vellinge Taxi kunde ha en bil stationerad i Skanör Falsterbo under sommaren så skulle det onekligen underlätta för dem.

”Du kan tro att jag har dåligt samvete över det där med studsmattan”, sa Lisa och hjälpte Mårten uppför trappan.

”Det är verkligen inte ditt fel, det är bara jag som är alldeles för bra på att hoppa. Jädrar i det vilken fart jag fick. Jag flög över nätet”, sa han imponerad över sin egen prestation.

”Ja, Linnea berättade det”, skrattade Lisa. ”Hon berättade historien om den flygande polisen om och om igen.”

”Flygande polisen”, frustade Mårten. ”Ja, det låter något det.”

Lisa hade varit nere och hämtat både kaffe och ostfrallor i köket och Mårten som placerats i soffan med benet i högläge hade det riktigt skapligt.

”Gissa vad som har kommit nu?” sa Lisa och viftade ivrigt med några papper.

”Kan det vara obduktionsrapporten?”

”Jepp, helt rätt gissat, Watson. Och Holmgrens rapport. På utsatt tid, precis som utlovat”, sa Lisa nöjt. ”Jag har ringt Fredrik och han är på väg.”

”Ska det verkligen vara nödvändigt?” muttrade Mårten. ”Det här klarar vi på egen hand.”

”Två mord och ett försvinnande”, sa Lisa tvivlande. ”Jag tror att vi ska vara tacksamma över att Fredrik vill hjälpa oss. I annat fall skickar de någon från Malmö och det vill du väl inte?”

”Nej, bevare mig väl”, sa Mårten med eftertryck. ”Då är det bättre med Fredrik.”

”Bättre med Fredrik?” sa Fredrik och klev in i Lisas rum. ”Vad är det som är bättre med mig?”

”Vi pratade om utredningen”, skyndade sig Lisa att säga,

”och vi pratade om hur glada vi är över att du bistår oss med din kompetens.”

”Exakt”, nickade Mårten. ”Vi sa att du är bättre än någon av de andra resurser som Billund skulle kunna skaka fram från Malmö. Men vad har hänt med dig?” sa han och granskade Fredriks rödfläckiga ansikte.

”Skaka fram, ja det låter något det”, sa Fredrik och sjönk ner i soffan bredvid Mårten. ”Det är soleksem”, sa han uppgivet. ”Jag missade att smörja in mig och somnade på stranden och ser ut som en kokt kräfta. Men du själv då? Syrran sa att du brutit benet.”

”Jepp”, sa Mårten och rullade in en Alvedon i en ostskiva som han sedan sköljde ner med ett halvt glas vatten. ”Jag har tydligen brutit benet på flera ställen.” Mårten var riktigt nöjd med sitt gipsade ben och uppmärksamheten det gav.

”Vilka kollegor jag har”, sa Lisa med ett skratt. ”Tror ni att ni orkar bita tag i utredningen nu?” Hon plockade fram dokumenten och började läsa högt och de andra två lyssnade med stigande förvåning.

”Men”, sa Mårten när Lisa läst klart, ”det betyder att det inte är något dubbelmord.”

”Att Silfverstolpe har bragts om livet är ställt bortom alla tvivel och det stod visserligen att borgmästaren dog av en hjärtinfarkt”, sa Fredrik fundersamt, ”men det behöver inte betyda att han dog en naturlig död.”

”Vad menar du?” Lisa rynkade pannan.

”Det kan innebära att han antingen själv känt sig hotad eller att hans samvete var tyngt …”

”… av mordet på Silfverstolpe.” Mårten avslutade Fredriks mening. ”Ja, det är ju inte helt osannolikt.”

”Såret han hade i tinningen var inte dödande utan har enligt Pettersson förmodligen orsakats av fallet. Frågan är bara var han ramlade och hur han hamnade på stranden utan sina trätofflor", sa Lisa och fortsatte: "såvida han inte halkat på bryggan och slagit i huvudet där och sedan flutit hela vägen till Ljunghusen. Vi får höra med SMHI om hur vindarna legat på och om det över huvud taget är sannolikt."

"Det kan jag göra", sa Mårten tjänstvilligt. "Jag har en bra kontakt på SMHI. Jag brukar maila över mina bästa molnbilder till en av meteorologerna där och SMHI använder dem i undervisningssyfte", sa han stolt.

Fredrik tittade förvånat på honom. "Du är sannerligen överraskningarnas man, Mårten Lind. Jag trodde att du tog de där bilderna bara på skoj."

"Ärligt talat så var det mest på skoj i början, men på senare tid har jag börjat katalogisera samlingen och hitta samband mellan olika molntyper och hur de varierar med årstiderna. Väldigt intressant faktiskt. Jag visar er gärna bilderna någon gång."

"Gärna", sa Lisa, "men hur går vi nu vidare?"

"Enligt Pettersson har borgmästaren tidigare haft två lindrigare hjärtinfarkter och medicinerade för detta." Mårten kliade sig fundersamt på hakan. "Detta är inget som Margit nämnt, så vi behöver definitivt prata med henne igen."

"Och rapporten bekräftar det Silfverstolpe själv avslöjade på golfklubben, nämligen att han lät sterilisera sig för två år sedan", sa Lisa fundersamt. "Det innebär att vi även behöver prata med Sophia igen. Vi vet inte vem som är pappa till hennes kommande barn, kanske kan han vara inblandad på något sätt."

"Det är en sak som övergår mitt förstånd", avbröt Fredrik upprört. "Att en fullt frisk man i fertil ålder frivilligt låter sterilisera sig när det finns så många barnlösa par som kämpar i åratal utan att få barn."

"Jag vet att ni försökte länge", sa Lisa medkännande.

"Ja", sa Fredrik bittert, "och det var en av anledningarna till att mitt och Annikas äktenskap till sist havererade."

"Frågan är om det ändå inte är Delon som är pappan", avbröt Mårten tvärsäkert. "För det första har han både klass och stil precis som Sophia, så snacka om äktenskapstycke. För det andra var han hemma hos Sophia vid upprepade tillfällen under våren. För det tredje saknar han alibi för natten då Silfverstolpe mördades."

"Och för det fjärde", sa Lisa syrligt, "är Delon homosexuell."

44

Brevet

Tisdag den 25 juni, på polisstationen

Margit jäktade in på polisstationen och gick med andan i halsen uppför trapporna till ovanvåningen. Hon hade inte avtalat någon tid, men hoppades att Lisa och Mårten var på plats. Ingen syntes till och hon gick besviken ner igen och vidare ut i det lilla köket. Genom fönstret såg hon till sin lättnad Lisa och Mårten sitta ensamma vid det runda trädgårdsbordet och det såg ut som om de var inbegripna i ett livligt samtal. Mårten gestikulerade vilt och hon såg hur Lisa slängde bak huvudet och skrattade högt åt något han sa. Margit kände sig som en inkräktare när hon stod och betraktade dem och bestämde sig för att ge sig tillkänna. Hon gick med bestämda steg ut på den lilla innergården där ett äppelträd dominerade platsen.

”Men hej, Margit”, sa Lisa överraskat. ”Vill du ha en kopp kaffe? Vi tänkte precis fika.”

Margit nickade stumt och slog sig ner bredvid Mårten. Lisa serverade kaffe, hällde upp varmt vatten i en mugg åt sig själv och la i en tepåse. De bredde bullarna under tystnad.

”Nå Margit, vad har du på hjärtat?” sa Mårten nyfiket.

Margit tog fram sin shoppingkasse och plockade upp ett vitt kuvert som hon placerade på bordet. ”Till borgmästaren”, stod det skrivet på brevet med svart tusch. Det svarta hade smetats ut lite och kuvertet var skrynkligt.

”I går berättade ni för mig att Lars fick en hjärtinfarkt och dog en naturlig död.” Margit betraktade dem med glasartad blick. ”Ja, det stämmer”, sa Lisa försiktigt.

”Läs det här”, sa Margit och sköt fram kuvertet. Mårten öppnade det, halade varsamt ut ett vitt linjerat papper och läste högt de få raderna:

Klockan 15.00 i dag kommer det att ringa på din mobiltelefon. Du ska då noga lyssna på instruktionerna du får om hur överlämnandet av mina tre miljoner kronor ska genomföras. Går du till polisen kommer det att gå för dig som för Silfverstolpe.

Brevet var inte undertecknat. ”Men var har du fått det här ifrån?” sa Lisa häpet.

”Jag hittade det nu på morgonen när jag skulle ta tidningarna till återvinning. Jag vet inte vad jag ska tro.” Margit höll ett hårt grepp med båda händerna om shoppingkassen. Om det var för att händerna skulle sluta skaka gav det istället effekten att kassen nu också skakade.

Lisa la sina händer på Margits. ”Kan du ta det från början?”

”Jag skulle som sagt kasta morgontidningarna. Jag brukar göra det en gång i veckan. När jag tog upp tidningarna i grovköket trillade brevet ut.” Margit tittade oroligt på det.

”Du har inte sett brevet tidigare?” lirkade Lisa försiktigt.

”Nej.” Margit skakade bestämt på huvudet.

”Känner du igen handstilen?”

”Nej.” Hon vände bort blicken från brevet. ”Måste ha varit Lars som tagit in det. Men varför har han lagt det bland tidningarna i grovköket?”

”Förmodligen för att du inte skulle se det.” Lisa ångrade direkt att hon så klumpigt slängt ur sig första tanken som dök upp. ”Av omtanke, menar jag.”

”Stackars Lars. Det var inte alls hjärtat, han har blivit mördad och allt är den där Silfverstolpes fel”, sa Margit med tårarna rinnande nerför kinderna.

”Jag förstår att du är upprörd, Margit”, sa Mårten vänligt. ”Vi ska göra allt som står i vår makt för att lösa det här.”

”Det finns en sak till som jag vill berätta för er. Lars var inte på kasinot på fredagsnatten.”

”Det vet vi”, sa Lisa försiktigt.

”När ni var hemma hos oss ljög han om att han sovit över hos Silfverstolpe. När ni gått ställde jag honom till svars.”

”Var tillbringade han natten?” sa Mårten intresserat.

”Han var på golfklubben hela natten.”

”På golfklubben?” Mårten for upp ur stolen och smällde sitt gipsade ben i bordet. ”Aj som tusan!” kved han. ”Vad sjutton gjorde han där hela natten?”

”Lars berättade att han druckit väldigt mycket under kvällen. Han var både berusad och utmattad och orkade inte ta emot fler anklagelser från de andra. Därför smet han ner i biblioteket där han somnade på soffan.”

”Men varför berättade han inte det när vi var hemma hos er?” Lisa antecknade ivrigt.

”När ni berättade att Silfverstolpe hittats död blev Lars rädd att misstankarna skulle falla på honom om det kom fram var han tillbringat natten.” Margit tystnade och tittade ner i bordet.

Mårten manade otåligt på henne. ”Sedan då, vad gjorde han sedan?”

”När Lars på morgonen gick upp på ovanvåningen såg han Silfverstolpes golfbil puttra iväg från klubbhuset.”

”Det var som tusan!” Mårten hade inte många minnesanteckningar från förhöret med banarbetarna, men det med golfbilen kom han ihåg.

”Sa han om han kunde se vem det var som körde golfbilen?”

”Lars förmodade att det var Silfverstolpe”, sa Margit. ”Han hade ropat efter honom men Silfverstolpe hade inte hört honom.”

”Då hade den långe drulen rätt”, sa Mårten överraskat.

”Långe drulen?” snyftade Margit.

Lisa sparkade Mårten hårt på det ogipsade benet under bordet och fortsatte. ”Lars ropade utan resultat, sa du. Sedan då?”

”Eftersom golfbilen inte stannade, bestämde sig Lars för att lämna golfklubben. Han körde raka vägen hem och gick och la sig.”

”Tack för att du berättade”, sa Lisa.

”Det känns så skönt att äntligen ha fått berätta sanningen. Begravningen kommer att äga rum nu på fredag och jag hoppas att ni båda har möjlighet att komma.” Margit plockade upp ett paket pappersnäsdukar och valde ut en av dem och torkade omsorgsfullt ögonen. ”Det kommer att serveras en lätt lunch här på församlingshemmet efter akten och det skulle betyda väldigt mycket för mig om ni kunde delta i den.”

Både Lisa och Mårten förklarade att de självklart skulle vara med och de såg lättnaden i Margits ögon.

”Det kommer att bli en tung dag, och med tanke på att Lars var borgmästare kommer begravningen förmodligen att bevakas av pressen”, sa Margit bedrövat. ”Jag vill inte att det kommer ut några bilder från begravningen till medierna, tror ni att ni kan hjälpa mig med det?”

”Vi ska se vad vi kan göra”, sa Lisa. ”Vi kan garantera att inga journalister kommer med på lunchen efteråt i alla fall. Hur det blir i kyrkan vet jag inte, men jag ska prata med polisens pressansvariga”, lovade hon.

”Finns det något annat vi kan göra för dig?” Mårten tittade bekymrat på Margit. ”Vi förstår att du har det väldigt jobbigt.”

Margit skakade sorgset på huvudet. ”Jag tänkte gå över och prata med kyrkoherden nu. Hon är så förstående och kände Lars från tiden innan han började engagera sig politiskt. Jag har för mig att de var skolkamrater.”

Margit reste sig och gjorde sig redo att gå. ”Jo, förresten, det var en liten sak. Kan ni lägga den här tidningen i stora salen på församlingshemmet. Jag orkar inte träffa de andra just nu.” Hon förklarade för dem att hon och några av de andra kvinnorna brukade ta med och byta veckotidningar på församlingshemmet.

”Så klart Margit, det ordnar jag.” Lisa kramade Margit och gick in med brickan och tidningen.

Lisa tittade ut genom fönstret och såg Margit snedda över Kyrkogatan, smita in genom kyrkogrinden och gå vidare upp mot kyrkan. Hon knäppte på radion och öppnade kontorsfönstret på vid gavel. Musik och frisk luft tycktes alltid få henne att tänka klarare.

Lisa förmodade att borgmästaren fått brevet samma dag som han försvann och sedan gömt det innan han gick ner för att ta sitt morgonbad. Hon ringde till Pettersson för att bekräfta Fredriks teori om stressutlöst hjärtinfarkt. Rättsläkaren intygade att det kunde vara så, inte minst med tanke på borgmästarens tidigare sjukdomshistorik. Ett hotbrev som detta och den stress det utlöste kunde med andra ord ha ändat borgmästarens dagar.

Mårten slog sig pustande ner på stolen i Lisas rum. ”Hade jag vetat att kryckor var så ansträngande hade jag använt Frugans hantlar ett par gånger i veckan.”

”Om det är så jobbigt kan du kanske låna en rullstol av någon på nedre plan.” Lisa log.

”Nej tack. En bra karl reder sig själv. Behövs inga hjälpmedel här inte.”

”Men kryckor är väl ett hjälpmedel?”

”Kryckor är sådant som skadade elitidrottare använder och doktorn tyckte väl att jag såg sportig ut.”

”Du är kul du, Mårten. Vad tror du om brevet?”

”Jag är nästan helt säker på att vi missat något i utredningen när det gäller männen som var med på klubben. Summan på tre miljoner stämmer med det kapital männen på klubben investerade. Det verkar som om en av dem kräver tillbaka sin satsade andel.”

”Frågan är bara vem”, sa Lisa.

”Det som är lite konstigt är att det bara är tre miljoner”, sa Mårten och krånglade med viss möda upp benet på en stol.

”Vad är konstigt med det?” sa Lisa förvånat.

”Jo, men om nu Holmgren påstod att det var mer än en gärningsman och vi förmodar att det var någon av männen på klubben.” Han stack in pekfingret under gipset och kliade energiskt. ”Då är det märkligt att det bara är en brevskrivare. Det innebär att det bara är en mördare.”

”Ja, det har du rätt i”, sa Lisa förbryllat. ”Med tanke på Silfverstolpes storlek och att han blivit flyttad så borde de ha varit minst två gärningsmän.”

”Och hur har brevskrivaren tänkt sig att få pengarna? Skulle borgmästaren lägga en påse med tre miljoner kronor i papperskorgen vid Torgboden, eller vad?"

Mårten skakade på huvudet. "Helt otroligt. Vem är så korkad att han skriver ett hotbrev och använder sin egen handstil? Vi har några protokoll från investerarmötena och där har alla skrivit under. Jag kan se om någon av handstilarna matchar".

"Låter som en bra idé, och är du det minsta tveksam så skicka över det till Holmgren. Hans avdelning kan säkert hjälpa oss. Vi behöver ett genombrott nu och jag känner på mig att brevet är just det genombrottet vi behöver. Billund lär väl byta ut oss om vi inte kommer vidare i utredningen snart", sa Lisa med en suck.

"Äh, skit i Billund", sa Mårten energiskt. "Han är ju i Båstad och semestrar. Detta fixar vi själva."

"Har du förresten fått svar från SMHI?" sa Lisa.

"Jadå, jag har informationen här." Mårten knackade stolt med pekfingret på pannan. "SMHI berättade att det varit kraftiga vindar och strömmar i havet längs med Falsterbokusten det aktuella dygnet. Det är inte alls osannolikt att borgmästaren kan ha flutit ut från bryggan i Falsterbo för att senare sköljas upp på stranden vid Stenudden."

Lisa slog ihop sitt fullklottrade anteckningsblock. "Bra jobbat, Mårten."

Det plingade till i hennes dator.

"Yes, det var mailet från Persson. Vänta lite, så ska jag skriva ut det."

Hon tittade förväntansfullt på dokumenten som knackades fram ur bläckskrivaren.

"Persson har gått igenom innehållet i Silfverstolpes bankfack", sa Lisa och la dokumenten på skrivbordet och båda läste under tystnad.

”Helt otroligt!” utbrast Mårten. ”Silfverstolpe verkar ha blåst dem allihop.”

”Tomten i Håslöv har de bara betalt tre miljoner för”, sa Lisa förvånat och fortsatte. ”Investerarna nämnde ju sex miljoner.”

”Inte nog med det, titta där.” Mårten pekade på en slarvig namnteckning. ”Tomten står dessutom enbart på honom.”

Lisa tog upp en av utskrifterna. ”Silfverstolpe har fört över fyra miljoner till ett personligt konto på Cayman Islands och gjort en överföring på 916 000 kronor till en bilfirma i Malmö. Det måste vara hans nya Lexus”, fortsatte hon. ”På investerarnas gemensamma konto finns det inte kvar en enda krona.”

”Det finns även en överföring på en miljon till borgmästarens privata konto i Swedbank. Det ser ut att vara hans del av kakan. Nu förstår jag bättre hur han kunnat betala både bil och klocka kontant”, sa Mårten.

”Det innebär alltså att Silfverstolpe utöver tomten i Håslöv tagit hand om de övriga fem miljonerna.”

”Han har lyckats med konststycket att blåsa dem alla, men nog mest av allt vår stackars borgmästare”, sa Mårten förundrat.

”Margit kan i alla fall definitivt strykas från listan på misstänkta”, sa Lisa och öppnade blocket. Hon drog ett streck över Margits namn.

”Har du öppnat tandläkarmottagning förresten?” sa Mårten.

”Vad menar du? Vadå tandläkarmottagning?”

”Svensk Damtidning. Trodde inte du läste sådan smörja. Frugan läser inredningstidningar men det här är väl ändå att sjunka lite väl lågt. Det är du för ung för.”

”Alltså, det är inte min tidning. Det är Margits.”

”Eller hur”, flinade Mårten. ”Då lämnar jag dig med skvallerblaskan.” Han linkade med viss möda ut från Lisas kontor.

Lisa som aldrig läste Svensk Damtidning bläddrade förstrött i den. Hon förvånades över hur mycket som handlade om kungahuset. Silvias klänningar. Madeleines senaste frisyr. Victoria och Estelle på promenad. Lisa var totalt ointresserad av kungahuset och skulle precis lägga ifrån sig tidningen när hon plötsligt såg rubriken: ”Uggla får Skanör Falsterbo att gå man ur huse”. Hon undrade om skribenten var medveten om det humoristiska i titeln, eftersom Falsterbonäset var ett paradis för fågelskådare. Hon tittade intresserat på bilderna på festfolket som fyllde ett mittuppslag, när hon plötsligt såg en bild som gav henne huvudbry. Hon kom inte på vad det var. Men det var något som inte stämde.

Lisa loggade in på Facebook och började söka runt. Hon hittade en sida med vimmelbilder från den aktuella kvällen på Strandbaden och studerade några av bilderna väldigt ingående. En misstanke tog form i hennes huvud. Hon var tvungen att undersöka det hon upptäckt, men det kändes väldigt långsökt.

45

Badhytten

Onsdag den 26 juni, på polisstationen,
vid Kruses badhytt och på Waldemarssons mottagning

Lisa sträckte sig efter anteckningsblock och penna och lyssnade med stigande förvåning till Adam Kruses osannolika berättelse. Äntligen ett genombrott i utredningen.

”Danska Kyrkosträtet sa du och sedan badhytten rakt ner? Jadå, vi kommer på en gång.”

När Lisa avslutat samtalet ringde hon färdtjänst som till hennes lättnad visade sig ha en ledig bil i Skanör. Hon hade inte hunnit ringa Billund angående Mårtens transportproblem och gjorde en notering om att hon skulle göra det under dagen. Hon stängde av radion och slängde ett öga på krukväxterna som förde en tynande tillvaro i solgasset. Istället för att ge dem vatten rafsade hon snabbt ihop sina saker och begav sig bort till Mårtens glasbur. Genom fönstret iakttog hon Mårten som var i full färd med att svälja två värktabletter.

Mårten kunde inte förstå andra som bara kunde skölja ner tabletter med lite vatten. Han var alltid tvungen att trycka in tabletterna i en banan, macka eller något liknande för att kunna få ner dem över huvud taget. En åt gången då så klart. Denna gång var det en kladdig chokladmuffins som hjälpte honom att få i sig tabletterna.

Lisa klev in i buren. ”Mårten, nu händer det grejer. Du kan aldrig gissa vad.” Hon drog ut på fortsättningen.

”Vadå? Har du hittat Silfverstolpes mördare?” sa Mårten förväntansfullt.

”Nej, men förmodligen Berndt Hummels försvunna häst.”

Mårten kände hur muffinsen och tabletterna vände i magen och var på väg upp igen.

”Black Arne?” sa han bestört. ”Har du hittat Black Arne?”

”Nej inte jag, men en väldigt upprörd man vid namn Adam Kruse ringde nyss och berättade att det sitter en död häst i hans badhytt.”

”Herregud!” utbrast Mårten. Det hade varit Egons påhitt att placera hästen i badhytten. Han disponerade Kruses badhytt och hade garanterat att familjen skulle vara borta hela sommaren. Tanken var att de skulle flytta Black Arne så fort de hittat en bättre lösning. Nu blev det inte så. Han fortsatte: ”Men det låter ju helt vansinnigt. Vilka idioter gömmer en häst i en badhytt?”

”Ja du.” Lisa tittade på Mårten. ”Samtidigt är det nog det sista stället vi skulle leta på, så de som placerat Arne där verkar ha tänkt till ordentligt. Men hur som helst så måste vi ta oss dit med detsamma. Färdtjänst är beställd till dig och själv tar jag cykeln så jag hinner förmodligen dit först. Adam Kruse ville ha ut hästen så fort som möjligt och jag förstår honom. Jag vet bara inte om vi ska ringa en bärgare eller hur vi ska göra.”

Mårten föreslog inte att de kunde ta hans släp.

Lisa förstod direkt att mannen som kom gående mot henne var Adam Kruse. Han var uppriven och visade henne den sista biten bort mot badhytten. Han satte sig i gräset med huvudet mellan benen och andades häftigt. När han återhämtat sig något pekade han med skakig hand på sin badhytt. ”Där inne är den.”

Lisa gick fram och kikade försiktigt in genom den halvöppna trädörren. Till sin förfäran såg hon den stora hästen som upptog det mesta av badhyttens innandöme. Hon slogs av tanken att det såg ut som om hästen satt på ett utedass och sov. Både hästen på Berndt Hummels affisch och den i badhytten var svart. Det var ingen tvekan om att det var Black Arne.

”Vad i hela friden är det som händer?” sa Adam Kruse upprört. ”Varför sitter det en död häst i min badhytt?”

”Jag vet inte”, sa Lisa sanningsenligt. ”Jag lovar att vi ska försöka ta reda på det.”

”Här kommer jag hem efter en lång arbetsperiod utomlands och ska njuta av lite strandliv och så möts jag av det här. Badhytten är förstörd för all framtid, det är bara att riva den”, sa han olyckligt.

Lisa såg till sin stora lättnad färdtjänst komma körande på den smala grusstigen som ledde till badhytterna. ”Nu kommer min kollega Mårten Lind.”

”Är det så polisbilarna ser ut nu för tiden?” Adam Kruse såg förbryllad ut.

Lisa hann inte förklara Mårtens belägenhet förrän hon till sin förfäran såg en stor jeep med påkopplat hästsläp dyka upp i fjärran.

”Skit!” Mårten torkade pustande bort svetten i pannan. ”Kryckor och sand är en idiotisk kombination. Tur att man inte har rullstol. Kommer ihåg någon enstaka gång när barnen var små och Frugan tvunget skulle ha med barnvagnen på stranden. Det här är precis samma känsla.”

Lisa pekade bort mot ekipaget som närmade sig. Mårten kisade. ”Jag ringde till Berndt Hummel när jag stod och väntade på färdtjänst.”

”Har du ringt hit honom? Varför har du gjort det?”

”Vi måste ju få reda på om det är hans försvunna Arne så jag tänkte att han skulle få identifiera hästen. Är det hans kan han likaväl ta den med sig så har vi löst transportproblemet”, sa Mårten belåtet.

”Ska han identifiera hästen?” Lisa tittade förvånat på Mårten. ”Det gör man väl med människor och inte med hästar.”

”Det vet väl inte jag. Har du kanske haft en utredning med en död häst tidigare?” sa Mårten förnärmat. ”Jag tog för givet att man gjorde likadant med hästar.”

”Ring honom snabbt och säg att det var fel information du fått. Vi kan inte ha honom springande här nu.”

Mårten ringde motvilligt Berndt Hummel och förklarade att informationen inte stämde och att han kunde köra hem igen. ”Men medge att det hade varit smidigt om Berndt Hummel hade tagit med sig hästen.”

”Det ska tas fingeravtryck och jag gissar att det blir någon form av brottsplatsundersökning”, sa Lisa bestämt. ”Vi borde ringa Holmgren.”

”Nej absolut inte”, sa Mårten snabbt. ”Det här fixar vi själva.”

Lisa och Mårten gömde sig bakom badhytten bredvid och Adam Kruse iakttog förbryllat de två poliserna. Lisa kikade fram och såg till sin lättnad att jeepen stannade, backade runt och vände tillbaka.

”Du kan inte ta sådana beslut själv. Kommer du ihåg vad vi bestämde?” Lisa tittade uppfordrande på Mårten.

Mårten slog ut med kryckorna. ”Jaja, vi jobbar tillsammans. Inga egna beslut.”

Lisa upptäckte att det stod en golfklubba lutad mot Kruses badhytt.

”Spelar du golf?” frågade hon.

”Nej.” sa Adam. ”Det gör jag inte, jag avskyr golf.”

”Jag trodde det var din klubba.” Lisa pekade mot den.

”Nej, det är inte min. Inte hästen heller för den delen.”

Lisa gick fram och studerade golfklubban. ”Mårten, kom och titta på det här.”

Han stönade och hoppade dit. ”Kan det verkligen vara den?” sa han tvivlande.

”Tänker du samma som jag?” Lisa tittade spänt på Mårten.

”Det ser ut som torkat blod.”

”Ja, precis. Kan det vara hästens blod?”

Det visste Mårten att det inte var. Ingen av dem hade lagt märke till golfklubban när de baxat in Black Arne i badhytten.

”Tänk om det är Silfverstolpes försvunna järnfemma. Om någon slagit ihjäl honom med hans egen klubba, då är det kanske mordvapnet vi äntligen har hittat”, sa han exalterat.

”Vi måste ta med klubban och se till att Holmgren gör en analys av blodet på den.” Lisa var noga med att inte sätta några fingeravtryck på den.

”Om det är Silfverstolpes blod har vi hittat en nål i en höstack”, sa Mårten nöjt.

”Jo, men hur gör vi med hästen i min badhytt?” avbröt Adam. ”Jag förstår att ni har fullt upp med annat, jag har hört och sett på nyheterna. Men nu ringde jag er om min badhytt och hästen, så då ska ni kanske fokusera på det.”

”Förlåt.” Lisa log mot Adam. ”Vi gör så här att du går hem nu och så lovar jag dig att hästen är borta och din badhytt är skinande ren invändigt inom två dagar. Är det ok? Förresten, var badhytten låst när du kom hit?”

Adam tänkte efter för ett kort ögonblick. Mårten visste att den varit låst. Egon hade ju extranyckeln och hade varit mycket noga med att låsa efter dem när de var klara.

”Jag vet faktiskt inte”, sa Adam till Mårtens stora lättnad. ”Jag blev så chockad när jag såg hästen att jag inte kommer ihåg. Men den brukar vara låst”, la han till.

”Den var säkert öppen”, sa Mårten snabbt.

Adam lämnade nyckeln till Lisa och gick tacksamt därifrån. Innan han gick bad Lisa honom att hålla det inträffade för sig själv, pressen skulle komma tids nog och de ville hinna transportera bort den stackars Arne så att han skulle slippa hamna på förstasidan i kvällspressen.

Det hade sett likadant ut här sedan den första dagen Egon satte sin fot på doktor Waldemarssons mottagning för drygt femtio år sedan. Han bläddrade förstrött i tidningen. Utbudet av läsbara tidningar hade alltid varit skralt hos Egons husläkare. Mest damtidningar. Annat var det hos hans frisör, där var det mest herrtidningar. Han såg sig om i väntrummet och ögonen fastnade vid ett av konstverken som delvis dolde den slitna fiskbenstapeten. Till sin stora förvåning kunde han se detaljer på målningen som han inte lagt märke till tidigare. Det var nog tur ändå att Waldemarsson införskaffat ny syntavla.

Waldemarsson, som passerat de nittio, drev trots sin aktningsvärda ålder sin praktik vidare och även om konkurrensen från vårdcentralen var stor hade han behållit ett antal trogna patienter. Eller trogna vänner som Waldemarsson valde att kalla dem.

Egon tyckte att det var märkligt, men på något oförklarligt vis hade han ärvt doktorn han gick till efter sin mor och frisören efter sin far. Att man ärvde politisk åsikt från sina föräldrar var inga konstigheter men att trampa så hårt i sina fäders fotspår att man ärvde doktorn och frisören var kanske inte lika vanligt.

Dörren öppnades och Waldemarsson stack ut huvudet. "Hej Egon, välkommen, du är nästa på tur."

"Jag förstod det. Det är bara jag i väntrummet."

"Varsågod och sitt." Waldemarsson klappade på britsen. Egon var i hans ögon ett praktexemplar av en homo sapiens. Enda plumpen i Egons journal var en inflammerad blindtarm 1966, men även solen hade sina fläckar. Att han vid senaste besöket helt fallerat vid syntestet tyckte inte Waldemarsson var värt att notera.

"Hur står det till med dig, Egon?" Han fällde ner sina glasögon från pannan och tittade frågande på Egon.

"Jo tack. Prima liv, men ont i ena axeln efter att jag …" Egon ljög. "… spelat tennis." Han kunde inte gärna berätta att han skjutit en häst.

"Jaså, axeln säger du. Gör detta ont?" Waldemarsson tryckte till på Egons axel.

"Aj som tusan. Ja, det gjorde ont."

"Så ja, pjalla dig inte nu. Lite smärta betyder bara att man har känslor kvar och det är ju positivt", skrockade Waldemarsson.

Efter obligatoriskt blodprov, blodtryck och vägning lämnade Waldemarsson samma utlåtande till Egon som han gjort de senaste femtio åren. "Du är frisk som en nötkärna. Med viss reservation för din axel då förstås. Det blir trehundrafemtio kronor och då får du en salva för axeln på köpet."

Waldemarsson började rota i bokhyllan bakom sig som var överbelamrad med medicinflaskor och pillerburkar.

"Här, den här salvan ska du använda. Smörj in axeln morgon, middag och kväll så ska du se att du är smärtfri om en vecka." Han log och klappade Egon på den friska axeln.

Egon visste sedan gammalt att Waldemarsson tyckte att apoteket var ett statligt mög som bara försökte lura pengar av sjuka människor. Därför hade han alltid ett eget lager av medicin som han sålde till sina patienter för en rimlig peng.

Egon granskade texten på den lilla tuben. "Men här står att detta är en salva mot hemorrojder."

"Ja, det stämmer", svarade Waldemarsson. "Det är en salva mot hemorrojder."

"Men jag har inte hemorrojder, jag har ju ont i axeln", påpekade Egon.

"Det vet jag, Egon. När man har hemorrojder tar man den här salvan för att dra ihop blodkärlen. När du skadat din axel har det med största sannolikhet uppstått en blödning i axeln och därför får du den här salvan. Är vi överens?" Waldemarsson sköt upp glasögonen i pannan och log mot Egon.

Egon stängde nöjt dörren till Waldemarssons undersökningsrum. Årets hälsokontroll var avklarad.

"Egon, vad gör du här?" Elisabeth stirrade på Egon.

Nämen vad tusan, tänkte Egon. Jag springer ju snart på kärringen varje dag.

"Hej, vad gör ni här?" Egon tittade förvånat på Elisabeth och Vera. "Visste inte att du gick till Waldemarsson, Elisabeth."

"Frågan är vad du gör här? Jag visste inte att du gick till gynekologen."

"Gynekologen?" sa Egon förvirrat. "Waldemarsson är min husläkare och har alltid varit."

Elisabeth pekade demonstrativt på det gulnade diplomet bredvid dörren. "Georg Waldemarsson Legitimerad Gynekolog 1948".

Nu förstod han varför han ärvt läkare av sin mor. ”Jag vet väl att han är gynekolog”, ljög Egon. ”Jag har varit på min årliga läkarundersökning.”

”Och jag är här med Vera”, sa Elisabeth.

”Jag visste inte att hundratvååringar gick till gynekologen”, sa Egon.

”Det tror jag inte att de gör.” Elisabeth lutade sig fram mot Egon och viskade: ”Mamma hävdar envist att hon har värmevallningar och påstår att hon är på väg in i klimakteriet.”

46

Sista chippen

Fredag kväll den 14 juni, Falsterbo golfbana

Sven Silfverstolpe konstaterade att den här dagen lätt kvalade in som en av de värsta i hans liv. Att det däremot skulle gå så illa att han inte skulle överleva dagen var han lyckligt omedveten om. Sophia var gravid och väntade barn. Vem som var pappan hade han inte fått klarhet i än, men så mycket visste han att det omöjligt kunde vara han själv. Madeleine Kleebe hade oväntat dykt upp i Falsterbo och det både roade och oroade honom att de stött på varandra i dag. Han funderade på om det var en tillfällighet eller något hon planerat. Det största bekymret var dock Sandén. Hur han lyckats skaka fram all dokumentation kring bygglovet som inte beviljats var en gåta och mycket olyckligt. Borgmästarens kontaktperson på kommunen hade försäkrat att det var vattentätt och att ingenting skulle kunna läcka ut förrän första spadtaget i Håslöv var taget. Detta hade han lovat så sent som på eftermiddagens möte i kommunhuset.

I direktionssalen på golfklubbens ovanvåning fortsatte den hätska utfrågningen av borgmästaren. Silfverstolpe gjorde ingen ansats att komma till hans undsättning. Borgmästaren hade inte skött sina åtaganden och då kunde han minsann stå till svars för det själv. Silfverstolpe gick ner för trapporna där hans föregångare hängde inom glas och ram. Till denna exklusiva skara hörde snart även han själv.

Från det lilla biblioteket på bottenvåningen hörde han hur Delon och Sandén ivrigt och högljutt ventilerade kvällens händelser. Han gick in bakom bardisken i matsalen och tappade upp en stor stark som han drack i ett svep innan han gick vidare in på kontoret för att hämta sin golfbag. Innan han tog bagen, stoppade han in Sandéns mapp med de grusade bygglovsplanerna i kassaskåpet och låste det omsorgsfullt. Varför han tagit mappen visste han inte, men av någon anledning hade det känts bra i stunden. Han betraktade de exotiska fiskarna som med lätthet rörde sig i det gigantiska akvariet och släppte ner en nypa fiskfoder. Nu var han redo. Han riktigt kände hur adrenalinet pumpade i kroppen. Det som verkligen fick honom att känna sig levande var golf och jakt. Hans två stora kärlekar i livet.

Golfbanan låg öde och var så fantastiskt vacker att Silfverstolpe nästan kände sig religiös. Det här var hans golfklubb, tänkte han stolt. Dagen då han valts in som Falsterbo Golfklubbs ordförande hade varit en av höjdpunkterna i hans karriär. Silfverstolpe hade vuxit upp som oäkting, med en far som aldrig erkänt faderskapet och därmed aldrig varit en del av hans liv. Silfverstolpes mor kom från enkla förhållanden och han hade varit tätt knuten till henne. Hon var död sedan många år nu, men Silfverstolpe var övertygad om att hon vakade över honom och var stolt över det han åstadkommit. Han hade aldrig haft någon längtan efter barn och den dagen Madeleine Kleebe glädjestrålande berättade att hon väntade hans barn, dog något inom honom. Han hade varit den viktigaste personen i sin mors liv och han ville fortsätta vara det för kvinnan han levde med.

Hos Madeleine Kleebe hade han härdat ut ett år som småbarnspappa innan han lämnat dem och tömt hennes bankkonto som kompensation. De andra kvinnorna hade han lämnat när deras barnlängtan börjat bli påfrestande. Men den här gången var det annorlunda, han behövde Sophia ett tag till. Han behövde hennes klasstillhörighet och förmögenhet, men framför allt hennes stora kontaktnät på Falsterbonäset. Sophia var gravid och barnet var inte hans. Det fanns bara en lösning, att ta bort det och han var övertygad om att Sophia skulle komma till insikt om det. Hon var en förnuftig kvinna och skulle knappast vilja ha ett oäkta barn. Han skulle boka en tid för abort på måndag morgon och sedan var det problemet ur världen.

När Silfverstolpe slog ut från hål två hamnade han till sin stora förtret i bunkern framför green. Denna bunker var hans akilleshäl på banan och på något märkligt vis hamnade han alltid där. Silfverstolpe hade föreslagit för de övriga i styrelsen att de skulle täcka igen bunkern. Trots att han satt på högsta stolen i styrelsen blev han alltid nedröstad när han tog upp detta på dagordningen.

Förbannad klev han ner i bunkern och precis när han skulle slå till bollen la han märke till en gestalt som kom bortifrån Danska Kyrkosträtet.

”Jag har kommit för att reda ut vad som hänt med de investerade pengarna.”

”Investerade pengarna, vad menar du med det? Det har väl inte du med att göra”, sa Silfverstolpe kallt.

”Blir det inget kasino på Falsterbo Golfklubb?”

”Det ska du inte lägga dig i”, fräste Silfverstolpe.

”Jag vill bara vara säker på att vi får tillbaka våra pengar, vi är inte intresserade av att investera i Håslöv.” Rösten var bestämd och målmedveten.

”De pengarna är redan investerade, så ni får inte tillbaka ett öre även om det går åt helvete med kasinot”, sa Silfverstolpe och skrattade rått.

”Men så kan ni inte göra. Det är hela vårt sparkapital och vi har belånat huset.”

”Det skiter väl jag i. Det är ert problem. Affärer är affärer.” Silfverstolpe ställde sig bredbent och gungade lätt i knäna. Han fick en härligt mjuk träff på bollen som smet iväg precis över bunkerkanten. Han lyssnade och för första gången någonsin efter ett slag från bunkern på hål två hörde han ljudet när bollen ploppade ner i koppen.

”Det var som fan, jag satte den.” Mer hann Silfverstolpe inte säga förrän hans egen järnfemma träffade vänstra tinningen med full kraft. Han föll framåt och på ren reflex famlade han efter något att ta tag i. När hans kropp dråsade ner i bunkerns finkorniga sand, var han redan död.

47

Bytet

Torsdag förmiddag den 27 juni, på polisstationen

Efter upptäckten av den stackars Arne i Adam Kruses badhytt hade utredningen tagit fart. Golfklubban, som mycket riktigt visade sig vara Silfverstolpes saknade järnfemma, hade blivit topsad av Holmgren. Därefter hade Holmgren till Mårtens och Lisas stora förvåning grymtat fram ett "bra jobbat" till dem innan han satte sig i bilen och körde de fyrtiofem milen till Statens Kriminaltekniska Laboratorium i Linköping. Att det gått så fort att få fram DNA hade varit Billunds förtjänst. Trots att han befann sig på semester i Båstad höll han ett vakande öga över utredningen och i glädjeyran över genombrottet hade han beviljat Mårten privatchaufför. Hotbrevet hade granskats av en av polisens främsta handskriftsexperter och jämförts med texten på blomsterkortet som Ingela hade kommit över med föregående dag. Det var ingen tvekan, samma person hade skrivit både hotbrev och blomsterkort.

Black Arne hade identifierats av en förkrossad Berndt Hummel och skickats till obduktion. Berndt Hummel hade pratat med kyrkoherden som hade lovat att ägna en del av kommande söndags gudstjänst till Arnes minne.

Mårten stoppade girigt in glasstruten i munnen och tog en rejäl bit. ”Stracciatella”, sa han nöjt. ”Tänk att du kom ihåg det.”

”Självklart, det har ju blivit några glassar sedan vi träffades. Men varför provar du aldrig någon ny sort?” sa Lisa med ett skratt.

”Varför ändra på ett vinnande koncept? Mina favoriter är vanilj och choklad och i stracciatella får jag bådadera”, konstaterade Mårten.

”Tja, du vet, omväxling förnöjer.” Lisa försökte förgäves förhindra att melonsorbeten rann ner på kläderna genom att slicka på strutens utsida.

”Har du inte lärt dig att undvika sorbet när det är så här varmt”, sa Mårten leende. ”Glassen smälter inte lika fort.”

”Där har du onekligen en poäng, Mårten”, sa Lisa och torkade fingrarna med en servett. ”Vilken sanslös tur att Adam Kruse bestämde sig för att ta några dagars semester i Sverige. Om han inte gjort det och besökt sin badhytt, hade förmodligen de som skjutit Arne hunnit flytta honom och vi hade aldrig hittat Silfverstolpes golfklubba”, funderade Lisa.

”Jepp, ibland är det tillfälligheterna som avgör”, sa Mårten och stoppade in det sista av struten i munnen. ”Vi kan tacka dem som lämnade Arne i badhytten för det. Ovanligt intelligent gjort.”

Lisa hörde på stegen i trappan att Fredrik hade med sig deras huvudmisstänkta. Hon kände sig obehaglig till mods. Lisa hade in i det sista hoppats att hon misstagit sig, men så var tyvärr inte fallet.

Mårten hade redan satt sig tillrätta vid konferensbordet och benet låg i vanlig ordning placerat på en stol som var försedd med en av de mjuka kuddarna från soffgruppen. En karaff med vatten, tre glas och ett fruktfat var placerade mitt på bordet. Krukväxterna som Mårten tidigare varit avundsjuk på slokade betänkligt och han reste sig omständligt upp från stolen och fördelade karaffens innehåll i de olika krukorna.

Lisa la upp polisstationens nyförvärvade fickminne på bordet och tryckte igång inspelningen.

"Skanör polisstation torsdagen den tjugosjunde juni klockan 11.00, förhör med Louise Sandén. Närvarande poliser Mårten Lind och Lisa Stark."

Lisa lutade sig tillbaka i stolen och riktade uppmärksamheten mot Louise som satt helt orörlig, med ögon som avslöjade att hon hade gråtit. Louise tittade ner på sina händer och fingrade nervöst på vigselringen.

Lisa tog sats. "Kan du berätta var du befann dig mellan fredagen den fjortonde juni klockan 22.00 och lördagen den femtonde juni klockan 08.00?"

Louise fortsatte att titta ner på sina händer och sa tyst. "Det vet du, då var jag på Strandbaden med dig och de andra som varit med vid Ingelas tjejmiddag. Efter det cyklade jag raka vägen hem och gick och la mig. Du kan fråga Fredrik, vi hade sällskap hem."

"Lämnade du Strandbaden någon gång under kvällen?" frågade Lisa mjukt.

Louise skakade på huvudet och svalde. Lisa upprepade sin fråga.

"Varför frågar du det?" sa Louise och lyfte för första gången blicken och tittade rakt på Lisa.

"Silfverstolpe mördades någon gång efter klockan 22.00 och ett par timmar efter hans död flyttades hans kropp för att sedan återfinnas inne på Falsterbo Golfklubb klockan 08.00 på morgonen."

Lisa noterade att Louise kämpade med gråten och gick och fyllde på den tomma vattenkaraffen. När hon återvände hade Louise åter samlat sig och Lisa hällde upp ett glas vatten åt henne.

”Kan vi fortsätta?” frågade Lisa försiktigt.

”Ja”, sa Louise och tog några klunkar av sitt vatten.

”Vi har hittat Silfverstolpes försvunna järnfemma”, sa Mårten och la stolt upp den på bordet. ”Har du sett den tidigare?”

Louise skakade på huvudet och betraktade klubban med glasartad blick.

”Vi har säkrat Silfverstolpes blodspår på den.” Louise reagerade inte. ”Vi har även hittat fingeravtryck på golfklubban från Silfverstolpe och ytterligare en person. Klubban var visserligen avtorkad, men längst upp på skaftet hittade vi tydliga avtryck”, sa Mårten. Det där sistnämnda stämde inte och Lisa tittade förvånat på honom. Mårten kände sig nöjd med sig själv, lite improvisation kunde aldrig skada. Han sträckte sig efter fruktfatet, men ångrade sig. Frukt var inte hans grej. Jordgubbar möjligen, men han var osäker på om det klassades som frukt. Det var Lisa som propsat på att de skulle ha frukt som omväxling mot kakor och bullar, men Mårten saknade redan sin fika.

Lisa, som visste att de inte tagit Louises fingeravtryck, avbröt Mårtens improviserade soloföreställning. Hon plockade istället fram tidningen som Margit haft med sig och la även upp några foton som hon printat ur från Strandbadens facebooksida med vimmelbilder samt en bild från tjejmiddagen. Hon ringade in Louise på två av bilderna.

”Ser du någon skillnad mellan bilderna?” sa Lisa och lutade sig tillbaka i stolen.

”Nej”, svarade Louise kort.

”Titta noga på dina kläder.”

”Vad är det med dem?”

”Titta på den bilden. Den är tagen hemma hos Ingela.”

”Ja?” Louise tittade på bilden utan att röra en min.

”Titta noga på din tunika.” Lisa la fram ytterligare en bild. ”Denna är tagen ...” Hon lutade huvudet för att se den digitala tidsangivelsen på fotot. ”... 22.30.”

”Nej, jag förstår inte vad du är ute efter.”

Lisa pekade på Svensk Damtidnings mittuppslag där rubriken löd ”Uggla får Skanör Falsterbo att gå man ur huse”. ”Vi har fått klockslaget när den bilden togs av fotografen. Klockan 01.22.”

Mårten tittade allvarligt på henne. ”Ser du någon skillnad nu?”

”Vart vill ni komma? Ska vi gå igenom bilder från hela kvällen?” Louise var inte dummare än att hon förstod att de där fingeravtrycken på golfklubban var en bluff. Hon visste med sig att den var omsorgsfullt avtorkad. Hon hade offrat sin tunika och torkat av klubban med den.

”På de första två bilderna har du en vit tunika med guldbrodyr”, sa Lisa. ”På den senaste bilden har du en vit blus med blå brodyr på ärmarna. Du har bytt kläder någon gång efter 22.30, hur förklarar du det?”

”Om jag byter kläder under kvällen, gör det då mig till en mördare?” sa Louise vasst. Hennes tysta förtvivlan hade övergått i ilska. ”Någon överförfriskad typ spillde ut ett glas vin över mig. Jag cyklade hem och bytte om. Konstigare än så var det inte.”

Louise var så övertygande att både Lisa och Mårten för ett kort ögonblick övervägde om hon talade sanning.

”Okej”, sa Mårten. ”Om det nu är som du säger. Hur förklarar du då detta?” Han plockade upp hotbrevet samt ett blomsterkort som Ingela lämnat över dagen innan.

Louise satt helt stilla och stirrade på det. ”Var har ni fått det ifrån?”

”Brevet kom Margit över med, hon hittade det när hon skulle slänga tidningar. Kortet fick vi av Ingela. Det satt i buketten som du gav henne på tjejkvällen”, sa Lisa kort.

”En handstilsexpert har tittat på det och slagit fast att det är samma person som har skrivit båda”, sa Mårten och spände ögonen i Louise.

”Ja, det är jag som har skrivit hotbrevet”, erkände Louise. ”Men det var aldrig meningen att borgmästaren skulle dö.” Hon såg bedrövad ut.

”Varför skrev du det med din egen handstil”, sa Mårten.

”Det var inget jag planerat. Jag låg vaken hela natten och kom på att det var min och Gunnars enda möjlighet att få tillbaka pengarna. Tanken var att brevet inte skulle läsas av någon annan än borgmästaren.”

Louise berättade om hur hon i desperation över de stupade kasinoplanerna hade lagt hotbrevet i borgmästarens brevlåda. Hon kände till hans vanor kring morgonbadet och hade stått och iakttagit honom när han tog in morgontidningen och brevet. Hon hade därefter smugit efter honom ner till stranden och gömt sig uppe i sanddynerna. Varför hon gjort det visste hon inte, det hade skett i stundens ingivelse. Hon hade sett honom ta av sina Falsterbotofflor och vandra ut på bryggan. Precis när hon skulle gå hem hade hon lagt märke till att borgmästaren hade vacklat till, slagit huvudet i bryggan och fallit ner i vattnet. Hon hade reagerat instinktivt och sprungit ut i vattnet för att hjälpa honom. När hon till sin bestörtning upptäckt att han var död hade hon hastigt lämnat stranden och låtit borgmästaren ligga kvar i vattnet.

De hade tagit en kort paus i förhöret och satt nu åter samlade kring konferensbordet. Lisa hade öppnat alla fönster och en behaglig sommarbris bjöd dem svalka.

”Hur gick det till när du slog ihjäl Silfverstolpe?” Mårten gick rakt på sak.

Louise tittade stint på honom och svarade inte. Mårten vände sig mot Lisa som stillsamt nickade mot honom. Det var startsignalen.

”Under pausen ringde vi till din make. Gunnar Sandén”, förtydligade Mårten vänd mot fickminnet på bordet.

Louise ryckte till.

”Gunnar är på väg hit med den vita tunikan du hade på dig när du slog ihjäl Silfverstolpe”, fortsatte Mårten oberört.

Då brast det för Louise Sandén och hennes berättelse växte fram. Hon berättade om hur Silfverstolpe och borgmästaren övertalat Gunnar att investera i det som skulle bli ”Falsterbo Casino & Golf Club”. När projektet dragit ut på tiden hade Gunnar gjort vissa efterforskningar och upptäckt att det blivit avslag på bygglovet på grund av att Natura 2000 gällde för området.

I samma veva insåg Gunnar att Silfverstolpe och borgmästaren redan spenderat en hel del av pengarna, bland annat genom att köpa lyxbilar och den där tomten i Håslöv. Louise berättade lågmält om hur Gunnar ringt henne under fredagskvällen och berättat om blåsningen de alla blivit utsatta för.

Louise och Gunnar Sandén hade överbelånat huset för att kunna investera i kasinoprojektet och riskerade nu att mista det på grund av Silfverstolpe.

”Jag blev så upprörd att jag bestämde mig för att sticka dit och prata med honom. Att få honom att förstå att vi behövde få tillbaka vårt satsade kapital.”

”Men hur visste du att Silfverstolpe var på golfbanan?” sa Mårten intresserat.

”Det visste jag inte. När jag kom cyklande såg jag att han var ute och spelade på hål ett. Jag valde att cykla tillbaka en bit och sedan in på Danska Kyrkosträtet som ligger vid green på hål två. På så sätt skulle jag inte missa honom”, sa hon beslutsamt.

”Vad hände sedan?” sa Mårten.

”Jag ställde min cykel där Danska Kyrkosträtet övergår till golfbana. Sedan väntade jag på honom.” Hon tystnade tvärt.

”Och sedan kom Silfverstolpe”, sa Lisa försiktigt. ”Vad gjorde du då?”

”Silfverstolpes boll hamnade i en bunker precis framför green. Han gick ner i bunkern och stod där och svajade. Han var full och pratade för sig själv. Jag bestämde mig för att gå fram och konfrontera honom.”

Lisa och Mårten tittade spänt på henne, men sa ingenting. Louise fortsatte sin berättelse. Hon hade försökt prata honom till rätta, men han hade bara varit oförskämd mot henne och förklarat att de pengarna skulle hon aldrig se röken av. Då hade det brustit för henne. Hon hade helt sonika plockat upp järnfemman ur Silfverstolpes bag och första slaget hade varit dödande. Hon ångrade sig inte.

”En sak förstår jag inte”, sa Lisa fundersamt. ”Varför flyttade du Silfverstolpe och vem hjälpte dig? Med tanke på hans storlek kan du omöjligt ha gjort det själv.”

”Jag kan försäkra dig att Silfverstolpe låg kvar i bunkern när jag lämnade golfbanan”, sa Louise bestämt.

Det var Fredriks idé att de skulle lura Louise att tro att Gunnar Sandén var på väg med tunikan till polisstationen för att på så sätt få fram ett erkännande. Detta i sin tur ledde till att Billund godkände och beordrade en husrannsakan hemma hos familjen Sandén. Louises vita tunika hittades i en kartong i garaget. Holmgren hade efter visst gruff och på uttrycklig order från Billund åter satt sig i bilen för att göra resan upp till Linköping, denna gång med Louise Sandéns vita tunika i en bevispåse.

Fredrik, Lisa och Mårten hade begett sig till Skanörs hamn och unnade sig en sillmacka och en kall öl i solen. Lisa plockade fram tidningen och placerade den på bordet framför dem.

”Det var den här bilden som gav mig huvudbry, sade hon. Utan den hade jag nog inte förstått att det var Louise som var vår mördare.”

Fredrik böjde sig ner över tidningen. ”Åklagare Fredrik Hjort och hans damsällskap för kvällen, Louise Sandén, roar sig kungligt.” Uppe på ett bord dansade Fredrik och Louise. Fredrik hade bar överkropp och svingade sin skjorta likt en lasso. Louise hade på sig sin vita blus med blå brodyr på ärmarna. Under bilden fanns en kort bildtext: ”Årets första Taittinger Brut Reserve Nebuchadnezzar beställdes av kvällens kung i baren, Fredrik Hjort”.

”Jaha, och så var mysteriet med de trettiotusen kronorna som dragits från mitt konto löst”, konstaterade Fredrik torrt och slöt ögonen. Han hoppades innerligt att Egon inte skulle få syn på bilden.

48

Huvudbry

Fredag morgon den 28 juni, på polisstationen

Har man fördrink inför begravningar? Det visste inte Mårten, men han hade i alla fall på eget bevåg skickat ut inbjudningar. Han hade avsiktligt låtit bli att informera Lisa om sitt tilltag. Han visste att Lisa skulle ha avstyrt det eftersom hon ville diskutera Black Arne med honom. Det tyckte Mårten av förklarliga skäl var slöseri med tid, men det kunde han inte säga till henne. Han hoppades att hon skulle låta tankarna på det bero nu när de så förtjänstfullt löst de två dödsfallen.

På Lisas dagordning stod dessutom förflyttningen av Silfverstolpe, som sannerligen var ett mysterium. Louise hade bedyrat att hon lämnat Silfverstolpe i bunkern, sprungit ner till första bästa badhytt, som av en slump råkade vara Adam Kruses, och lämnat golfklubban där. Därefter hade hon cyklat hem och bytt om för att sedan återvända till Strandbaden där hon tillsammans med Fredrik gjort succé på dansgolvet.

Nu stod den lilla skaran av specialinbjudna gäster med champagneglas i händerna. Alla utom Lisa, som inte var förvarnad, var finklädda. Fredrik var också på plats och Mårten såg fram emot morgondagen då de äntligen skulle åka till Bauhaus. Erbjudandet med billig takpapp hade Mårten dessvärre missat, men den här veckan reade de ut isolering och det var alltid bra att ha, tänkte han. Egon, Elisabeth, Ragnar och Märta gjorde sällskapet fulltaligt. Mårten var nöjd över att de var just sju personer, för kring konferensbordet fanns åtta stolar och han behövde en stol att lägga benet på. Som vanligt hade han räknat ut saker och ting perfekt.

”Kära vänner.” Mårten höjde högtidligt glaset till en inbjudande skål. ”Så trevligt att ni alla kunde komma. Varmt välkomna till Skanörs polisstation.”

Det skålades och alla utom Lisa såg ut att tycka att det var en förträfflig idé med en liten fördrink före borgmästarens begravning. Begravningar tenderade att bli stela, det visste Mårten av egen erfarenhet, och lite bubbel kunde säkert lätta upp stämningen.

”Gratulerar till en fint genomförd polisutredning”, sa Egon och höjde glaset.

”Ja, den klarade ni galant”, strålade Elisabeth. Hon var smakfullt klädd i en ny dräkt i älsklingsfärgen cerise.

”Kunde du inte hittat något mer iögonfallande?” sa Egon syrligt.

”Egon du är så konventionell. Du måste tänka nytt”, sa Elisabeth och rättade till den lilla pillerburken på huvudet. Hon hade behållit den på eftersom hon tyckte att hon såg kontinental ut i den.

”Vad hände egentligen med den där hästen?” undrade Märta.

”Black Arne”, förtydligade Ragnar och la sin arm om Märta och drog henne stolt intill sig. Egon vände bort blicken. Han tyckte att Ragnar var fånig. Men i morgon hade Ragnar i alla fall lovat att spela golf, det såg han fram emot.

”Var det Louise Sandén som hade ihjäl Black Arne också”, undrade Elisabeth nyfiket.

”Nej, det finns ingenting som pekar på det”, sa Lisa. ”Tyvärr har vi kört fast lite i den utredningen. Jag var så säker på att Black Arne hängde ihop med borgmästaren och Silfverstolpe, men jag får det inte att gå ihop.” Lisa tog en stor klunk av champagnen och kände irritationen växa. Varför i herrans namn hade Mårten bjudit in alla dessa pensionärer. Lisa tyckte mycket om dem alla fyra, men hon ville av naturliga skäl hålla dem utanför utredningen.

”Jag tycker att ni ska släppa Black Arne nu”, sa Fredrik lätt. ”Huvudsaken var att ni löste de två morden. Om man nu kan räkna borgmästarens dödsfall som mord vill säga.” Fredrik sträckte sig efter en kanapé. Mårten hade verkligen slagit på stort och beställt sådana från Gästis. ”Väldigt goda, Mårten”, sa Fredrik uppskattande.

”Vad kul att du gillar dem.” Mårten pös av stolthet.

”Med tanke på att Black Arne var försäkrad för trettio miljoner så är det viktigt att vi löser det mystiska dödsfallet. Jag misstänker att Berndt Hummel och Madeleine Kleebe ligger bakom det, kan vara ett typiskt försäkringsbedrägeri”, sa Lisa bestämt.

”Var inte så säker på det”, sa Egon och fick genast oroliga blickar från Mårten, Fredrik och Ragnar. ”Jag menar, det kan vara en olycka.”

”Olycka?” sa Lisa tvivlande. ”Hur skulle det kunna vara en olycka? Jag menar, vem skjuter en häst av misstag och trycker in den i en badhytt?”

”Någon som vill ha mer champagne?” sa Mårten snabbt.

”Hur hamnade han i Adam Kruses badhytt? Jag är säker på att det inte är en slump”, sa Lisa frustrerat.

”Ja, någonstans skulle de väl göra av hästkraken”, sa Ragnar.

”Och Silfverstolpe, vem har flyttat honom och varför?” Lisa avskydde att lämna något oavslutat och den här utredningen kändes väldigt oavslutad.

”Ja”, sa Mårten, ”det förstår inte jag heller. Om det nu inte var Louise, vem var det då? Jag menar, vem är så korkad att de går och flyttar på en död människa.” Mårten bullrade av skratt.

Egon såg förnärmad ut och skulle precis förekomma honom när Fredrik abröt. ”Nej, det är väl ingen som är så dum att de bär runt på en död människa, transporterar honom i hans golfbil och riggar ett självmord på hans kontor.”

Både Lisa och Mårten tittade förvånat på Fredrik. Lisa var den som först hämtade sig.

”Vad sa du, Fredrik? Tror du att någon kan ha kört honom i hans golfbil? Var fick du det ifrån?”

Fredrik blev alldeles torr i gommen och svepte snabbt resten av champagnen. När Mårten kom med påfyllning nickade han bara. Han kunde inte få fram ett ord. Vad hade han sagt? Han var definitivt utbränd och efter begravningarna skulle han raka vägen hem och sova. Han längtade redan.

Egon kom oväntat till hans undsättning. ”Jag tycker att det är en mycket bra teori Fredrik kom med där. Om man nu inte vill att en kropp ska ligga och skräpa i en bunker, ja då är det väl klokt att flytta på den. Med tanke på Silfverstolpes kroppsstorlek är en golfbil en ypperlig idé”, sa Egon övertygande.

”Jo”, sa Lisa tålmodigt. ”Men varför skulle någon vilja flytta en människa som redan är död och sedan arrangera så att det ser ut som självmord?”

”Nej, det skulle ingen människa som är vid sina sinnens fulla bruk göra”, skrattade Mårten.

49

Dagens Dubbel

Fredag den 28 juni, Skanörs kyrka, församlingshemmet och Falsterbo Golfklubb

Kyrkklockorna i Skanörs kyrka ringde in till dagens första begravning.

På Rådhustorget och de kringliggande gatorna fanns det inte en parkeringsplats att uppbringa. Många hade kommit i god tid för att försäkra sig om att få plats i kyrkan. Några poliser från Malmö stod posterade vid kyrkmurens grindar och motade vänligt men bestämt bort journalister och fotografer.

Lisa och Mårten lämnade polisstationen och korsade tillsammans Kyrkogatan. En reporter från Sveriges Television och hans kameraman rusade fram. Reportern pratade ivrigt i sin mikrofon.

”Jag befinner mig alltså på plats utanför Skanörs kyrka och går jämte de två poliserna Mårten Lind och Lisa Stark som ansvarat för mordutredningen på Falsterbonäset. Jag skulle gärna vilja få en kommentar från er innan ni går in till borgmästarens begravning. All media och press har tvivlat på er kompetens och ifrågasatt om ni över huvud taget skulle komma i närheten av en lösning på de senaste två veckornas händelser. Trots detta har ni lyckats gripa den skyldiga, hur känns det?"

Mårten hade länge drömt om att få denna fråga. Äntligen var det hans tur att få svara, dessutom i direktsänd tv. Han stannade till, satte på sig sina solglasögon och tryckte upp handen i kameralinsen.

"Inga kommentarer."

Mårten och Lisa slog sig ner längst bak i kyrkan.

"Vad fin du är", sa Lisa och tittade uppskattande på Mårten.

"Tack. Jag är nöjd med att jag kom i kostymen. Köpte den för två år sedan på annandagsrean och har bara haft den vid ett tillfälle tidigare, tur att byxorna är så vida med tanke på gipset. Jag var lite orolig att jag gått upp för mycket i vikt sedan jag köpte dem, men med ett rejält djupt andetag så gick det faktiskt att knäppa byxorna." Mårten klappade sig på magen och lyfte upp sitt gipsade ben på kyrkbänken.

Fredrik som satt på andra sidan om Lisa iakttog roat Mårten. "Ja, du passar verkligen i kostym. Och med dina mörka pilotglasögon smälter du in som kunglig livvakt. Du kan ju gömma ditt tjänstevapen i gipset."

Egon som satt i bänkraden framför vände sig om.

"Skönt att se dig i kostym igen, Fredrik", sa han lyriskt. "Är det Armani?"

"Ja Egon, det är Armani."

Egon tittade upp mot kyrkans välvda tak och knäppte händerna. "Tack gode Gud, äntligen börjar min brorson klä sig som en man igen."

Lisa lutade sig fram och tittade på männen som satt några rader längre fram på vänster sida.

"Kasinogänget är samlat", viskade hon.

Sandén satt tillsammans med Crona och Archie som båda hade sina fruar som sällskap. Delon vände sig om och vinkade till Mårten och Lisa. Bredvid honom satt en bredaxlad solbränd man med halvlångt bakåtkammat hår och liksom Delon såg han ut att vara hämtad direkt ur en reklam för Hugo Boss.

”Vem är det där? viskade Mårten. I samma ögonblick la Delon armen om mannen. ”Hans pojkvän, skulle jag gissa”, sa Lisa leende. Hon sträckte på sig och såg Margit i främsta bänkraden med en storvuxen man vid sin sida. ”Det måste vara borgmästarens bror”, sa Lisa, ”jag såg när de gick in i kyrkan tillsammans.”

Kyrkorgeln spelade en melodi som fick Mårten att tänka på skolavslutning. Han fick för sig att det var ”Den blomstertid nu kommer” men när han försökte sjunga med insåg han att han misstagit sig.

De inbjudna gästerna hade samlats på församlingshemmet för en minnesstund med tillhörande lunch. Margit hade hållit ett både långt och rörande tal om sin make. Mårten hade fullt upp med sina nya färdtjänstväninnor som till hans stora förtret skulle prata med honom hela tiden. Bussen hade fått punktering dagen innan och blivit stående en bra stund utanför Falsterbo Konsthall. Medan de väntade på hjulskifte hade Mårten i ett svagt ögonblick lovat att följa med församlingshemmets syförening på deras årliga sillarunda på Österlen.

Fredrik betraktade roat Egon som höll hov för en skara damer. Han kunde urskilja att Egon stolt berättade att hans brorson minsann varit med och löst mordgåtan. Damerna fnissade och åmade sig för Egon. Fredrik kunde inte förstå att Egon alltjämt var ungkarl efter alla dessa år. De hade aldrig diskuterat det, men han förstod att Egon valt att leva så.

Lisa hade dragit sig undan en stund och gått upp på sitt

kontor. Hon kände sig nöjd med att de lyckats lösa fallet, men samtidigt bedrövad över att det var Louise som var mördaren. Gunnar Sandén hade sett olycklig ut under begravningen och hade bara kort tryckt Lisas hand och förklarat att han var förkrossad över vad som hänt.

Lisa ringde och pratade en stund med Linnea. Hon saknade henne och nästa helg skulle hon åka och hämta dottern som var full av nya intryck. Linnea hade glatt berättat att hon varit på Ystad djurpark med farmor. Lisa log när hon la på luren och kände sig varm om hjärtat.

Efter ett par timmar med minnestal, lunch och mingel förkunnade kyrkoherden att det var dags för henne att bryta upp och kila över gatan och göra sig klar för dagens andra begravning.

Kyrkoherden blickade stolt ut över församlingen. Aldrig hade det varit så fullt i kyrkan, dessutom två gånger på en dag. Hon beklagade tyst för sig själv att hennes gudstjänster inte lyckades locka lika mycket folk. Hon konstaterade att det förutom på de två främsta raderna i stort sett var samma ansikten i bänkraderna på båda begravningarna.

Orgeln slutade spela. Kyrkoherden nickade till Sophia Silfverstolpe och inledde sedan dagens andra begravningsakt. Längst bak i kyrkan var Ragnar i full färd med att knäppa upp kavajen.

”Här ska du få se”, viskade han till Egon. Märta som satt på andra sidan om Ragnar log stort mot Egon. Ragnar fick av sig kavajen och började kavla upp skjortärmen. Egon tittade förvånat på.

”Titta”, sa Ragnar. ”Vad tycks?”

”Han gjorde den i Nyhavn”, viskade Märta stolt.

Egon tittade förstummad på tatueringen på Ragnars arm. Ett litet rött hjärta med en virvlande vit banderoll. Egon lutade sig mot Ragnar och tittade närmre på tatueringen. Han såg att det stod Märta i banderollen.

"Vad i helskotta, har du tatuerat dig?" sa Egon förfärat och hans röst ekade i kyrkan. Det blev helt tyst och alla församlade vände sig om och tittade bakåt.

På Falsterbo Golfklubb var flaggan hissad på halv stång. Inne i matsalen slog sig begravningsgästerna ner vid matborden och helt i Silfverstolpes anda serverades det Toast Skagen till förrätt.

Fredrik såg sig nyfiket omkring och studerade de övriga gästerna som glupskt börjat hugga in på förrätten. Silfverstolpes umgänge hade han ingen vidare koll på men några ansikten kände han igen. Lisa hade under begravningen pekat ut investerarna från kasinot för honom. Sandén syntes dock inte till och det hade Fredrik full förståelse för.

Madeleine Kleebe stod och höll armen om en gänglig ung man som Fredrik förmodade var Silfverstolpes son. De samtalade lågt och av minerna att döma verkade de inte sörja Silfverstolpe nämnvärt. Fredrik önskade att han kunde höra vad de pratade om. Berndt Hummel satt djupt inbegripen i ett samtal med kyrkoherden. Fredrik såg att han var rörd och vecklade upp en affisch som han la på bordet framför kyrkoherden.

Fredrik kände sig lättad över att han sluppit bli indragen i utredningen med tanke på allt som Egon ställt till med de senaste veckorna. Det var mer än han vågat hoppas på. Nu kunde han äntligen i lugn och ro fokusera på att ta hand om sig själv och vila ut ordentligt. Han höjde sitt ölglas och skålade glatt mot Lisa och Mårten som placerats vid ett annat bord.

"Hur är det med dig, Sophia?" sa Fredrik och kramade henne.

"Ärligt talat vet jag inte", sa Sophia stilla. "Det har bara gått två veckor sedan Sven dog och ändå känns det som en evighet sedan det hände. Det värsta är att jag trodde att jag kände Sven, men de senaste veckorna har jag funderat väldigt mycket. Det som skrämmer mig är att jag inte längre vet vem han var. Jag visste inte ens att han hade en son", fortsatte Sophia. "Madeleine Kleebe ringde mig i går och berättade om Carl-Magnus och det känns helt ofattbart att han kunnat lämna dem och gå vidare med sitt liv utan att någon enda gång titta tillbaka. Vad är det för en man jag varit gift med?"

Fredrik kunde ta på sorgen och det gjorde honom bedrövad att tänka på vad Sophia gick igenom. Han lovade att göra allt för att hjälpa henne genom sorgen och kände skuldkänslor för att han inte stöttat henne mer. Han försvarade sig med att han haft fullt upp med sina egna problem och inte minst kalabaliken som Egon och Ragnar ställt till med.

"När Lisa berättade att Sven låtit sterilisera sig rasade först min värld samman", sa Sophia stilla. "Men efter samtalet med Madeleine Kleebe kände jag bara en lättnad över att det inte är Sven som är pappa till mitt barn."

"Hur är det, Fredrik? Mår du inte bra?" sa Lisa och tittade bekymrat på honom.

"Ingen fara", sa han ostadigt. "Jag måste bara ringa Billund."

Innan Lisa hann säga något hade han med raska steg gått in på golfklubben och hon och Mårten tittade långt efter honom.

"Vad tog det åt Fredrik?" sa Mårten förvånat. "Varför ska han ringa Billund nu mitt i begravningsmiddagen?"

"Jag är rädd att de senaste två veckornas intensiva mordutredning har sänkt honom helt", sa Lisa fundersamt.

"Åja", sa Mårten hurtigt. "Det är väl mest du och jag som har jobbat. Fredriks insats har varit rätt begränsad. Men visst, jag håller med dig, han behöver nog fortsätta sin sjukskrivning ett tag till."

Mårten kände sig nöjd med utredningen och de små misstag han begått hade dolts av allt bra han åstadkommit. Hade inte han med tydlig hand visat riktningen hade mordutredningen stått och stampat. Det var han helt övertygad om.

Samtalet med Billund hade avlöpt väl och han hade till Fredriks förvåning beviljat honom sex månaders betald tjänstledighet. Fredrik skulle se det som en bonus för att han på ett så förtjänstfullt sätt bistått Mårten och Lisa i utredningen. Det enda Billund krävt i gengäld var att Fredrik skulle hålla ett vakande öga på Mårten. Personligen kände han att det var viktigare att hålla ett vakande öga på Egon, men det hade han inte nämnt för Billund.

Han tittade ner på terrassen där begravningsgästerna minglade och kunde inte ta ögonen från Sophia som så världsvant konverserade med gästerna. Hon var slående vacker. En snöig och kall februarikväll hade hon kommit över på ett glas rött och de hade suttit och pratat halva natten. Det hade slutat med att de tömt två flaskor vin och det som sedan hände var oundvikligt. Fredrik hade efter tjugo års ofrivillig barnlöshet i sin relation med Annika varit övertygad om att han var steril och det var det han förklarat för Sophia. Det skulle ta lång tid att smälta att han skulle bli pappa, men han hade tid. Fem månader närmare bestämt.

Han satte sig tungt i den sirliga stolen i direktionssalen och slöt ögonen. Att det var just på den här stolen Silfverstolpe suttit under middagen den ödesdigra kvällen när allt tog sin början hade han ingen aning om. Och hade han vetat det hade han förmodligen inte brytt sig heller. Fredrik hade fått viktigare saker att tänka på.

50

Fyrklöverns morgonrunda

Lördag morgon den 29 juni, Falsterbo Golfklubb

Egon stod och stretchade när han på avstånd såg Elisabeth, Ragnar och Märta komma släntrande. Det var ännu en fantastisk morgon och solen var på väg upp. Det var inte bara nackdelar med att Märta flyttat in hos Ragnar. En fördel var faktiskt att Ragnar numera alltid kom upp i tid på morgnarna. Ärligt talat var Egon glad för Ragnars skull. Han och Märta verkade trivas bra ihop.

”Hallå Egon, nu kommer vi”, ropade Elisabeth glatt.

”Ja det ser jag väl, ska du väcka hela golfbanan eller?”

Elisabeth gick fram och kramade Egon. Det var något nytt ofog hon börjat med, säkert på rent jäkelskap.

”Fyrklövern samlad”, sa Ragnar och fimpade sin cigarill.

Egon vände sig om och tittade på den stora klockan på klubbhusets gavel. Han tittade ner på sitt guldur och kunde nöjt konstatera att båda klockorna visade prick sex och det var hög tid för dagens första utslag.

När de kom fram till hål två var Egon på strålande humör. Han hade nog aldrig någonsin spelat så bra på hål ett som denna morgon. Glatt visslande gick han fram till tee på hål två och slog ut.

Märta tittade på de andra. ”Skulle vi inte kunna hoppa över det här hålet, ni vet vad jag tänker på.”

”Äh, vad är det för trams”, sa Egon. ”Pegga nu upp Ragnar så vi kommer vidare. Blixten slår ändå aldrig ner på samma ställe två gånger.”

”Egon har rätt”, sa Elisabeth. ”Har man trillat av hästen måste man upp på den igen.”

För en gångs skull höll Elisabeth med om något som Egon sagt. Detta och att hon kramat om honom gjorde Egon riktigt orolig.

Ragnar gjorde några stela luftsvingar innan han drämde iväg den lilla vita bollen som for iväg och hamnade rakt i bunkern. De övriga tittade på Ragnar som om han gjort något fel.

”Vad är det?” Ragnar pekade med klubban mot dem. ”Tror ni jag gjorde det med flit eller?”

Damerna siktade medvetet åt höger för att undvika bunkern. Ingen av dem hade någon större lust att kliva ner där igen. Ragnar kände en stark olustkänsla när han närmade sig. Sakta gick han framåt för att sedan sträcka på sig och försiktigt kika ner i bunkern. Till hans stora glädje var den tom sånär som på hans golfboll och en kratta. Ragnar gjorde tummen upp till de andra tre som stod och avvaktade en liten bit bort.

Ragnar lyckades få upp sin boll ur bunkern på tredje försöket. När han krattade sanden efter sig stötte han emot något hårt. Han böjde sig ner och tog upp föremålet.

”Herre min skapare, detta är ju helt otroligt”, sa han häpet.

De andra tre slöt upp vid bunkern, lite oroliga för vad det var som Ragnar kallat helt otroligt.

”Titta vad jag hittade när jag krattade.” Han höll glädjestrålande upp sitt försvunna cigarilletui i luften.

”Men det är ju fantastiskt”, sa Märta.

”Tänk att det har legat där hela tiden”, utbrast Elisabeth förvånat.

”Det måste vi berätta för Fredrik”, sa Egon och plockade fram sin mobiltelefon.

Några signaler gick fram innan Fredrik sömndrucket svarade.

”Ja, det är Fredrik.”

”Hej Fredrik. Det är Egon. Det här måste du bara höra. Vi är på Falsterbo Golfklubb och du kan inte gissa vad Ragnar hittade i bunkern på hål två. Hallå, Fredrik?”

Egon vände sig förvånat till de andra. ”Han bara la på.”

FÖRFATTARNAS TACK

Denna historia är helt och hållet sprungen ur författarnas fantasi. Alla likheter mellan karaktärerna i boken och existerande personer är rena tillfälligheter. För att göra historien bättre har vi ibland tagit oss den konstnärliga friheten att förändra verkligheten. Till exempel har vi möblerat om lite på Kärleksstigen, ändrat på interiören på Falsterbo Golfklubb och hittat lämpliga hus till våra karaktärer. Vi har lånat övervåningen på Skanörs församlingshem och där gjort plats för Falsterbonäsets samlade polisstyrka, Mårten och Lisa. Lisas stora rum och Mårtens glasbur finns inte, men den härliga utsikten från Lisas kontor är högst verklig. Vi har i största möjliga utsträckning behållit de vackra miljöerna och vandrar ni i bokens fotspår kan ni köpa polisernas fikabröd på Annas bageri, smaka Mårtens stracciatella på Aldos, dela ett stort tråg med rökta räkor på Rögeriet eller avnjuta en lyxig middag på Skanörs Gästgifvaregård.

Vi riktar ett stort tack till våra familjer som stått ut med att vi tidvis försvunnit in i bokens värld och inte varit så närvarande som vi önskat. Tack till Sören som stöttat från start och till Lone som redan tidigt läste manus och kom med kloka synpunkter.

Tack till kriminalkommissarie Jan-Bertil Cederholm som

hjälpt oss med fakta kring hur polisens arbete går till och rättsläkare Johanna Loisel som satt oss in i sin yrkesvardag och vars förnamn vi lånat till rättsläkaren i boken.

Tack till vårt förlag. Mest av allt till Lena som trott på boken från start, till Boel för råd kring hur en historia ska berättas och till Åsa för slutfinish av både text och omslag.

Tack till alla er som följer oss på facebook och peppat oss att skriva klart boken och sist men inte minst tack till dig som läser.

Christina & Micke
Falsterbo, mars 2015

LÄS MER

Extramaterial om boken och författaren

LÄS MER

Persongalleri Badhytten

Egon Hjort
82 år och i sitt livs bästa form. Enligt honom själv ser han inte ut att vara en dag över 70. Olidligt morgonpigg golfare som hatar att förlora, men älskar att vissla och baka. Gärna samtidigt. Nöjd ungkarl med förkärlek till rutiner och skräddarsytt och stolt farbror till Fredrik och Ingela.

Fredrik Hjort
47 år och i sitt livs sämsta form. På ett år har han gjort en negativ livskarriär från en lyckligt gift och högt ansedd åklagare i Armanikostym till utbränd och bitter frånskild man i Iron Maiden t-shirt och slitna jeans.

Lisa Stark
40 år, änka och ensamstående med sjuåriga dottern Linnea. Tidigare åklagarkollega till Fredrik, men numera nyexaminerad polis med första jobbet på Skanörs polisstation. Otålig, glad, smart och trivs bäst med löparskorna på.

Mårten Lind
47 år och lyckligt gift med dalkullan Frugan som han har två barn tillsammans med. Har varit polis i halva sitt liv och hans förebilder är TV-poliserna Kojak och Baretta. En glad hemmafixare som gärna tillbringar helgerna på Bauhaus och som har en benägenhet att prata först och tänka sedan.

Ragnar Persson
82 år och Egons bästa vän sedan skoltiden. Med kaffebryggaren och klockradion på nattduksbordet tillbringar han gärna förmiddagarna i sänghalmen. Dubbla hörapparater och lämnar aldrig hemmet utan keps och cigarilletui. En godmodig man som bolmar värre än ett ånglok.

Elisabeth Ljung
78 år och en parant dam med håret i en elegant chinjong och designkläder från Paris, gärna i favoritfärgen cerise. Hon älskar Lasse Berghagen, har aldrig varit gift och en av hennes favoritsysselsättningar är att reta gallfeber på sin granne Egon.

Märta Wall
80 år och en piggelin liten dam och syster till Elisabeth. Hon är nybliven änka efter ambassadören Lennart och har två vuxna döttrar med familjer boende utomlands. Har själv precis bestämt sig för att flytta hem till sitt barndoms Falsterbo.

Vera Ljung
102 år och pigg för sin ålder, Märta och Elisabeths mamma. Hon bor på S:t Knut äldreboende och är änka efter salig Erik. Närminnet är inte det bästa, men när det gäller svunna tider är hon som ett levande uppslagsverk.

Ingela
45 år och syster till Fredrik, läkare på vårdcentralen och Lisas bästa vän. Hon är gift med en man som i sin tur tycks vara gift med sin cykel och de har tillsammans två barn, varav den äldsta är utflugen.

Kyrkoherde Gun Waldemarsson
57 år och frånskild utan barn och älskar sitt jobb som kyrkoherde.

Doktor Waldemarsson
90 år och "still going strong". Pappa till kyrkoherden och driver, sin aktningsvärda ålder till trots, läkarpraktiken på Västergatan i Skanör.

Länspolismästare Billund
62 år och styr sina underlydande med järnhand från sitt fritidshus i Båstad. Han favoriserar Lisa, jagar Fredrik med blåslampa och avskyr Mårten.

Kriminalteknikerna Holmgren och Persson
55-årsåldern. Två buttra men oerhört skickliga kriminaltekniker som går under det ironiska smeknamnet Solstrålarna. Holmgren är den som styr och ställer och avskyr inkompetenta människor. Persson är fåordig, men håller alltid med.

Rättsläkare Johanna Pettersson
33 år, glad norrländska och skicklig rättsläkare. För övrigt den enda rättsläkaren som Solstrålarna står ut att jobba med.

***

Intervju med författarna till Badhytten

Hej Christina och Micke! *Badhytten* är er debutbok, hur känns det nu när den har kommit ut som pocket?
– Det är fantastiskt roligt eftersom vi vet att många läsare föredrar pocket och att *Badhytten* därmed får en större spridning och når många fler läsare.

***Badhytten* är första delen i den planerade serien Mord i Falsterbo. Hur föddes idén till att ni skulle skriva en bok tillsammans?**
– Idén om att skriva tillsammans fick vi för en del år sedan när vi hamnade i samma tennisgrupp. Vi hade båda under lång tid gått med skrivartankar och kom fram till att det är så mycket roligare att skriva två.

***Badhytten* utspelar sig på Falsterbonäset, där ni också är bosatta. Visste ni att ni ville förlägga historien om Egon, Ragnar och alla de andra dit redan direkt när ni började skriva boken?**
– Christina är uppvuxen på Falsterbonäset och känner en stor kärlek till området, så stor att hon flyttade tillbaka 2004. Micke är uppvuxen i Lund och flyttade till Falsterbonäset 2007.

Vellinge kommun är speciell på många sätt. Moderaterna styr med egen majoritet i kommunfullmäktige och kommunen toppar år efter år rankingen både som bästa skol- och företagarkommun. Miljön är unik med långa vita stränder, norra Europas största fuktljunghed och ståtar med fem golfbanor, varav tre på Falsterbonäset. Orten lever upp rejält på sommaren och det ger en spännande mix av sommargäster och helårsboende som i sin tur inspirerar till många och annorlunda intriger.

Ni kallar er bok för en kriminalkomedi, en blandning av deckare och humor. Var det självklart från början att ni skulle skriva i den genren?

– Christina ville skriva en pusseldeckare och Micke ville skriva humor och därmed var steget till en kriminalkomedi inte långt. Det finns så mycket elände i världen och vi väljer att se livet från den ljusa sidan och skriver därför böcker som man blir glad av.

Serien kallas för Mord i Falsterbo, har ni en plan för hur många böcker ni ska skriva i serien?
– Nej, det har vi faktiskt inte, men vi har massor av idéer och får ständigt ny inspiration. Vi skriver så länge vi, och inte minst våra kära läsare, tycker det är kul.

Hur ser en vanlig arbetsdag ut för er som författarpar? Skriver ni allt tillsammans eller hur lägger ni upp arbetet med böckerna?
– Vi har hittat ett upplägg som fungerar perfekt för oss. Vi börjar med brainstorming kring vad som ska hända i boken och därefter skriver vi en grov struktur.

Med den i bagaget arbetar vi fram en synopsis där vi strukturerar upp boken kapitelvis. Därefter skriver vi vartannat kapitel och då sitter vi oftast var för sig. När ett kapitel är klart går vi igenom texten gemensamt och då läser vi alltid högt och ändrar efter hand. Det handlar om ”kill your darlings”, båda måste tycka att det känns rätt, annars stryker vi och skriver om. Men som tur är tänker vi lika och är oftast överens.

Slutligen, ni har precis skrivit klart andra delen i serien, *Fågelskådaren*. Kan ni berätta något om den?
– Vi förflyttar handlingen fjorton månader framåt och återigen får läsarna möta Mårten, Lisa, Egon, Fredrik och de andra i Falsterbogänget från *Badhytten*. Det är september och lugnt på Skanörs polisstation när en välbärgad fågelskådare hittas död på heden. När det kort därefter inträffar ytterligare ett dödsfall får poliserna fullt upp med att försöka nysta upp alla trassliga ledtrådar för att lösa mordfallen.

På nästa sida kan du läsa ett utdrag ur *Fågelskådaren*. >>>>

Utdrag ur Fågelskådaren,

andra delen i serien Mord i Falsterbo

Kapitel 1 Fågeltornet

Fredag den 4 september kl. 06.45, heden i Falsterbo

Johan Ekblad landade, efter en kort och högst oplanerad luftfärd, i det daggvåta gräset nedanför fågeltornet. Det var tur att han redan var död, för annars hade det gjort fasligt ont. Fast tur var det verkligen inte. Johan Ekblad hade nämligen haft helt andra planer för dagen än att dö. Morgonen hade börjat så bra när han i hemmets nyrenoverade kök avnjutit en stor kaffe latte i lugn och ro medan solen sakta rest sig över Falsterbonäset. Därefter hade han satt sig i sin nyinköpta leksak, en Porsche Carrera 4S, och begivit sig mot sin favoritplats på jorden, heden vid Falsterbo – Nordeuropas största fuktljunghed – som nu var översållad med lila blommor och utgjorde ett paradis för flyttfåglar på väg söderut.

När Johan Ekblad väl bestämde sig för att bli riktigt bra på något, var det inget som kunde stoppa honom. I sin ungdom hade han varit ett hyllat tennislöfte men på grund av en förarglig knäskada han dragit på sig under en blöt kväll i Båstad hade han, till sin fars stora besvikelse, fått lägga tennisracketen på hyllan. Istället hade han tillsammans med två studiekamrater från Lunds tekniska högskola, Stefan Palm och David Lönn, byggt upp Tre Träd AB till det välrenommerade IT-konsultbolag det var i dag.

Den gångna helgen hade Johan Ekblad firat sin fyrtioårsdag med en kräftskiva. På kvällen, när champagnen flödat och de svindyra svenska signalkräftorna serverats i överflöd, hade han kommit till insikt om vad som betydde mest för honom i livet. Stärkt av alkohol hade han fram på småtimmarna avslöjat sina framtidsplaner för de andra och där ingick varken hans hustru Beata eller för den delen hans kompanjoner Palm och Lönn. Han hade bestämt sig för att satsa allt på sitt passionerade fågelintresse. Grundandet av Club 450 var en triumf som skulle rendera honom den eftertraktade statusen som en av norra Europas främsta ornitologer och fågelkännare.

Efter morgonens tidiga möte i fågeltornet skulle han egentligen ha deltagit i Egons fågelbingo, där han självklart skulle briljerat med sina kunskaper i fågelläten.

Vid lunchtid var planen att han skulle ha invigningstalat på Falsterbo Bird Show och efter det hade han bokat ett möte med en vass skilsmässoadvokat som var med i samma loge som han själv. Dagen skulle sedan ha krönts av invigningen av Villa Fågelbo, där kommunens borgmästare skulle klippt det röda bandet och han själv skulle hållit ännu ett av sina väl förberedda och bejublade tal. Hundratalet specialinbjudna gäster skulle ha minglat och beskådat det mästerverk han skapat. Av detta blev nu intet. Istället låg han ohjälpligt död nedanför fågeltornet medan en mörk fläck spred sig över hans gröna väst. Solen hade nätt och jämnt gått upp och några övernattande bivråkar cirklade över heden. Det knakade till betänkligt i de slitna bräderna när någon målinriktat tog sig ner för den rangliga stegen för att sedan snabbt försvinna bort mot campingen.

Läs fortsättningen i *Fågelskådaren* – nästa del i serien Mord i Falsterbo.

Fågelskådaren – nästa bok i serien!

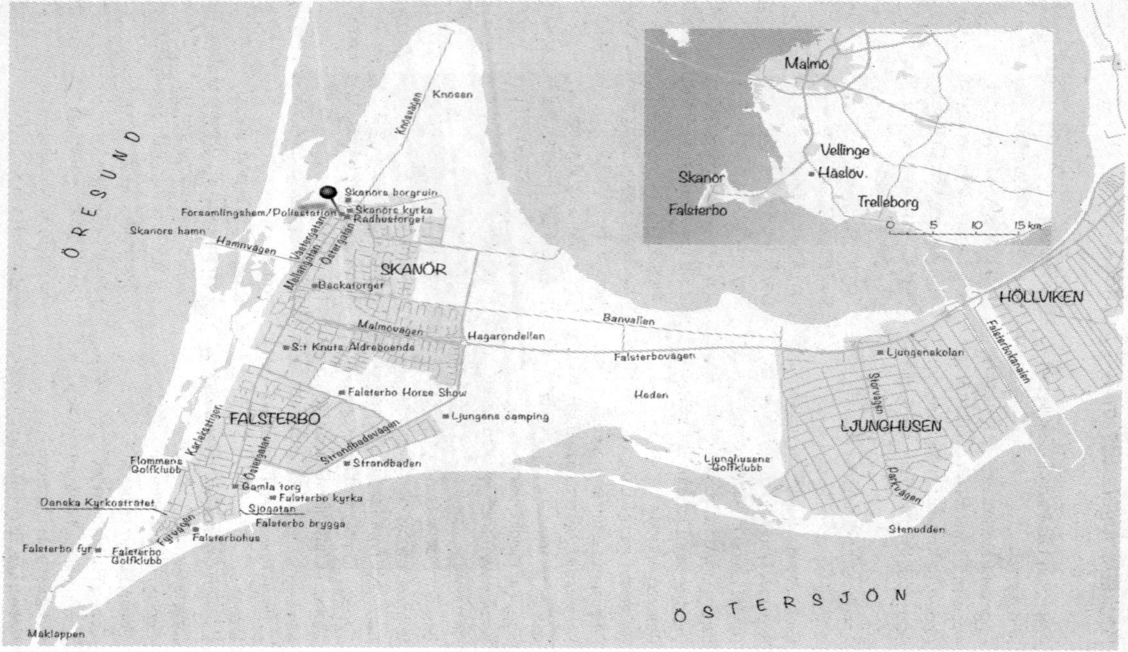
ÖRESUND
Knosen
Knösvägen
Skanörs borgruin
Skanörs kyrka
Församlingshem/Polisstation
Rådhustorget
Skanörs hamn
Hamnvägen
Västergatan
Östergatan
Mellangatan
SKANÖR
Backatorget
Malmövägen
S:t Knuts Äldreboende
Hagarondellen
Banvallen
Falsterbovägen
Falsterbo Horse Show
Ljungens camping
Heden
FALSTERBO
Karlsksstigen
Strandbadsvägen
Strandbaden
Flommens Golfklubb
Östergatan
Gamla torg
Falsterbo kyrka
Danska Kyrkostrатet
Sjögatan
Falsterbo brygga
Fyrvägen
Falsterbohus
Falsterbo fyr
Falsterbo Golfklubb
Måklappen
ÖSTERSJÖN
Ljunghusens Golfklubb
Ljungenskolan
Storvägen
LJUNGHUSEN
Parkvägen
Stenudden
Falsterbokanalen
HÖLLVIKEN
Malmö
Vellinge
Håslöv
Skanör
Falsterbo
Trelleborg
0 5 10 15 km

Pocketförlagets utgivning i pocket

Andersson, Ulla-Maria: Du skulle sagt som det var
Appelqvist, Kristina: Den som törstar
Appelqvist, Kristina: Liv i överflöd
Appelqvist, Kristina: De blå damerna
Appelqvist, Kristina: Minns mig som en ängel
Appelqvist, Kristina: Flickan framför muren
Askén, Helena: Moderslycka
Babitz, Annelie: Bakom den nakna huden
Backman, Fredrik: Britt-Marie var här
Barclay, Linwood: Alltför nära
Barclay, Linwood: Tro dina ögon
Beischer, Sara: Det finns råttor överallt utom på Antarktis
Bergfeldt, Carina: Sju dagar kvar att leva
Berghagen, Lasse: Flakmopedisten
Bergman, Jan: Sekreterarklubben
Björkegren Jones, Karin: Jag vill fan leva
Borg, Elin: Mindful eating
Bouw, Rose Marie: Det krävs tusen vackra ord
Boström, Mattias: Från Holmes till Sherlock
Brontë, Emily: Svindlande höjder
Carlsson, Christoffer: Fallet Vincent Franke
Carlsson, Christoffer: Den enögde kaninen
Carlsson, Christoffer: Den osynlige mannen från Salem
Carlsson, Christoffer: Den fallande detektiven
Carlsson, Christoffer: Mästare, väktare, lögnare, vän
Coben, Harlan: Lögnaren
Coben, Harlan: Epidemin
Coben, Harlan: Svikaren
Coben, Harlan: Hämnaren
Coben, Harlan: Donatorn
Cohen, Julie: Drömmar, dårskap och en kär liten sak
de la Motte, Anders: [buzz]
de la Motte, Anders: [bubble]
de la Reguera/Wierup: Kokain
de la Reguera, Erik: Gränsbrytarna
Dahl, Carina: Kronjuvelerna
Day, Sylvia: Synda
Day, Sylvia: Älska
Day, Sylvia: Drama
Day, Sylvia: För dig blottad
Day, Sylvia: För dig sedd
Day, Sylvia: För dig nära
Day, Sylvia: För dig fångad
Davidsson, Camilla: Under Vintergatans alla stjärnor
Davidsson, Camilla: Pensionatet vid världens ände
Dolan, Eva: Lång väg hem
Eberhard, David: Hur barnen tog makten
Eberhard, David: Normalt
Ebervall/Samuelson: Mördaren i folkhemmet
Ebervall/Samuelson: Bombmannens testamente
Echols/Davis: Din för evigt
Edenborg, Carl-Michael: Mitt grymma öde
Edenborg, Carl-Michael: Alkemistens dotter
Edugyan, Esi: Halvblodsblues
Ekström Lindbäck, Lyra: Ett så starkt ljus
Eksvärd, Elaine: Snacka snyggt
Enmark, Kristin: Jag blev Stockholmssyndromet
Faye, Lyndsay: New Yorks gudar
Faye, Lyndsay: Tiga är guld
Ferriss, Timothy: 4-timmars arbetsvecka
Flynn, Gillian: Gone Girl

Flynn, Gillian: Mörka platser
Flynn, Gillian: Vassa föremål
Folkesson, Tove: Kalmars jägarinnor
Folkesson, Tove: Sund
Gardell, Mattias: Raskrigaren
Genberg, Ia: Sent farväl
Gerhardsen, Carin: Pepparkakshuset
Gerhardsen, Carin: Mamma, pappa, barn
Gerhardsen, Carin: Vyssan lull
Gerhardsen, Carin: Helgonet
Gerhardsen, Carin: Gideons ring
Gerhardsen, Carin: Hennes iskalla ögon
Gerhardsen, Carin: Tjockare än vatten
Gerhardsen, Carin: Falleri fallera falleralla
Grankvist, Per: Engagemang
Grimlund/Hedberg/Ek: Mer klirr i kassan
Grossman, Lev: Magikerna
Grossman, Lev: Magikernas kung
Grossman, Lev: Magikernas land
Guillou, Jan: Kolumnisten
Guillou, Jan: Madame Terror
Guillou, Jan: Men inte om det gäller din dotter
Guillou, Jan: Ordets makt och vanmakt
Guillou, Jan: Brobyggarna
Guillou, Jan: Dandy
Guillou, Jan: Mellan rött och svart
Guillou, Jan: Att inte vilja se
Haag, Martina: Martina-koden
Haag, Martina: I en annan del av Bromma
Haag, Martina: Heja, heja
Haag, Martina: Glada hälsningar från Missångerträsk
Hayder, Mo: Fågelmannen
Hamberg, Emma: Baddaren
Hamberg, Emma: Rosengädda nästa!
Hamberg, Emma: Larma, släcka, rädda i Rosengädda
Hamberg, Emma: Vårjakt i Rosengädda
Harden, Blaine: Flykten från läger 14
Holmsten/Lundgren: Jag är Ida
Holt, Anne: 1222 över havet
Holt, Anne: Frukta inte
Holt, Anne: Flimmer
Holt, Anne: Död i skugga
Janouch, Katerina: Dotter önskas
Janouch, Katerina: Orgasmboken
Janouch, Katerina: Sommarbarn
Janouch, Katerina: Bedragen
Janouch, Katerina: Systerskap
Janouch, Katerina: Hittebarnet
Janouch, Katerina: Tigerkvinnan
Janouch, Katerina: Modershjärtat
Janouch, Katerina: Nattsländan
Janouch, Katerina: Blodssystrar
Janouch, Katerina: Babyrace
Janouch, Katerina: Barfotaflickan
Jin-sung, Jang: Käre ledare
Jonasson, Jonas: Hundraåringen som klev ut genom fönstret och försvann
Jonasson, Jonas: Analfabeten som kunde räkna
Jonasson, Jonas: Mördar-Anders och hans vänner (samt en och annan ovän)
Kadefors, Sara: Fågelbovägen 32
Kadefors, Sara: Borta bäst
Kadefors, Sara: Kast med liten kniv
Kadefors, Sara: Lex bok
Kadefors, Sara: Hon som älskade honom
Kallentoft/Lutteman: Zack
Kampås, Ingrid: Drottningkronan
Klingberg, Ewa, Stenhuggarens dotter
Knausgård, Karl Ove: Min kamp 1
Knausgård, Karl Ove: Min kamp 2
Knausgård, Karl Ove: Min kamp 3
Knausgård, Karl Ove: Min kamp 4
Knausgård, Karl Ove: Min kamp 5
Knausgård, Karl Ove: Min kamp 6
Knausgård, Karl Ove: Själens Amerika
Koppel, Hans: Kommer aldrig mer igen

Koppel, Hans: Kom ska vi tycka om varandra
Koppel, Hans: Om döda ont
Koppel, Hans: Medicinen
Kristensen, Monica, Kolbarnet
Laestadius Larsson, Anna: Barnbruden
Laestadius Larsson, Anna: Pottungen
Laestadius Larsson, Anna: Räfvhonan
Lahger, Håkan: Helikopterpiloten
Larsson, Morgan: Radhusdisco
Larsson, Morgan: Det opålitliga hjärtat
Larsson, Rune: Löparglädje
Leopold, Linda: Smartast i världen
Liljegren, Bengt: Pink Floyd
Lindberg, Hanna: Sthlm Confidentail
Lindell, Unni: Honungsfällan
Lindell, Unni: Mörkermannen
Lindell, Unni: Sockerdöden
Lindell, Unni: Djävulskyssen
Lindell, Unni: Brudkistan
Lippestad, Geir: Det vi kan stå för
Loreskär, Therese: Bloggdrottningen
Lundberg, Christer: Gräspojken
Lundholm, Lars Bill: Gamla Stan-morden
Lundholm, Lars Bill: Citymorden
Lönnaeus, Olle: Jonny Liljas skuld
Lövestam, Sara: Tillbaka till henne
Lövestam, Sara: Hjärta av jazz
Lövestam, Sara: Sanning med modifikation
Lövestam, Sara: Önska kosta ingenting
Macmillan, Gilly: Bränd himmel
Mankell, Henning: Kvicksand
Mankell, Henning: Svenska gummistövlar
Marklund, Liza: Det finns en särskild plats i helvetet för kvinnor som inte hjälper varandra
Marklund, Liza: Nya röster sjunger samma sånger
Marwood, Alex: Onda flickor
Marwood, Alex: Granne med döden
Masarrat Agah, Rouzbeh: FTL
Mattsson, Britt-Marie: Vi tolererar inga förlorare
Mattsson, Britt-Marie: När kriget kom till Lyckhem
May, Peter: Svarthuset
May, Peter: Lewismannen
May, Peter: Lewispjäserna
Morgan, Sophie: Underkastelse
Moström, Jonas: Dödens pendel
Moström, Jonas: Svart cirkel
Moström, Jonas: Hjärtats mörker
Moström, Jonas: Rymd utan stjärnor
Moström, Jonas: Mirakelmannen
Moström, Jonas: Stryparen
Moström, Jonas: Storsjöodjuret
Moström, Jonas: Himlen är alltid högre
Munro, Alice: För mycket lycka
Munro, Alice: Nära hem
Nemert, Elisabet: Röd måne
Nemert, Elisabet: Ringens gåta
Nesbø, Jo: Midnattssol
Niemi, Mikael: Fallvatten
Nilsson, Johanna: Gilla hata horan
Norberg, Liam: Sökarnas tid
Nordstrand, Staffan: Byggfirman
O'Flanagan, Sheila: Den perfekte mannen
O'Flanagan, Sheila: Allt för dig
O'Flanagan, Sheila: Bättre tillsammans
O'Flanagan, Sheila: Saker vi inte säger
O'Flanagan, Sheila: Innan natt blir dag
Ohlson, Lars: Kakelugnsmordet
Ohlsson, Kristina: Askungar
Ohlsson, Kristina: Tusenskönor
Ohlsson, Kristina: Änglavakter
Ohlsson, Kristina: Paradisoffer
Ohlsson, Kristina: Davidsstjärnor
Ohlsson, Kristina: Den bekymrade byråkraten

Ohlsson, Kristina: Lotus blues
Ohlsson, Kristina: Mios blues
Olofsson, Clark: Vafan var det som hände?
Olséni & Hansen: Badhytten
Olsson, Mats: Straffa och låta dö
Oswald, James: Flickoffret
Oswald, James: Själarnas bok
Peace, David: 1974
Peace, David: 1977
Peace, David: 1980
Peace, David: 1983
Persson Giolito, Malin: Bortom varje rimligt tvivel
Pessl, Marisha: Nattfilm
Pettersson, Lars: Slaktmånad
Pirzadeh, Zinat: Fjäril i koppel
Roslund & Hellström: Edward Finnigans upprättelse
Roslund & Hellström: Flickan under gatan
Roslund & Hellström: Tre sekunder
Roslund & Hellström: Två soldater
Roslund & Thunberg: Björndansen
Råstam, Hannes: Fallet Thomas Quick
Schwalbe, Will: Bokklubben vid livets slut
Situation Sthlm: Hemlös 2008-2014
Sjöwall Wahlöö: Roseanna
Sjöwall Wahlöö: Mannen som gick upp i rök
Sjöwall Wahlöö: Mannen på balkongen
Sjöwall Wahlöö: Den skrattande polisen
Sjöwall Wahlöö: Brandbilen som försvann
Sjöwall Wahlöö: Polis, polis, potatismos!
Sjöwall Wahlöö: Den vedervärdige mannen från Säffle
Sjöwall Wahlöö: Polismördaren
Sjöwall Wahlöö: Terroristerna
Skriner, Eli: Bondeoffer
Skugge/Tollgård: 1989
Skugge/Tollgård: Mot fyren
Skugge, Linda: 40 Constant reader
Slahi & Siems: Guantánamo – en dagbok
Stjernström, Peter: Fjärilspojken
Strandberg/Bergmark Elfgren: Nyckeln
Strummer & Co: The Clash
Sund, Erik Axl: Kråkflickan
Sund, Erik Axl: Pythians anvisningar
Sund, Erik Axl: Glaskroppar
Sveland, Maria: Befrielsen
Sveland, Maria: Hatet
Söderberg, Alexander: Den andalusiske vännen
Söderberg, Alexander: Den andre sonen
Söderlund/Lundell: Djävulsdansen
Tengner, Anders: Yngwie J Malmsteen
Trolle, Jonas: Jakten på Kapten Klänning
Truc, Olivier: Fyrtio dagar utan skugga
Tursten, Helene: Den som vakar i mörkret
Tursten, Helene: I skydd av skuggorna
Tursten, Helene: Mina mindre mord och mysterier
Vermes, Timur: Han är tillbaka
Vidarsdotter, Solveig: Isvittring
von Corswant, Hanna: Bunkern
Wattin, Danny: Herr Isakowitz skatt
Welander, Felicia: Kanske imorgon
Wiklund, Eva: Hon som ser
Åhman Owetz, Eli: En sommar på luffen
Åsard, Johan: Drottningens hemlighet